ADOLF HOFFMANN / SUSANNE KERNER (HRSG.)

GADARA – GERASA UND DIE DEKAPOLIS

SONDERBÄNDE DER ANTIKEN WELT

Zaberns Bildbände zur Archäologie

VERLAG PHILIPP VON ZABERN · GEGRÜNDET 1785 · MAINZ

ADOLF HOFFMANN / SUSANNE KERNER (HRSG.)

Gadara – Gerasa und die Dekapolis

VERLAG PHILIPP VON ZABERN · MAINZ AM RHEIN

IV, 150 Seiten mit 146 Farb-, 7 Schwarzweiß- und 45 Strichabbildungen

Umschlag vorne: Blick auf die von Ost nach West führende Säulenstraße in Gadara. Im Vordergrund sind die Säulen des Hofes der Zentralkirche zu sehen. (Photo C. Bührig)

Umschlag hinten: Relief einer Raubkatze wie sie auf den Ecken des «Palastes» von Iraq el-Amir zu finden sind (vgl. auch Abb. 130). (Photo M. Najjar)

Frontispiz: Gadara. Propylon an der Ost-West-Achse. (Photo C. Bührig)

Die Deutsche Bibliothek – CIP-Einheitsaufnahme

Gadara – Gerasa und die Dekapolis / Adolf Hoffmann/Susanne Kerner (Hrsg.).
Mainz am Rhein : von Zabern, 2002
(Antike Welt ; Sonderbd.)
(Zaberns Bildbände zur Archäologie)
ISBN 3-8053-2687-4

© 2002 by Verlag Philipp von Zabern, Mainz am Rhein
ISBN 3-8053-2687-4
Gestaltung: Annette Klinge, Typo – Graphik – Klinge, Hanau
Redaktion: Annette Nünnerich-Asmus und Beatrice Zucker, Verlag Philipp von Zabern, Mainz
Lithos: Das Reprohaus GmbH, Offenbach
Alle Rechte, insbesondere das der Übersetzung in fremde Sprachen, vorbehalten.
Ohne ausdrückliche Genehmigung des Verlages ist es auch nicht gestattet, dieses Buch oder Teile daraus
auf photomechanischem Wege (Photokopie, Mikrokopie) zu vervielfältigen oder unter Verwendung
elektronischer Systeme zu verarbeiten und zu verbreiten.
Printed in Germany by Kunze & Partner, Mainz
Printed on fade resistant and archival quality paper (PH 7 neutral) · tcf

Inhalt

Vorwort — 3

David Graf
Die Dekapolis – Ein Prolog — 4

Jacques Seigne
Gerasa-Jerasch – Stadt der 1000 Säulen — 6

Roberto Parapetti
Gerasa und das Artemis-Heiligtum — 23

Cherie Lenzen
Kapitolias – Die vergessene Stadt im Norden — 36

W. Harold Mare
Abila und Wadi Quweilbeh – Basiliken und Gräber — 46

Pamela Watson
Pella – Die Stadt am Jordangraben — 59

Gideon Foerster / Yoram Tsafir
Skythopolis – Vorposten der Dekapolis — 72

Mohammed Najjar
Rabbath Ammon – Philadelphia – Amman — 88

Adolf Hoffmann
Topographie und Stadtgeschichte von Gadara/Umm Qais* — 98

Susanne Kerner
Gadara – Schwarzweiße Stadt zwischen Adjlun und Golan — 125

Alan G. Walmsley
Die Dekapolis-Städte nach dem Ende des Römischen Reiches
Kontinuität und Wandel — 137

Zusammenfassung — 146

Anhang — 148

Adolf Hoffmann
Susanne Kerner

Vorwort

In den Städten der syrischen Dekapolis – bis auf wenige Ausnahmen auf dem Gebiet des heutigen Jordanien gelegen – sind die archäologischen Forschungen im vergangenen Jahrzehnt mit besonderer Anstrengung vorangetrieben worden. Dank des fortdauernd großzügigen Entgegenkommens des jordanischen Antikendienstes mit seinen früheren Direktoren Dr. Adnan Hadidi, Dr. Safwan Tell, Dr. Ghazi Bisheh und dem jetzigen Direktor Dr. Fawwaz Khreysheh sind daran Teams von Fachleuten aus unterschiedlichsten Nationen beteiligt gewesen. Die höchst bemerkenswerten Ergebnisse dieser Unternehmungen sind der breiteren Öffentlichkeit jedoch weitgehend unbekannt geblieben und manch eine Entdeckung und Erkenntnis konnte auch überhaupt noch nicht vorgestellt werden. Die Herausgeber, mit den Ausgräbern kollegial verbunden, haben diese überzeugen können, daß ein gemeinsamer Bericht mit den wichtigsten Informationen über den Stand der Arbeiten in der Dekapolis und mit möglichst vielfältigem Bildmaterial wünschenswert sei, und haben im Verlag Philipp von Zabern einen kompetenten Partner gefunden, dieses Material mit einem Sonderheft der «Antiken Welt» in einem idealen Rahmen zu publizieren.

Wenn dieser Dekapolis-Band jetzt vorliegt, ist damit doch nur ein begrenzter, aber hoffentlich repräsentativer Einblick in dieses spannende Kapitel der antiken Geschichte gegeben und keineswegs ein umfassender Überblick gewonnen; einige Orte und darunter auch prominente wie Bostra konnten nicht behandelt werden, nicht alle Ausgräber und Forscher an den behandelten Orten wie etwa in Gerasa oder Philadelphia sind zu Wort gekommen. Das gilt auch für Gadara, wo neben den jordanischen Kollegen und den Herausgebern Ute Wagner-Lux und Karel J. H. Vriezen mit ihrem Team, Thomas Weber, Peter C. Bol, die Gruppe dänischer Forscher um Svend Holm-Nielsen und Inge Nielsen, um nur die wichtigsten zu nennen, essentielle Beiträge zur Erforschung der Stadt geleistet haben. Mit der vorliegenden Auswahl an Beiträgen verschiedener Autoren konnte kein einheitliches oder systematisches Bild der Dekapolis-Städte entstehen, vielmehr hat jeder Ort seine Besonderheiten und die Autoren haben ganz individuelle Schwerpunkte gesetzt. Gerade damit aber kann die reizvolle Vielfalt der Ausgrabungsstätten deutlich werden, die als faszinierender Bestandteil des heutigen Jordanien dem Leser auch einen Anreiz zu einem Besuch dieses an Kulturgütern so reichen und zugleich gastfreundlichen Landes sein kann.

Autoren und Verlag, die das Vorhaben mit größtem Entgegenkommen gefördert haben, sind wir zu großem Dank verpflichtet, besonders weil das Vorhaben durch unterschiedliche Ereignisse immer wieder verzögert worden ist und ein ganz ungewöhnliches Maß an Geduld erforderte. Dank schulden die Herausgeber aber auch den Institutionen, die ihnen die Arbeit in Jordanien ermöglichen, dem Deutschen Archäologischen Institut und dem Deutschen Evangelischen Institut für die Altertumskunde des Heiligen Landes, vor allem aber den jordanischen Kollegen für ihre überwältigende Gastfreundschaft und Offenheit sowie die jederzeit hilfsbereite Förderung und Unterstützung ihrer ausländischen Kollegen. Für seine Hilfe bei der Erlangung notwendiger Photographien soll hier besonders Waji Karasneh gedankt werden.

Es wurde versucht, die Schreibweisen und Datierungen anzugleichen, was aber nicht immer möglich war; abweichende Angaben finden sich daher etwa zum Datum der verschiedenen Erdbeben, die für die Dekapolis-Städte so verheerende Auswirkungen hatten.

Adolf Hoffmann und Susanne Kerner
Berlin, im August 2000

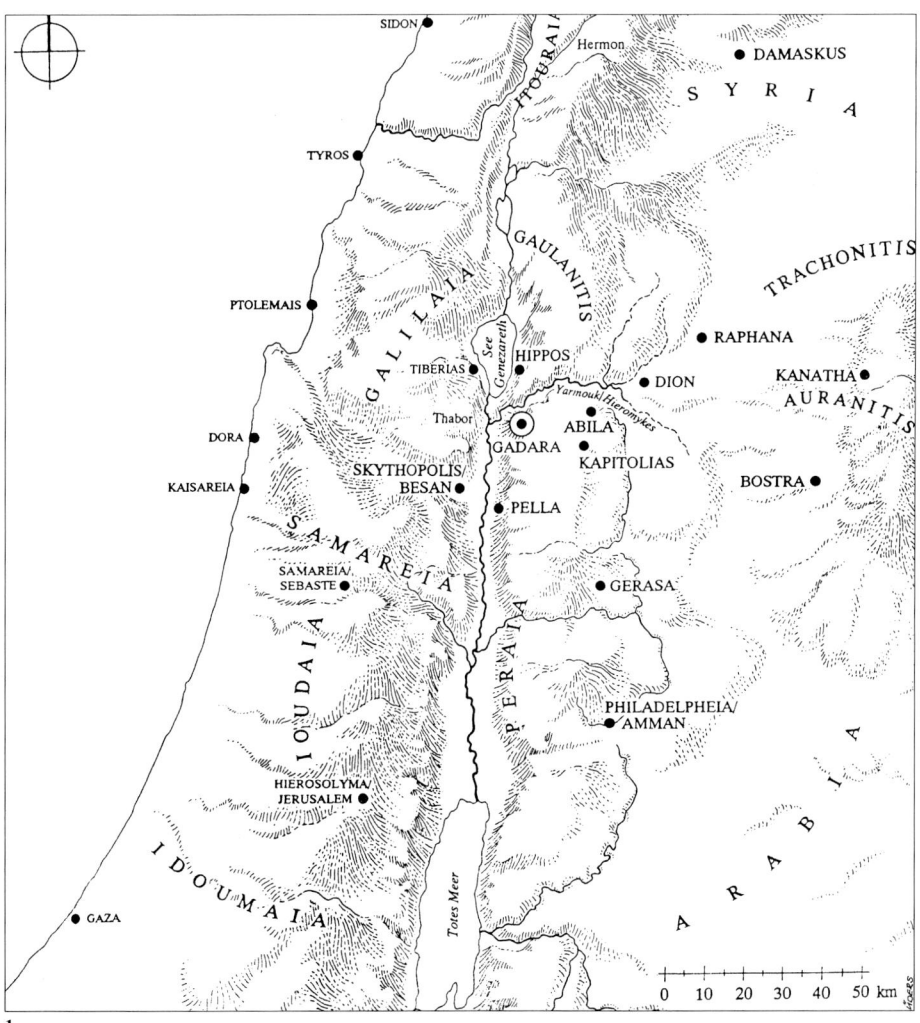

Abb. 1   Plan mit den im Band erwähnten Dekapolis-Städten.

David Graf

Die Dekapolis – Ein Prolog

Die Ergebnisse der neuen Grabungen in den verschiedenen Dekapolis-Städten haben die bisherige Sicht dieser städtischen Gründungen verändert. Früher wurde angenommen, daß die Dekapolis eine Liga oder Förderation von «10 griechischen Städten» in Syrien-Palästina war, die am Beginn der hellenistischen Periode, entweder von Alexander dem Großen oder seinen Nachfolgern gegründet worden war, um als politischer Puffer oder Barriere gegen die kriegerischen Juden und Araber zu dienen. Wenn auch die frühe Geschichte der Dekapolis-Städte unklar ist, so wurde ihre Unabhängigkeit nach den Makkabäischen Kriegen doch eindeutig in Frage gestellt. Besonders der hasmonäische Herrscher, Alexander Jannäus attackierte einige von ihnen im frühen 1. Jh. v. Chr. und hielt zeitweise Skythopolis, Gadara, Abila, Dium und Pella (Josephus AJ 13.5.3–5 [393.7]; BJ 1.4.8 [104]). Einige der Städte kamen auch unter den Einfluß der Nabatäer, denn nach dem Tod des letzten seleukidischen Herrschers Antiochos XII. 86/85 v. Chr. übernahm der Nabatäerkönig Aretas III. die Kontrolle über Damaskus und große Teile Coele-Syriens (AJ 13.15.2[392]; BJ 1.4.6[108]). Diesem folgte Tigranes von Armenien (72–69 v. Chr.), der über große Teile Syriens herrschte (Appian, Syr. 48). Die nabatäische Präsenz in Philadelphia ist ebenfalls offensichtlich. Dies änderte sich erst 63 v. Chr. mit der Ankunft des römischen Generals Pompejus in Palästina. Die gefährlichen Könige und lokalen Tyrannen wurden besiegt und die griechischen Städte Südsyriens befreit und in eine neue Liga autonomer Städte überführt. Aber sie waren auch besetzt und fielen unter die Jurisdiktion der Gouverneure der neu geschaffenen Provinz Syrien (AJ 14.4.4. [74–6]; BJ 1.7.7[155–7]). Viele Dekapolis-Städte prägten in der Folgezeit Münzen der Pompejanischen Ära (64–51 v. Chr.); so die Wiedererlangung ihrer Unabhängigkeit gedenkend und ihren «Befreier» von Tyrannei und Bedrückung feiernd. Dies führte verschiedene Forscher zu der Vermutung, daß Pompejus der eigentliche Gründer der Dekapolis gewesen sei.

Fast alle Details dieser traditionellen Sicht der Entwicklung bedürfen heute einer Revision, einschließlich der Annahme, daß die Dekapolis aus nur «10 Städten» bestanden habe. Plinius, der Ältere, war im späten 1. Jh. n. Chr. der erste, der diese «10 Städte» auflistete: Damaskus, Philadelphia, Raphana, Skythopolis, Gadara, Hippos, Dion, Pella, Galasa (Gerasa) und Kanatha (*Nat. Hist.* V, 74). Aber Abila fehlt in seiner Liste, obwohl es in einer Inschrift als eine der Dekapolis-Städte identifiziert wird. Viele heutige Forscher wollen dagegen Damaskus aus der Liste streichen, obwohl Plinius überliefert, daß die Stadt auf vielen Dekapolis-Aufstellungen seiner Zeit gestanden habe. Keine dieser Listen ist heute noch erhalten, aber Plinius räumt ein, daß man zu seiner Zeit ganz unterschiedliche Angaben darüber macht, welche Stadt zur Dekapolis gehörte; daher kann auch seine eigene Auflistung nicht als verbindlich angesehen werden. Tatsächlich nennen spätere Listen noch sehr viel mehr als 10 Städte für die Dekapolis. So erstellte der Geograph Ptolemäus in der Mitte des 2. Jhs. n. Chr. eine wesentlich umfangreichere Liste mit 18 Städten, die aus einem größeren Gebiet unter der Überschrift *koile syria kai Dekapoleos* stammen. Alle Städte, die bereits Plinius genannt hatte (außer Raphana), aber auch neun weitere werden aufgezählt: Heliopolis, Abila Lysanias, Saana, Ina, Samoulis, Abida (Abila), Kapitolias, Adraa, and Gadara (Geog. V.14.22–23). In den älteren Quellen, wie dem Neuen Testament (Mt.4: 25, Mk. 5:20; 7:31) und bei Josephus (BJ 3.9.7 [446]; cf. Vita 65 [341–342] und 74 [410]) werden zwar einzelne Städte der Dekapolis genannt, aber nie komplette Listen aufgestellt.

Darüber hinaus haben durchaus nicht alle Dekapolis-Städte Münzprägungen mit der «Pompejanischen Zeitrechnung». Damaskus benutzte die seleukidische Ära, Kapitolias hatte eine eigene, lokale Zeitrechnung, die 97/98 n. Chr. begann und Kanatha scheint sowohl die aktische als auch die pompejanische Zeitrechnung benutzt zu haben. Es ist auch erwähnenswert, daß keine einzige Münzinschrift die jeweilige Stadt als Mitglied der Dekapolis bezeichnet und keine Quelle die Dekapolis jemals als Liga oder Förderation von Städten beschreibt. Es scheint sich vielmehr um die recht vage geographische Beschreibung eines wie auch immer zusammenhängenden Gebietes zu handeln. Diese Annahme wird durch eine auf dem Balkan gefundene Inschrift von ca. 90 n. Chr. unterstützt, die einen römischen Ritter betrifft, der die Dekapolis als Teil Syriens verwaltete. Der von den Städten nach der Annektion Arabiens 106 n. Chr. gebrauchte Begriff *Koile Syria* könnte sogar der ältere Verwaltungsname der Region sein. Damit könnten die früher ptolemäischen Gebiete Syrien-Palästinas gemeint sein und der Begriff wäre somit das griechische Gegenstück zur alten achämenidischen Satrapie «über den Fluß» (‹abar nahara›).

Schließlich wird die traditionelle Sichtweise der Dekapolis auch durch die neuesten Ergebnisse der Ausgrabungen in den Städten weiter erschüttert. Die hier vorgestellten Artikel über Gerasa (Jerasch), Philadelphia (Amman), Kapitolias (Beit Ras), Abila (Qweilbeh), Pella (Tabaqat Fahil), Skythopolis (Beit Shean) und Gadara (Umm Qais) bieten ausführliche Informationen. Doch bis heute haben diese internationalen archäologischen Anstrengungen keine Ergebnisse erbracht, welche die Dekapolis-Städte entweder als traditionelle, klassische, griechische *polis* organisiert zeigen oder auch nur als so aussehend. Sie waren während der hellenistischen Zeit kleine, ländliche Dörfer, die keine öffentliche Architektur außer Tempeln und Militäranlagen besaßen. Auch die ethnische Zusammensetzung der Bevölkerung in den Dekapolis-Städten kann kaum als rein griechisch bezeichnet werden. Zwar suggerieren die aus Jerasch überlieferten Namen eine überwiegend hellenisierte Bevölkerung, doch stammt die Mehrheit dieser Texte aus späterer römischer Zeit und der Eindruck, der aus anderen Quellen gewonnen werden kann, deutet auf eine gewichtige Anzahl einheimischer Bewohner in diesen Städten. So lassen sich auch in frührömischer Zeit aus dem ganzen Bereich der Dekapolis zahlreiche Gaben oder Inschriften an landeseigne Götter finden. Auch in Gerasa und Philadelphia waren nabatäische Araber eine der wichtigsten Gruppen und Josephus erwähnt große jüdische Gemeinschaften in Skythopolis, Gerasa, Gadara, Hippos und Damaskus, wenn auch seine Zahlen nicht immer vertrauenswürdig sind. Seine Angaben zu jüdischen Bevölkerungsanteilen stammen aus dem Kontext des ersten Jüdischen Aufstands 66–70 n. Chr. Spätere Traditionen deuten an, daß die jüdischen Christen von Jerusalem zur gleichen Zeit nach Pella flohen (Eusebius, H.E. 3.5.3). Wenn es stimmt, daß eine Reihe hellenisierter Philosophen, Poeten, Juristen und anderer Intellektueller von diesen Städten hervorgebracht wurden, so ist doch anzunehmen, daß die frühesten von ihnen die Grundlagen der griechischen Kultur an anderer Stelle erworben haben.

Erst unter römischer Herrschaft, in der augusteischen Zeit, wurde die Dekapolis als eine geographische Einheit organisiert. Sowohl Gadara als auch Hippos, die von Herodes dem Großen verwaltet worden waren, wurden nach seinem Tod abgespalten. Sie wurden, eventuell zusammen mit den anderen Dekapolis-Städten, der Provinz Syrien als «Erweiterung» zugeschlagen (AJ 17.11.4 [320]; BJ 2.5.3. [97]). Die ersten Zeichen einer städtischen Organisation griechischer Prägung zeigen sich erst während der frühen kaiserzeitlichen Periode: in Inschriften werden sporadisch Magistrate (*archon*), ein Rat (*boule* oder *gerousia*) und eine Volksversammlung (*ekklesia* oder *demos*) erwähnt. Dies könnte auch die Rekrutierung einiger weniger Bürger der Dekapolis-Städte – besonders aus Philadelphia – während des 1. Jhs. n. Chr. in die römische Armee erklären. Ebenso erscheinen die typischen Bauten städtischen Lebens nach griechischem Muster erst unter römischer Herrschaft: das *bouleuterion* für den Rat und das Theater für die Volksversammlung. Die Ausgrabungen in Jerasch belegen dies in schlagender Weise, da sie gezeigt haben, daß hier der hippodamische Stadtplan mit seinem axialen *cardo* und *decumanus*-System erst nach 170 n. Chr. angelegt wurde. Kurz gefaßt kann gesagt werden, daß die Dekapolis-Städte, hauptsächlich im nördlichen Transjordanien und südlichen Syrien gelegen, erst nach der Annektion des nabatäischen Reiches und der Gründung der neuen Provinz Arabia das Aussehen «richtiger griechischer Städte» bekamen. Ironischerweise geschah das erst, nachdem die Dekapolis als territoriale Einheit nicht mehr bestand, denn Adraa, Gerasa und Philadelphia gehörten nun zur Provinz Arabia, Gadara, Pella und Kapitolias zu Palästina und die anderen Städte gehörten weiter zur Provinz Syrien.

Der Grund für diese Entwicklung ist wahrscheinlich in der Reise des philhellenischen Kaisers Hadrian durch den griechischen Osten seines Reiches im Jahr 129–130 n. Chr. zu suchen. Dabei besuchte er auch zahlreiche Dekapolis-Städte, denen er verschiedene städtische Ehrentitel wie *metropolis*, *polis*, *autonomia* und *hiera* et *asylos* verlieh. Seine Besuche in Damaskus, Bostra, Gerasa und Philadelphia sind sicher belegt und wahrscheinlich wurde den anderen Dekapolis-Städten ähnliche Höflichkeit erwiesen. Erst nach Hadrians Besuch begannen die Städte, auf Münzen und in Inschriften ihre hellenistischen Gründungsnamen und die verschiedenen städtischen Titel zu benutzen. Diese plötzliche Verkündung des «Griechentums» läßt vermuten, daß die Städte tatsächlich Nutznießer von Hadrians bekannter Tendenz waren, freigiebig Ehren an griechische Städte zu vergeben. Der vorherige Kaiser Trajan hatte den Prozeß, den Städten in der neu gegründeten Provinz Arabia das volle Stadtrecht zu verleihen, bereits begonnen, aber es war wahrscheinlich Hadrian, der die Begehrlichkeit nach städtischen Ehrenrechten und den entsprechenden baulichen Ausdrucksformen stimulierte. Während der folgenden antoninischen und severischen Dynastien beanspruchten die ehemaligen Dekapolis-Städte sogar, Teil der *Koile Syria* zu sein und nicht ihrer neugegründeten tatsächlichen Heimatprovinzen.

Das römische Straßensystem, das geschaffen worden war, um die verschiedenen Dekapolis-Städte zu verbinden, reflektierte auch die territorialen Grenzen in diesem Städtenetz. Nach der Einverleibung des nabatäischen Königreiches 106 n. Chr. wurde zwischen 111 und 114 n. Chr. die Via Nova Trajana gebaut, *finibus Syriae usque ad mare rubrum*, welche die Hauptstadt der neuen Provinz Arabia, Bostra im Hauran, mit Aila am Golf von Aqaba auf 430 km Länge verband. Gleichzeitig ließen Trajan und sein Nachfolger Hadrian weitere Straßen bauen, welche die Dekapolis-Städte miteinander verbanden. Für die *Via Nova Trajana* diente Petra als *caput viae* der gesamten Straße, wenn auch die Entfernungen von Bostra, der Hauptstadt der Provinz Arabia, ab 181 n. Chr. von dort aus angegeben wurden. Das Gebiet Bostras reichte bis weit in den Süden, während sich Philadelphias Territorium nach Norden nur von Meile 48–53 erstreckte. Die Ausdehnung des territorialen Einflusses anderer, wenn auch nicht aller, Dekapolis-Städte kann mit Hilfe der Meilensteine festgestellt werden.

Insgesamt ist festzuhalten, daß die Dekapolis-Städte erst griechischem Vorbild und Muster folgten, als das Territorium der Dekapolis nicht mehr existierte.

Jacques Seigne

Gerasa-Jerasch – Stadt der 1000 Säulen

Forschungsgeschichte

«Pompeji des Nahen Ostens». Diese Bezeichnung, die heute von den Touristenführern fälschlich, aber oft verwendet wird, charakterisiert dennoch richtig den außergewöhnlichen Erhaltungszustand der alten Dekapolisstadt. Indessen verdankt Gerasa, anders als die Vesuvstadt, die Erhaltung seiner Monumentalbauten nicht einer «üblen Laune der Natur», sondern dem Umstand, daß der über ein Jahrtausend existierende Ort einfach verlassen worden ist. Daß es über zehn Jahrhunderte keine menschlichen Eingriffe gegeben hat, war für die Konservierung der Ruinen ebenso hilfreich wie das dichte Leichentuch vulkanischer Aschen, das die Stadt in Italien bedeckte.

Dank dieser Verhältnisse ist Gerasa heute die besterhaltene der hellenisierten «zehn Städte». Obwohl Mitglied dieses Städtebundes, hat Gerasa doch äußerst wenig Spuren in der überlieferten Geschichte hinterlassen. Im Gegensatz zu Philadelphia/Amman oder Gadara/Umm Qais wird es in der Literatur kaum erwähnt. Die Auffindung seiner Ruinen 1806 war für den deutschen Reisenden Ulrich Jasper Seetzen, der sich über die Bauten wunderte, die «denen in Palmyra oder Baalbek vergleichbar sind, und die sich so lange der Kenntnis aller Liebhaber der Antike entzogen haben», eine wirkliche Entdeckung.

Die Ruinen liegen etwa 40 km nördlich von Philadelphia/Amman, der Hauptstadt des heutigen Jordanien, in einer kleinen, sehr fruchtbaren Ebene, die dank der Berge des Galaad 'Adjlûn ausreichend Feuchtigkeit erhält; sie erstrecken sich über beide Ufer des Wadi Jerasch (des antiken Chrysorhoas), eines Nebenflusses des Wadi Zarqa (des biblischen Jabbok). Nach der Ansiedlung einer Gruppe tscherkessischer Flüchtlinge im Jahre 1878 verschwanden die Reste der antiken Stadt auf dem Ostufer nach und nach unter den Bauten des modernen Jerasch, während der westliche Teil nahezu unbebaut blieb. Daher sind die Ruinen Gerasas immer noch eindrucksvoll erhalten: Eine umlaufende Mauer faßt ein Areal von etwa 100 ha ein, in dem Tempel, ein Nymphäum, Theater, Thermen, Kirchen (19 sind bisher be-

Abb. 2 Plan von Jerasch (nach C. H. Kraeling).

Abb. 3 Das 122/123 n. Chr. erbaute Südtor (von Südosten).

Abb. 4 Die wiederaufgerichteten Säulen entlang des nördlichen «Cardo».

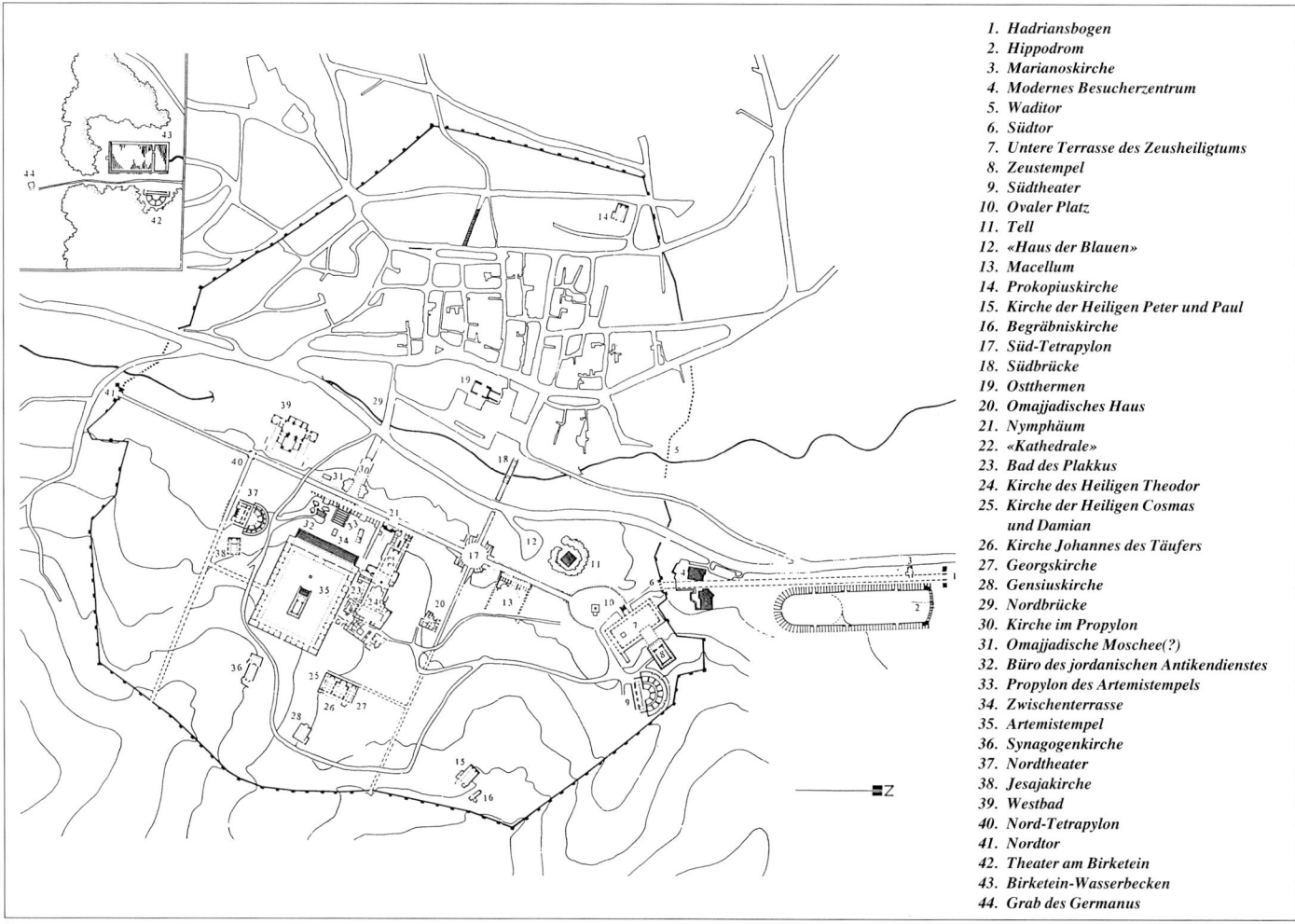

1. Hadriansbogen
2. Hippodrom
3. Marianoskirche
4. Modernes Besucherzentrum
5. Waditor
6. Südtor
7. Untere Terrasse des Zeusheiligtums
8. Zeustempel
9. Südtheater
10. Ovaler Platz
11. Tell
12. «Haus der Blauen»
13. Macellum
14. Prokopiuskirche
15. Kirche der Heiligen Peter und Paul
16. Begräbniskirche
17. Süd-Tetrapylon
18. Südbrücke
19. Ostthermen
20. Omajjadisches Haus
21. Nymphäum
22. «Kathedrale»
23. Bad des Plakkus
24. Kirche des Heiligen Theodor
25. Kirche der Heiligen Cosmas und Damian
26. Kirche Johannes des Täufers
27. Georgskirche
28. Gensiuskirche
29. Nordbrücke
30. Kirche im Propylon
31. Omajjadische Moschee(?)
32. Büro des jordanischen Antikendienstes
33. Propylon des Artemistempels
34. Zwischenterrasse
35. Artemistempel
36. Synagogenkirche
37. Nordtheater
38. Jesajakirche
39. Westbad
40. Nord-Tetrapylon
41. Nordtor
42. Theater am Birketein
43. Birketein-Wasserbecken
44. Grab des Germanus

Gerasa-Jerasch – Stadt der 1000 Säulen

keiten erkennen. Mit einer Länge von etwa 3460 m erstreckt sie sich auf beiden Ufern des Wadi Jerasch (Abb. 2). Ihr konstruktiver Aufbau ist im gesamten Verlauf homogen (Ausnahmen bilden Reparaturen und teilweise Wiederaufbauten aus byzantinischer Zeit). Die im Mittel 2,90 m breite Stadtmauer ist zweischalig aus Quadermauerwerk mit rechteckigen, bossierten Blöcken errichtet. Alle 17–20 m wird sie von quadratischen Türmen mit einer Seitenlänge von 6,10 m verstärkt, die massiv aufgefüllt sind. Deren enge Zugänge liegen 3 bis 4 m über Terrain, waren demnach nur über transportable Leitern zugänglich und lassen vermuten, daß jeder Turm eine unabhängige Einheit bildete, die Angriffen sowohl von außen als auch von innen begegnen konnte. In einigen Türmen haben sich die Reste schmaler Binnentreppen erhalten, über die man das oder die oberen Stockwerke und von diesen vielleicht die Wehrgänge der Mauern erreichen konnte.

Im Verlauf der Verteidigungslinie sind mehrere Tore bekannt, aber nur drei von ihnen sind gut erhalten: Das Nord-, das Süd- und das Osttor. Das Nord- und das Südtor (Abb. 3), die Anfang des 2. Jhs. n. Chr. zu Ehren der Kaiser Trajan und Hadrian errichtet wurden, waren ehemals freistehende Bogenmonumente, die später in die Verteidigungsmauer inkorporiert wurden. Das Osttor dagegen, das am Ende des «Süddecumanus» liegt, war Bestandteil des Verteidigungsprogramms. Es wurde jedoch aufgegeben und kurz nach seiner Erbauung vermauert.

Von den zwei «Toren», durch die der Fluß floß, sind nur geringe Reste erhal-

Abb. 5   Blick auf den «Cardo» und das nördliche Tetrapylon.

Abb. 6   «Ovaler Platz».

Abb. 7   Grundriß des Zeustempels, der unteren Terrasse mit den hellenistischen Bauten und dem angrenzenden «Ovalen Platz».

Auf den folgenden Seiten:

Abb. 8   Schnitt durch die Anlage des Zeustempels. Rechts befindet sich der Eingang in den Bereich, links führt die Treppe zum erhöht stehenden, 162/163 n. Chr. gebauten Zeustempel (Rekonstruktion J. Seigne, Zeichnung S. Merle).

Abb. 9   Blick von Osten auf den kaiserzeitlichen Tempel des Zeus auf der oberen Terrasse. Die abnehmende Höhe der umlaufenden Strukturen zeigt wie die unterschiedliche Geländehöhe ausgeglichen wurde (Rekonstruktion J. Seigne, Zeichnung S. Merle).

kannt geworden) usw. in ein städtebauliches System eingebunden sind, das von einem Raster orthogonaler, von Portiken gesäumter Straßen bestimmt wird. Der außergewöhnliche Erhaltungszustand hat ab 1928 zu zahlreichen Forschungsunternehmungen geführt. Auf die großen anglo-amerikanischen Grabungen, die von 1928 bis 1932 von C. H. Kraeling geleitet wurden, folgten ab 1948 diejenigen der Jordanischen Antikenverwaltung und dann neuerdings ab 1982 im Rahmen des *Jerash International Project*, das von Jordanien vorbereitet und zu einem sehr großen Teil auch finanziert worden ist, die Unternehmungen der britischen, amerikanischen, australischen, polnischen, französischen und spanischen Missionen. All diese Forschungen haben dazu beigetragen, daß Gerasa/Jerasch heute die am besten bekannte Stadt der Dekapolis ist.

Befestigungsanlagen

Die Stadtmauer läßt sich trotz vieler Zerstörungen besonders während der letzten zehn Jahre immer noch ohne Schwierig-

ten. Diese lassen nicht erkennen, wie sie gegen mögliche Eindringlinge geschützt waren und dennoch den Durchfluß bei geringem und hohem Wasserstand gewährleisteten.

Der «Hadriansbogen» (Abb. 2), der wie das Südtor 129/130 n. Chr. errichtet wurde, steht heute 400 m südlich der Stadtmauer. Obwohl er als südliche Begrenzung einer geplanten Stadterweiterung dienen sollte, blieb er vor dem südlichen Stadtausgang isoliert, nachdem dieses Projekt zugunsten einer Stadterweiterung auf dem Ostufer des Wadis aufgegeben wurde.

Nach der Publikation von C. H. Kraeling wurde der Bau der Mauern um die Mitte des 1. Jhs. n. Chr. datiert. Allerdings ließ die seit 1930 bekannte Nekropole innerhalb der Mauern, die bis zur Mitte des 2. Jhs. n. Chr. in Benutzung blieb, an dieser Annahme bereits Zweifel aufkommen. Die kürzlich gelungene Entdeckung von Inschriften und Architekturelementen, die zur Füllung der Mauern und neben dem Südtor zur Fundamentierung einer in den letzten Jahren des 3. Jhs. n. Chr. abgebrannten Ölmühle verwendet wurden, erlaubt darüber hinaus neue Rückschlüsse: Der Bau der Stadtmauer von Gerasa muß demnach im Zusammenhang mit den großen Anstrengungen in der Region gesehen werden, mit denen die städtischen Zentren zu Beginn des 4. Jhs. n. Chr. ihre Verteidigungsanlagen ausbauten oder erneuerten.

Dagegen hat außer den geringen und wenig erforschten Bauresten, die unter dem Südtor beobachtet wurden, keine der Unternehmungen in Jerasch sichere Belege für ältere Verteidigungseinrichtungen ergeben, ein Umstand, der um so verwirrender ist, als Flavius Josephus überliefert, daß Gerasa zu Beginn des 1. Jhs. v. Chr. von den Truppen des Alexander Jannäus eingenommen worden sei. Bedeutet dies, daß nur der (noch nicht näher untersuchte) Siedlungskern, der Tell, befestigt war, und daß diese Befestigung nach der Machtübernahme durch die Römer aufgegeben wurde, so daß Gerasa in der Folgezeit der *Pax Romana* eine «offene Stadt» gewesen ist? Die außerordentlichen Entdeckungen der jüngsten Vergangenheit in der Nachbarstadt Gadara/Umm Qais müssen zu einer Wiederaufnahme dieser Fragen führen.

Das Straßennetz

«Stadt der tausend Säulen». Gerasa verdankt diesen zweiten bezeichnenden Namen der außergewöhnlichen Erhaltung der Säulenhallen (Abb. 4), die seine Strassen säumten. Diese Portiken, die für die antiken Städte des Orients so charakteristisch gewesen sind, zeigten schon vor den Ausgrabungen, daß der Stadtplan orthogonal angelegt war. Da Gerasa nach Ausweis von Inschriften und Münzen von Perdikkas oder sogar von Alexander dem Großen angelegt worden sein soll, sahen die meisten Forscher in diesem «hippodamischen» Plan ein sicheres Indiz für eine hellenistische Stadtgründung. Wie selbstverständlich wurde die große Nord-Süd-Achse «Cardo» (Abb. 5) genannt und die dazu rechtwinkligen Straßen «Decumanus Maximus» oder «Süddecumanus».

Schon eine flüchtige Überprüfung des Stadtplans zeigt jedoch zahlreiche Unregelmäßigkeiten, die mit einem Plan nach griechisch-römischem Muster kaum zur Deckung zu bringen sind:

– Mehrere Straßen kreuzen die Nord-Südachse nicht rechtwinklig und diese durchquert die Stadt nicht geradlinig, sondern folgt vielmehr einem orientalischen Prinzip und führt vom ältesten Tor, dem Nordtor, zum wichtigsten Heiligtum im Süden, dem des Zeus Olympios;

– einige Bauten und darunter die wichtigsten und ältesten (Heiligtum des Zeus, Südtheater, etc.) folgen nicht der Orientierung des Straßennetzes, sondern bedingen eine Reihe von Besonderheiten, wie den berühmten «Ovalen Platz» (Abb. 6. 7), mit dem die divergierenden Achsen der Hauptstraße und des Zeus-Heiligtums ausgeglichen wurden;

– die Maße der Insulae variieren erheblich (57,15 m, 50,53 m, 48,60 m, 53,75 m, u. a.);

– der Ort zur Anlage einer Stadt am Ende eines Tales, abseits der großen Verkehrs-

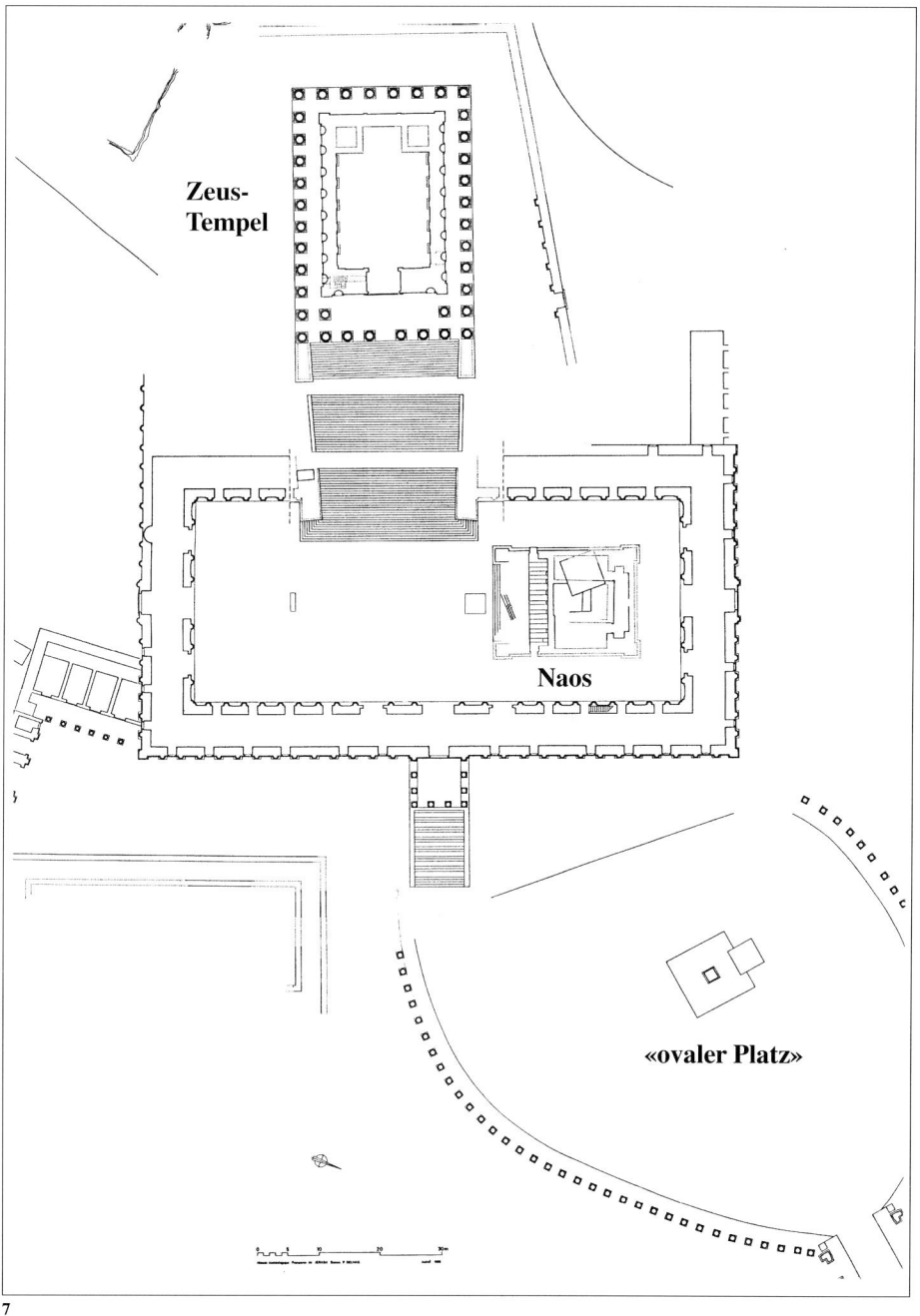

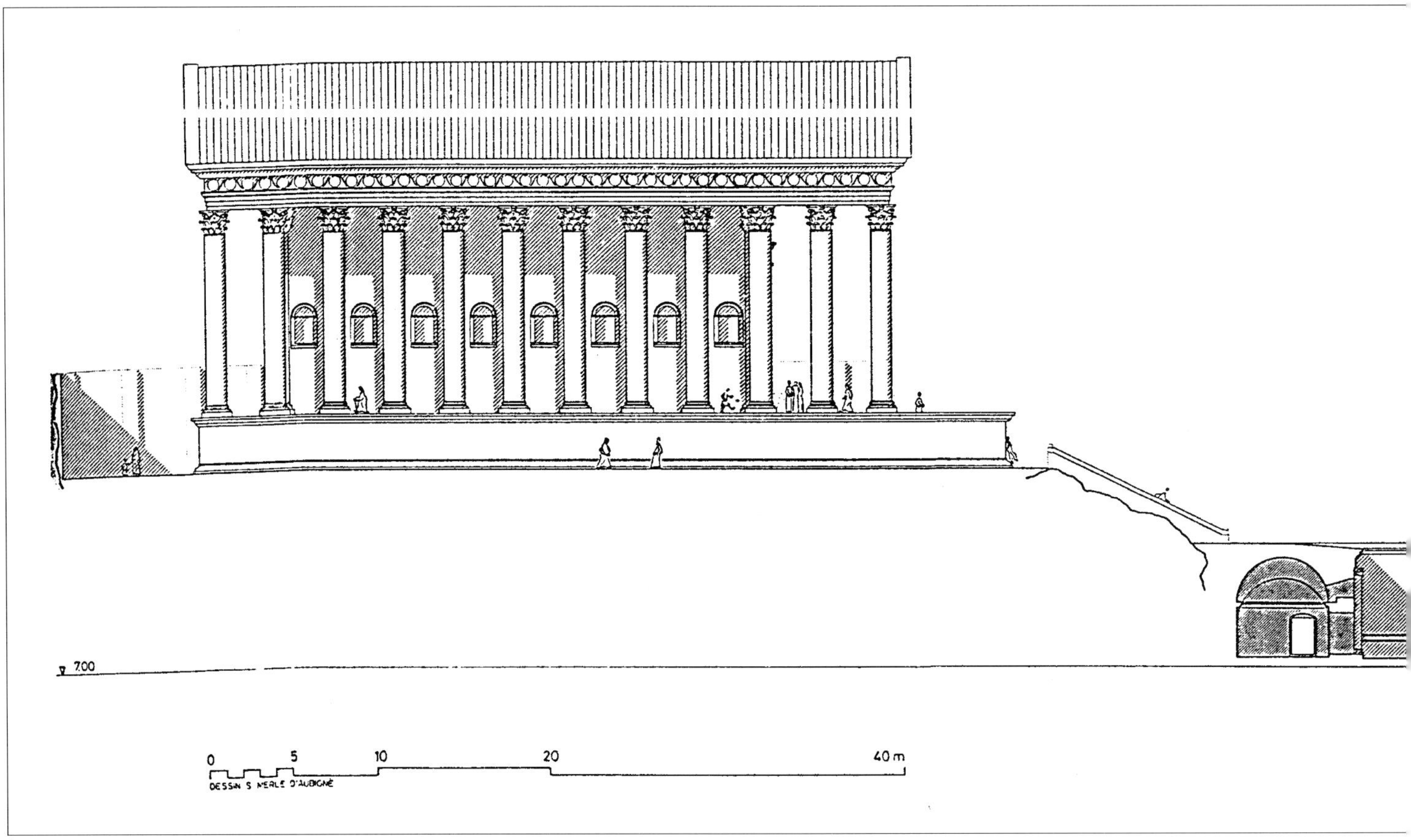

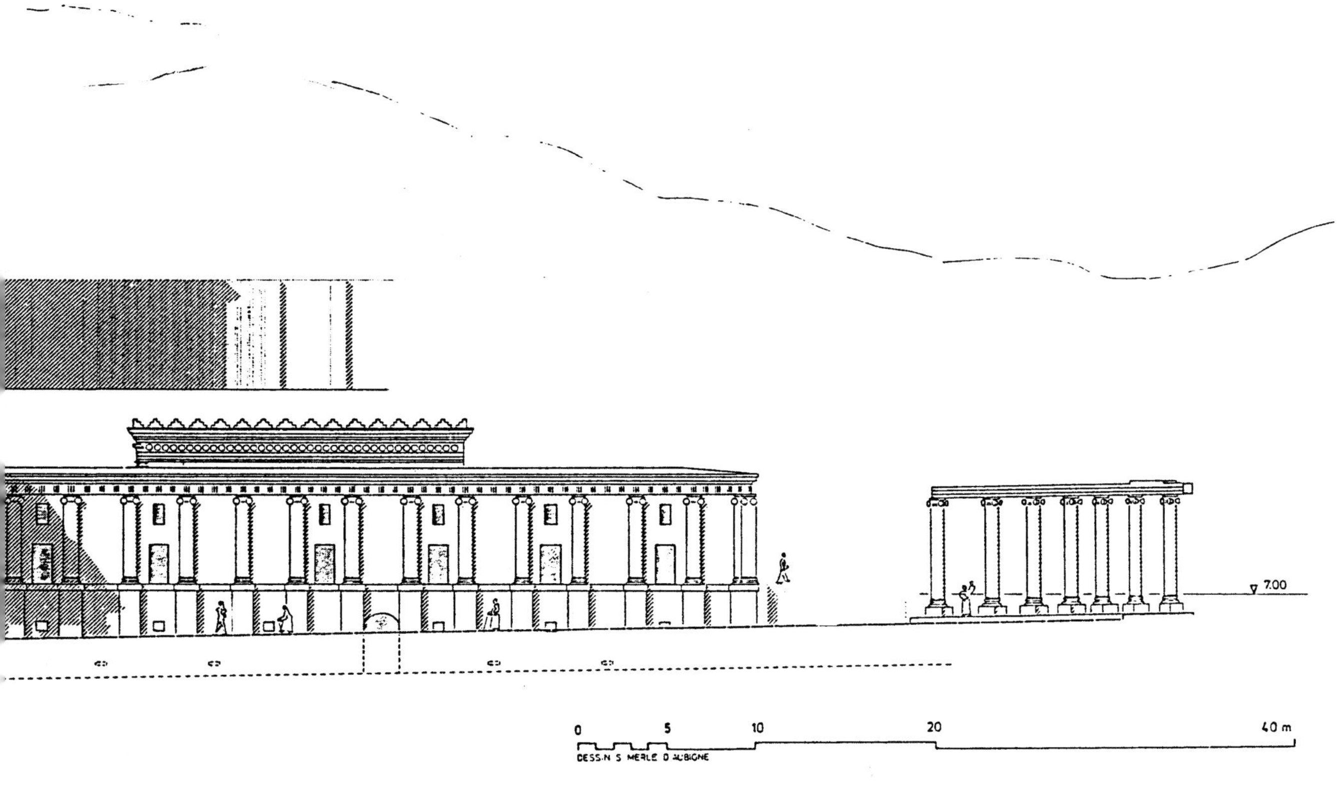

Gerasa-Jerasch – Stadt der 1000 Säulen

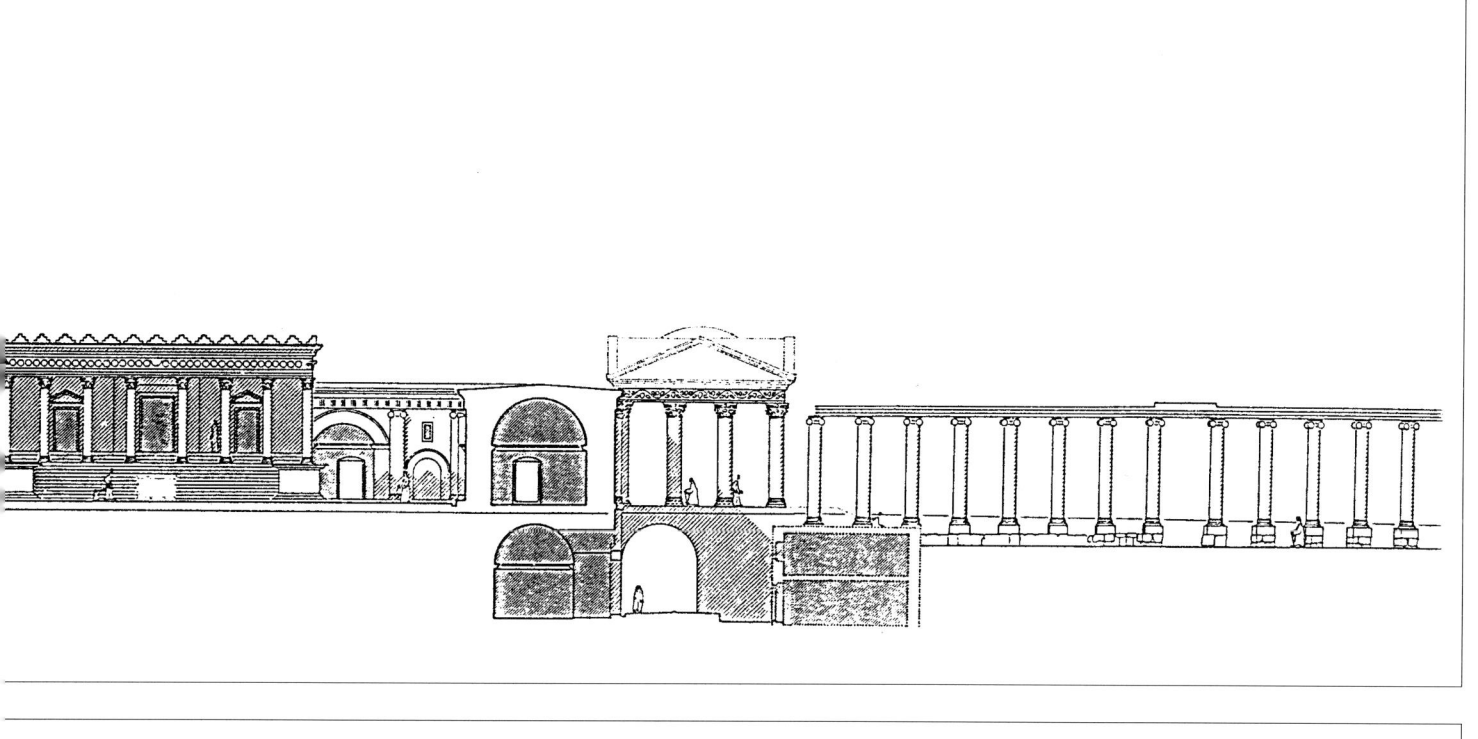

10

11

12

wege und ohne jede natürliche Verteidigungsmöglichkeit entspricht in keiner Weise dem einer hellenistischen Gründung.

Diese Unregelmäßigkeiten, zusammen mit den Beobachtungen an der Stadtmauer und unter dem «Süddecumanus», dort wurden die Reste eines Hauses gefunden, das erst bei Anlage der Straße um 165 n. Chr. abgerissen wurde, beweisen ebenso wie die Datierung der Portiken des «Norddecumanus» in die Mitte des 2. Jhs. n. Chr., daß der heute sichtbare Plan von Gerasa nicht aus einer älteren Epoche stammt, sondern das Ergebnis einer fortgeschrittenen Stadtentwicklung ist. Dieser Prozeß der Überlagerung eines älteren, nicht systematisierten Straßennetzes durch ein pseudoorthogonales Raster erfolgte erst ab der Mitte des 2. Jhs. n. Chr. Darüber hinaus gibt es zahlreiche Hinweise, daß dieses Projekt der Restrukturierung der Stadt nie vollkommen abgeschlossen wurde.

Die Heiligtümer

Die in Gerasa sehr zahlreich gefundenen Inschriften berichten, daß in der Stadt mehr als ein Dutzend Gottheiten verehrt wurden. Tatsächlich aber können gegenwärtig nur drei Heiligtümer nachgewiesen werden: Das des Dionysos (?), dessen Reste unter den Ruinen der Kathedrale genannten Kirche entdeckt wurden, und die des Zeus Olympios in der Nähe des «Ovalen Platzes» und der Artemis in der Stadtmitte, die in bemerkenswerten Überresten erhalten sind. Der Standort eines vierten Heiligtums für eine arabische Gottheit (Tempel C der amerikanischen Mission) bleibt umstritten.

Das größte, das Heiligtum der Artemis, lag rechtwinklig zum «Cardo» und war mit diesem durch einen grandiosen Monumentaleingang verbunden. Der Tempel, ein sechssäuliger Peripteros korinthischer Ordnung steht auf einem Podium im Zentrum eines sehr großen Platzes (180 m x 180 m), der auf allen vier Seiten von Säulenhallen eingefaßt war (siehe Beitrag Parapetti). Obwohl die Weihungen an die Göttin die Existenz eines Kultplatzes der Gottheit schon vor der Mitte des 1. Jhs. n. Chr. belegen, können die vorhandenen Bauten nicht vor die Mitte des 2. Jhs. n. Chr. datiert werden. Sie scheinen vielmehr *ex nihilo* über einer Nekropole errichtet worden zu sein, die erst zur Anlage dieses Großprojektes aufgegeben wurde. Mit größter Wahrscheinlichkeit lag das ursprüngliche Heiligtum auf dem alten Tell (der heute Museumshügel genannt wird). Nach den ältesten Inschriften muß Artemis als die Schutzgöttin der Stadt angesehen werden. Die Verlagerung des Heiligtums an seinen heutigen Standort kann wohl vor allem mit dem Platzmangel erklärt werden, der die Verwirklichung des großen Bauvorhabens des 2. Jhs. n. Chr. über dem ursprünglichen Siedlungskern unmöglich machte. Auch dieses Projekt wurde übrigens nie vollendet, der Säulenhof und die oberen Partien der Cella blieben unfertig.

Das Heiligtum des Zeus (Abb. 7), das auf der Ostflanke eines Hügels errichtet wurde, der dem alten Tell von Gerasa gegenüberliegt, besteht aus zwei Terrassen, die über große Treppenfluchten verbunden sind (Abb. 8). Auf der oberen Terrasse steht auf einem Podium ein großer, achtsäuliger Peripteros (Abb. 9). Er ist größer als der Artemis-Tempel und wurde 162/163 n. Chr. fertiggestellt und geweiht. Die tiefer liegende Terrasse ist 100 m lang und 50 m breit und wurde um den alten Kern des Heiligtums herum errichtet (Abb. 10). Die Ausgrabungen haben ergeben (Abb. 11), daß hier auf einem natürlichen Sporn, einem isolierten Felsen mit einer Grotte, schon seit der Eisenzeit ein Kultplatz existierte. Dieser *high place* wird heute vollständig von den Resten der verschiedenen Kultbauten verdeckt, die seit dem 2. Jh. v. Chr. aufeinander folgend über diesem Platz errichtet worden sind. Zu den bemerkenswertesten gehört ein kleiner, rechteckiger Naos, mit reichem Architekturdekor (Abb. 12) und Stuckverzierungen (Abb. 13). Seine Bauteile wurden als Spolien in den Fundamenten der Gebäude aus dem 1. und 2. Jh. n. Chr. gefunden. Der Naos, dessen Bauzeit in das frühe 1. Jh. v. Chr. datiert werden kann, war innen (Abb. 14. 15) und außen mit plastischem und bemaltem Stuck geschmückt. Ein wahrscheinlich würfelförmiger (Seitenlänge 5,8 m) und allseitig mit Symbolen des Zeus

13

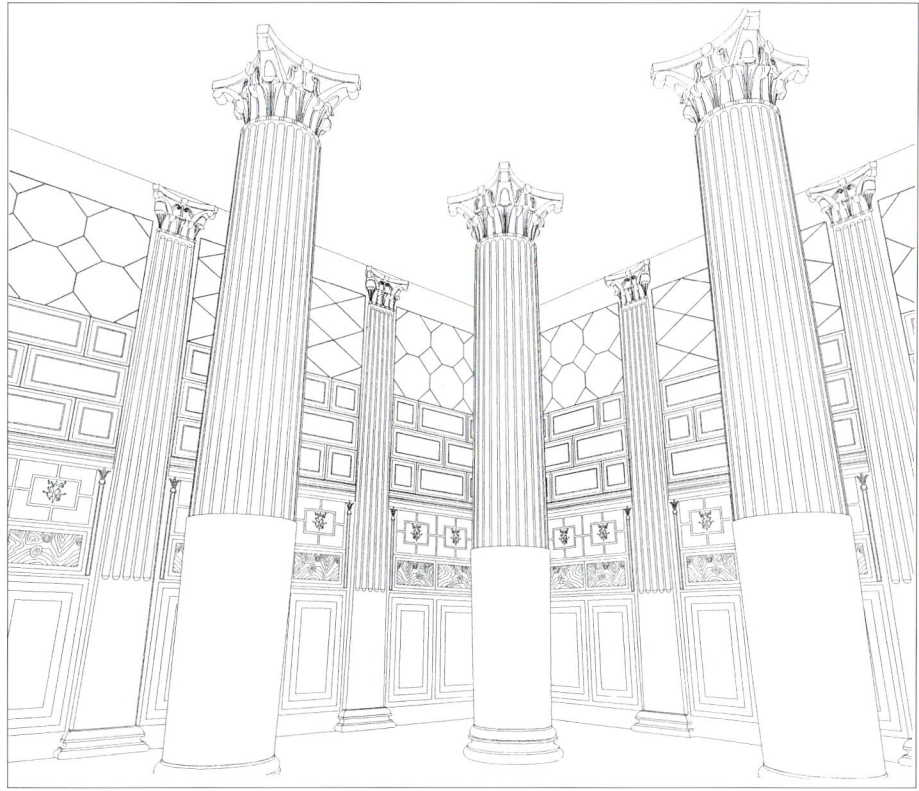
14

Abb. 10   Luftphoto des Grabungsbereichs um den ältesten Kern des Zeusheiligtums.

Abb. 11   Grabung im Zeusheiligtum auf der unteren Terrasse, in der zahlreiche ältere Kultbauten gefunden wurden.

Abb. 12   Rekonstruktion des hellenistischen Naos auf der unteren Terrasse (Rekonstruktion J. Seigne, Zeichnung T. Morin).

Abb. 13   Fragment der Stuckdekoration vom hellenistischen Naos.

Abb. 14   Rekonstruktion vom Inneren des hellenistischen Naos auf der unteren Terrasse (Rekonstruktion J. Seigne, Zeichnung T. Morin).

(Abb. 16), der Dioskuren und des Herakles dekorierter Altar war ihm zugeordnet.

Das ursprüngliche Heiligtum wurde nach und nach vergrößert, und 27/28 n. Chr. durch den «Architekten» Diodoros aus Gerasa, Sohn des Zebedas, mit einem großen Hof umgeben, der seinerseits an allen vier Seiten von gewölbten Gängen eingefaßt war. Diese zeichnen sich durch die Stichkappen ihrer Tonnengewölbe aus Werkstein und durch die architektonische Gliederung mit abwechselnd offenen und geschlossenen Arkaden aus, denen ionische Halbsäulen mit einem dorischen Fries vorgeblendet sind (Abb. 9).

Nachdem der Naos wahrscheinlich im Verlauf der ersten jüdischen Aufstände abbrannte und teilweise zerstört war, wurde er 69/70 n. Chr. mit Hilfe einer großen Stiftung des Théon, «Sohn des Demetrios und Verehrer des olympischen Zeus» wieder aufgebaut. Der neue Bau, der sich durch die Verwendung von hartem, farbigen Kalkstein und einem Dekor in klassischen Formen auszeichnet, brach zum ersten Mal mit den Dekorformen in orientalischer Tradition. Der Naos wurde Anfang des 2. Jhs. n. Chr. wahrscheinlich im Zusammenhang des zweiten jüdischen Aufstands zerstört, aber danach sofort wieder aufgebaut. Seine Größe wurde dabei jedoch zum ersten Mal reduziert. Alle Elemente vorangegangener Bauten wurden sorgfältig demontiert und in die Fundamente des neuen Gebäudes eingefügt, das erneut nach orientalischem Plan errichtet worden ist.

Die großartigen Ruinen der Heiligtümer für Zeus und Artemis haben stets alle Reisenden beeindruckt, aber heute wecken die Chronologie ihrer Baugeschichte, die Verbindung beider Anlagen zueinander und deren Auswirkung auf das Straßennetz und die städtebauliche Entwicklung das Hauptinteresse.

Abb. 15 Teile der bemalten Stuckdekoration aus dem Inneren der hellenistischen Cella (Rekonstruktion J. Seigne, Zeichnung T. Morin).

Abb. 16 Das Blitzbündel des Zeus am Altar.

Abb. 17 Die heute noch sichtbaren Reste des 162/163 n. Chr. errichteten Peripteros des Zeus auf der oberen Terrasse.

Abb. 18 Plan der römischen Wasseranlage bei der Quelle 'Ain Karawan.

Abb. 19 Ansicht der römischen Bauten bei 'Ain Karawan.

Das späte und *ex nihilo* begonnene Großvorhaben des gewaltigen Artemis-Heiligtums steht in unmittelbarem Gegensatz zur Entwicklung des Zeus-Heiligtums, die schrittweise und kontinuierlich vonstatten gegangen ist. Außerdem stimmt der Beginn der Arbeiten am Artemis-Tempel mit der einzigen Reduktionsphase des Zeus-Heiligtums überein, und während 162–163 n.Chr. der große Peripteros (Abb. 17) oberhalb des ursprünglichen Zeus-Heiligtums vollendet wird, kommen die Arbeiten am Artemis-Heiligtum noch vor ihrer Fertigstellung zum Stillstand.

Die Hauptstraße, der «Cardo», führt nicht zum zentral und dominierend gelegenen Heiligtum der Artemis, sondern zum Zeus-Heiligtum, das aus dem Achsensystem gerückt ist und mit der Hauptstraße durch den architektonischen Kunstgriff des «Ovalen Platzes» verbunden ist, der die divergierenden Achsen der Straße und des älteren Heiligtums geschickt verknüpft.

Schließlich erfolgte die Anlage des Artemis-Heiligtums nicht zufällig, sondern im rechten Winkel zum «Cardo». Das Propylon und die darauf zuführende Straße bilden *de facto* den ersten «Decumanus» der Stadt. Und die Verlängerung der monumentalen Eingangsachse bis auf das Ostufer des Wadis hatte den Bau der ersten Brücke zur Folge, mit der eine direkte und einfache Verbindung zwischen beiden Flußufern hergestellt wurde.

Die Bauwerke des Wassersystems

Die Wasserversorgung einer Stadt stellt immer eines der wichtigsten Probleme dar, die gelöst werden müssen, um überleben und wachsen zu können. Merkwürdigerweise ist diesen Fragen in Jerasch wenig Aufmerksamkeit geschenkt worden, was wahrscheinlich mit der bevorzugten Lage der Stadt an einem ständig wasserführenden Fluß und mit der wichtigen Quelle von 'Ain Karawan innerhalb der Mauern zu erklären ist. Gerasa scheint damit sehr gute Ausgangsbedingungen gehabt zu haben. Die Quelle wurde ohne Zweifel durch alle Zeiten hindurch genutzt, und unter den modernen Pumpanlagen ist immer noch ein Teil der monumentalen Fassung des 2. Jhs. n.Chr. zu erkennen (Abb. 18. 19). Außer zur Versorgung der privaten Haushalte diente ihr Wasser der künstlichen Bewässerung der Gärten auf dem gegenüberliegenden Ostufer und ab dem 2. Jh. n.Chr. zur Versorgung der großen Ostthermen, die hier anstelle der Gärten errichtet wurden.

Auch wenn die Stadt sicher nie unter

17

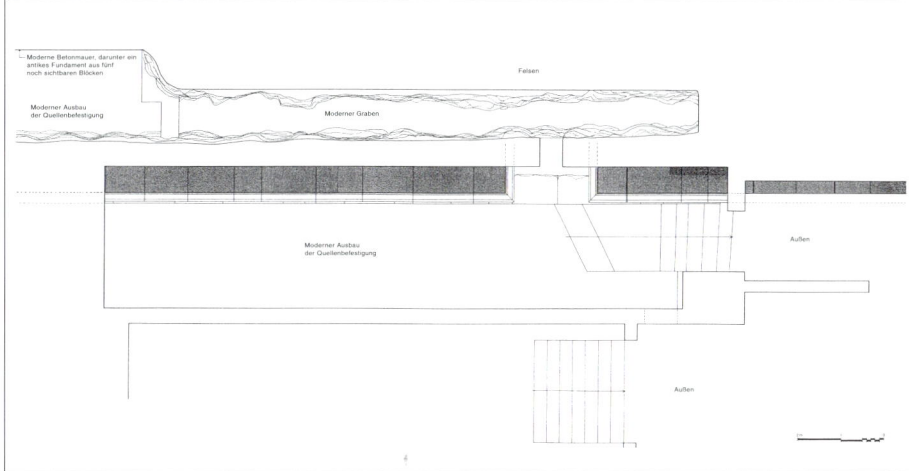
18

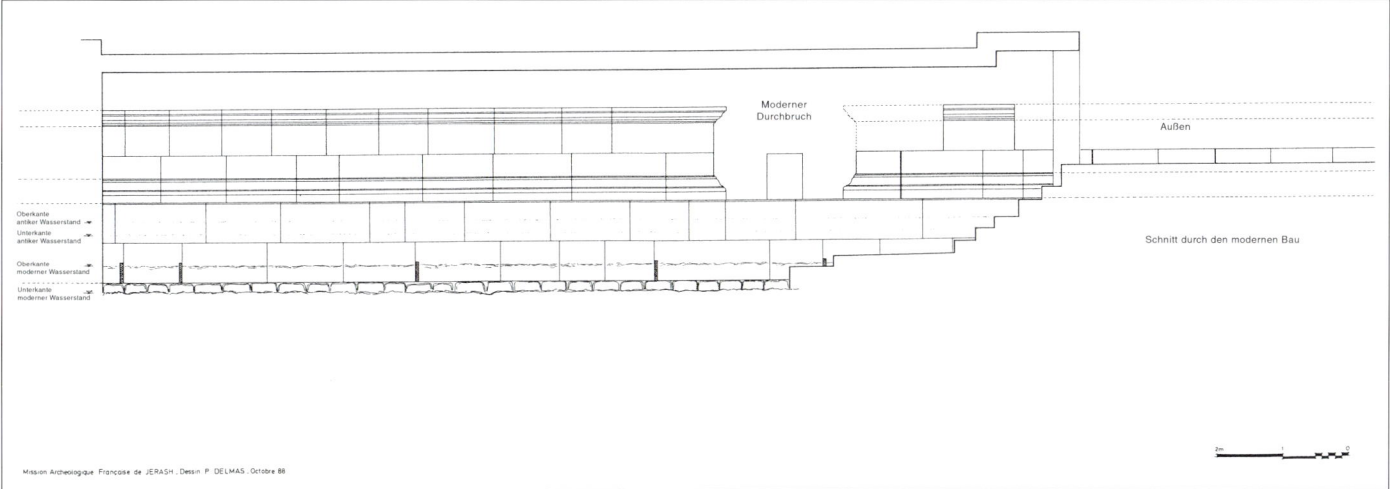
19

Wassermangel gelitten hat, bereitete die Erschließung, Nutzung und Verteilung dieser natürlichen Ressource doch zahlreiche Probleme. Wegen ihrer Lage unterhalb der Wohngebiete konnte das Wasser der Quelle von 'Ain Karawan nicht durch natürliches Gefälle in die Stadt gebracht werden.

Durch zahlreiche Zisternen, die zur vornehmlich privaten Grundversorgung in den felsigen Untergrund gegraben wurden, ist ein Teil des Mangels ausgeglichen worden. Sie konnten freilich nicht die dauerhafte Versorgung der öffentlichen Thermen und Brunnen sicherstellen. Dies war nur durch die Erschließung der talaufwärts gelegenen Quellen und durch den Bau eines Aquäduktes möglich. Diese Leitung ist nie genauer untersucht worden, obwohl ihr Vorhandensein durch zahlreiche hydraulische Anlagen im Stadtgebiet gesichert ist. Einige Autoren nehmen ihren Ursprung 2 km nördlich der Stadt im Bereich eines *Birketein* genannten Ortes an. Hier wurde das Wasser einer weiteren wichtigen und ständig fließenden Quelle gesammelt und in zwei große Becken geleitet. Dennoch liegt dieser Punkt, an dem sich das Theater für die berühmten dionysischen Feste befindet, zu tief, um alle Quartiere der antiken Stadt mit Wasser versorgt haben zu können. Das Wasser, das in den offenen Becken gesammelt worden ist, diente wohl vielmehr zur künstlichen Bewässerung der in den Inschriften genannten Gärten im oberen Tal des Chrysorhoas. Die Wasserversorgung des Westviertels der antiken Stadt kann nur durch die Erschließung von Quellen erfolgt sein, die noch weiter talaufwärts lagen wie zum Beispiel die Quelle von 'Ain Shawaid und andere am Fuß des heutigen Dorfes Deir el-Liyyat. Wenn wir auch all diese Wasserleitungen nicht kennen, wissen wir andererseits doch, daß die Ver-

Abb. 20 Luftaufnahme des Südtheaters neben dem Zeustempel.

Abb. 21 Ansicht der Scaenae frons des Südtheaters nach dem Wiederaufbau.

Abb. 22 Blick von Norden auf das Hippodrom. Im Hintergrund links ist der Hadriansbogen sichtbar.

Abb. 23 Links des «Cardo» ist das Macellum erkennbar.

Abb. 24 Die drei noch aufrecht stehenden Säulen des Germanus-Mausoleums sind 2 km nördlich der Stadt zu finden.

teilung über Druckleitungen erfolgt sein muß, weil es am unmittelbaren Zugang in die Stadt ein oder mehrere Wasserschlösser gibt. Von hier wurde das Wasser zu den Westthermen (die für ihre Pendentifkuppel aus Quadern berühmt sind) geleitet, ferner zu dem 198 n. Chr. erbauten Nymphäum und zu den verschiedenen Brunnen, die entlang des «Cardo» standen.

Auf dem Ostufer des Wadi versorgte die heute noch genutzte Leitung von 'Ain Karawan den großen Thermenkomplex, der wahrscheinlich gegen Ende des 2. Jhs. n. Chr. errichtet wurde. Seine eindrucksvollen Ruinen liegen heute zum großen Teil innerhalb des Busbahnhofes. Auf Grund moderner Bauarbeiten wissen wir aber, daß diese Thermen mit einem großen, von Säulenhallen eingefaßten Hof (einer Palästra?) und einem großen, basilikalen Saal ausgestattet waren, in dem zahlreiche, von der Stadt gestiftete Säulenbasen gefunden worden sind.

Die Bauten für Spiel und Sport

Gerasa besaß drei Theater und ein Hippodrom. Im kleinsten der Theater, das 2 km nördlich der Stadt neben den großen Becken von Birketein wahrscheinlich in antoninischer Zeit erbaut wurde, fand ohne Zweifel ein Teil der inschriftlich überlieferten «Maiumas»-Feste statt. Sie waren so populär, daß sie den Bischöfen trotz wiederholter Erlasse gegen allzu große Freizügigkeit immer wieder Ärger bereiteten.

Das gegen Ende des 1. Jhs. n. Chr. erbaute Südtheater (Abb. 20), das unmittelbar neben dem Zeus-Heiligtum liegt, ist mit etwa 3000 Plätzen das größte der Stadt. Sein guter Erhaltungszustand ist bemerkenswert (Abb. 21), obwohl seine Ruine bis 1950 als Steinbruch zum Bau der modernen Häuser in Jerasch verwendet worden ist. Besonders das Bühnengebäude hat darunter stark gelitten: Stiche und Photographien aus der Zeit vor 1870 zeigen sogar die Säulen des zweiten Geschosses der *scaenae frons* noch *in situ*.

Das Odeion nördlich des Artemis-Heiligtums wurde 164/165 erbaut und unter Alexander Severus vergrößert. Es konnte mit einem Velum gedeckt werden und diente auch als Versammlungssaal oder *bouleuterion*; die Namen von zwölf Stämmen, die in die Sitze des oberen Rangs graviert sind, lassen dies vermuten. Im 7. Jh. benutzten Töpfer die Ruinen des Odeion, die hier mehrere Töpferöfen einrichteten.

Ferner errichteten die Bürger von Gerasa zwischen dem Südtor und dem Hadriansbogen an der Stelle einer alten Nekropole, die mit dem Besuch Hadrians aufgegeben wurde, ein Hippodrom (Abb. 22). Es wurde ab der Mitte des 2. Jhs. n. Chr. erbaut und war nach dem Zeugnis der von den Siegern der Wettläufe gestifteten und bei den Ausgrabungen gefundenen Weihungen bis in die ersten Jahrzehnte des 3. Jhs. n. Chr. in Gebrauch. Wenn es mit 260 m Länge und 76 m Breite auch zu den kleinsten Hippodromen der Antike zählt, ist es heute doch eines der am besten erhaltenen.

Orte des Handels und des Handwerks

Die jüngste Entdeckung eines großen öffentlichen Gebäudes zwischen dem «Ovalen Platz» und dem «Süd-Tetrapylon», das mit seinem zentralisierten Grundriß wahrscheinlich ein *macellum* gewesen ist (Abb. 23), und die Freilegung einer Reihe von Läden zu Füßen des Zeus-Heiligtums, die für das Holzhandwerk reserviert waren, zeigen, daß Handwerk und Handel innerhalb der Stadt vielleicht nach Gruppen örtlich getrennt gewesen sind. Ihre Läden oder Fleischbänke konnten in gesonderten Gebäuden wie dem *macellum* untergebracht sein, aber in der Regel reihten sich die Läden doch entlang der Straßen. Derartige Läden im rückwärtigen Bereich der Portiken säumen auch den «Cardo». Sie rahmen dort einige öffentliche Gebäude (das Nymphäum zum Beispiel) oder Versammlungsräume von Korporationen wie derjenigen der Bronzehändler am Fuß des Artemis-Heiligtums. Eine weitere Gruppe von mehr als zehn zusammenhängenden Läden wurde zwischen dem «Ovalen Platz» und dem Südtor freigelegt. Es setzt die Reihe von vier Läden auf der gegen-

23

24

überliegenden Straßenseite fort, in denen bei den Grabungen 1982–1983 ein besonders aussagekräftiges Inventar gefunden wurde, das zu einer Holzwerkstatt gehörte (Sägen jeder Größe, Meißel, Bohrer, Äxte, Beile, Zirkel, etc.). Diese Reihen von Handwerks- und Handelseinrichtungen entlang der Straßen ersetzten die Agora, die in den hellenisierten Städten des Nahen Ostens unbekannt war. Und andererseits nehmen sie die Souks der mittelalterlichen und modernen Städte des Orients voraus.

Die Wohnungen

Wegen ihres außergewöhnlichen Erhaltungszustandes und ihrer historischen und bauhistorischen Bedeutung haben bis vor wenigen Jahren fast ausschließlich die öffentlichen Monumentalbauten die Aufmerksamkeit aller Forscher gefesselt. Erst in den letzten Jahren gerieten die Wohnquartiere in allerdings noch begrenzten Untersuchungen ins Blickfeld, die aber bis auf geringe Ausnahmen nur Reste der omajjadischen Zeit ans Tageslicht gebracht haben. Dieser offensichtliche Widerspruch (römische Monumente, die von Häusern des 7. und 8. Jhs. umgeben sind) scheint durch die Erdbeben begründet zu sein, die ab der Mitte des 6. Jhs. besonders verheerend waren: Weniger solide gebaut als die öffentlichen Gebäude nahmen die privaten Häuser leichter Schaden (vor allem durch die Beben von 551 und 749) und mußten wieder aufgebaut werden. Die neuen Häuser wurden bis auf den Fels gegründet, ältere Schichten dabei entfernt und die römischen und viel mehr noch die hellenistischen Häuser vollständig zerstört.

Ein Hofhaus nördlich der Propylon-Kirche bildet eine seltene Ausnahme. Es stammt aus der 2. Hälfte des 2. Jhs. n. Chr. und wurde in byzantinischer und omajjadischer Zeit grundlegend umgebaut (eventuell zu einer Moschee). Die Grabungsergebnisse sind bisher noch nicht publiziert worden, so daß man zwar sagen kann, daß es in Gerasa Häuser des griechisch-römischen Typs gegeben hat,

Abb. 25 Rekonstruktion eines mehrgeschossigen Grabbaus aus der Umgebung von Jerasch.

Abb. 26 Architekturdekoration aus der Südnekropole.

Abb. 27 Verschiedene Meilensteine, die entlang der Straße zwischen Philadelphia (Amman) – Gerasa (Jerasch) gefunden wurden.

Abb. 28 Inschrift aus dem Umkreis von Gerasa: Sie besteht aus vier griechischen Buchstaben, ΠΟΓΕ (Abkürzung von ΠΟλισ ΓΕρασηνων oder ΠΟλεως ΓΕρασηνων).

ohne aber angeben zu können, welchen Anteil sie am Gesamtbild hatten.

Ein anderer, viel einfacherer Haustyp ist indirekt durch die Grabungen im Zeus-Heiligtum belegt. Die freigelegten Reste aus dem 3. Jh. n. Chr. erlauben über einer Reihe von vier Läden für Holzhandwerker die Rekonstruktion von zwei etwa 100 m² großen Wohnungen. Die zwar hypothetische, aber doch mit einer gewissen Wahrscheinlichkeit anzunehmende Organisation dieser Wohnungen zeigt orientalische Eigenarten und enge Verwandtschaft mit dem Grundriß der Häuser von Dura Europos.

Die Häuser haben ein reiches Inventar ergeben (Keramik- und Bronzegefäße, Glas, Gold- und Elfenbeinschmuck, Münz-«Schätze», Reste von plastischem Stuck, etc.); es zeigt, daß sie trotz vergleichsweise geringer Grundfläche von recht wohlhabenden Bürgern bewohnt wurden.

So gering die Reste auch sein mögen, spiegeln die römischen Häuser in Gerasa doch orientalischen und westlichen Einfluß wider, dem die kleine Stadt gleichermaßen ausgesetzt war.

Die Nekropolen

Zahlreiche Gräber sind innerhalb und außerhalb der Stadt bekannt geworden, doch sehr wenige von ihnen wurden systematisch ausgegraben. Viele von ihnen sind in den letzten Jahren verschwunden, ohne daß auch nur ihr Grundriß aufgenommen oder ihre Lage näher verzeichnet worden wären. Ebenso ist die Organisation der Nekropolen unbekannt, wenn auch einzelne Anzeichen darauf hindeuten, daß die Gräber, vor allem in römischer Zeit keineswegs zufällig angelegt wurden und daß sie mit verschiedenen Zusatzeinrichtungen ausgestattet waren (Einfriedungen, Altären, Nebenräumen).

Die Gräber, deren älteste aus der Eisenzeit und deren jüngste aus byzantinischer und omajjadischer Zeit stammen, waren überwiegend unterirdisch angelegt; viele sind in den Kalksteinfelsen gegraben worden. Sie konnten als Einzelgräber (einfach im Erdreich, in Gruben, die mit Platten abgedeckt wurden, in Sarkophagen u. a.), als Mehrfachbestattungen (Gräber mit zwei oder mehr *arcosolien*) oder als Sammelgräber (Einraumhypogäen oder solche mit vielen *loculi*) angelegt sein. Einige der monumentalen Mausoleen liegen entlang der Ausfallstraßen. Drei Säulen der Grabfassade des Centurionen Germanus stehen heute noch 2 km nördlich der Stadt aufrecht (Abb. 24). In der Nordwestnekropole ähnelt ein

27

28

großes und reich dekoriertes, aber leider stark zerstörtes Grab den palmyrenischen «Tempelgräbern». Beiderseits eines engen Mittelsaales schützte es die übereinanderliegenden Reihen der *loculi*, zwischen denen eine architektonische Gliederung angeordnet war. Genau wie in Palmyra stand gegenüber dem Eingang ein Doppelsarkophag, der hier mit Reihen von Blumen und Früchten dekoriert war.

In der Südnekropole entgingen die Reste zweier in Quadern errichteter und tonnengewölbter Mausoleen bei der Verbreiterung der Straße von Amman nach Jerasch nur knapp der Zerstörung. In dieser Nekropole wurden bei jüngsten Grabungen in den *dromoi* verschiedener Hypogäen und in der Füllung des Hadriansbogens bemerkenswerte Elemente eines runden und mehrgeschossigen Grabbaus entdeckt (Abb. 25). Die Architekturteile (Abb. 26), ionische und korinthische Kapitelle, dorische Friese etc. gestatten eine Datierung um die Zeitenwende und einen unmittelbaren Vergleich mit den Mausoleen im Jerusalemer Kidrontal.

Mit Ausnahme einiger Mausoleen und Hypogäen scheint der Gestaltung der Gräber in Gerasa keine übermäßig große Aufmerksamkeit gewidmet worden zu sein. Die monolithischen Steintüren sind oft auf einen einfachen, unverzierten Türflügel reduziert, und bis auf drei Ausnahmen besitzen die Grabkammern keine architektonische Gliederung. Bis auf den heutigen Tag sind nur in einem einzigen Grab Reste von Malerei gefunden worden, ein Umstand der die Gräber von Gerasa deutlich von denen z. B. in Abila/Qweilbeh abhebt und der zeigt, daß es auch zwischen relativ nahe beieinanderliegenden Städten wesentliche Unterschiede in den Bestattungstraditionen und -riten geben konnte.

Inschriften stammen überwiegend von isolierten Grabstelen. Sie finden sich selten an den Monumenten selbst (weniger als zehn) und in der Regel lassen sie die Identifikation des Grabinhabers nicht zu (eine Ausnahme stellt das Grab der Bruderschaft der Bäcker in der Südnekropole dar). Dagegen liefern die Gräber oft ein reiches Inventar (neben Leichentüchern, Holz- und Bleisärgen, Steinsarkophagen auch Stoffreste, Schuhe, Schmuck und Münzen) und dazu kommen Weihgaben und Reste der Leichenfeiern (Lampen, Amphoren, Teller, Gläser, Bronzegefäße u. a.). Während der letzten Jahre hat das schnelle Wachstum der Stadt in Jerasch zu einer umfangreichen und fortschreitenden, überwiegend vollkommen unkontrollierten Zerstörung der Gräber geführt.

Die Verbindungswege

Neben den vielen lokalen Verbindungswegen, die an zahlreichen Orten der Umgebung noch sichtbar sind, wurde Gerasa vor allem von drei Hauptstraßen erschlossen. Diese drei «römischen Strassen» sind durch zahlreiche Meilensteine (Abb. 27), durch wichtige Straßenabschnitte, die sich trotz jahrhundertelangen Gebrauchs zum Teil in bemerkenswert gutem Erhaltungszustand befinden, und durch Wachttürme nachgewiesen. Sie verbanden Gerasa direkt mit seinen Nachbarn Pella, Philadelphia und Bostra (via Adraa) und mit dem übrigen Reich.

Obwohl sie in einer von Wadis durchzogenen und oft bergigen Region angelegt werden mußten, verfolgten die Trassen doch einen möglichst direkten und möglichst ebenen Weg. Zu diesem Zweck wurden die Kammlinien bevorzugt. Mitunter bedingte diese Wahl aber einen sehr kurvigen Straßenverlauf, und zur Überquerung steiler Hänge vor allem in den Wadis waren auch «Haarnadelkurven» notwendig.

Der Aufbau der Straßen scheint überall ähnlich zu sein: Mit einer Breite von etwa 5,8 bis 6 m bestand der Fahrdamm beidseitig eines Mittelstreifens aus einer Reihe großer, flach verlegter Steinblöcke auf einer Schicht aufrechtgestellter, kleiner Steine. Zwei Reihen großer, ebener Steine bildeten den Rand des Fahrdamms. Eine 15 bis 20 cm hohe Schicht Kies und Splitt, vermischt mit Erde, die an vielen Stellen beobachtet werden konnte, bildete die Oberfläche.

Von den drei Hauptverbindungsstraßen der Stadt am Chrysorhoas ist die nach Philadelphia/Amman am besten bekannt. Sie hat auch die meisten Inschriften geliefert (mehr als 60); die älteste Inschrift datiert in die Zeit Trajans. Sie zeigen, daß die Straße ab 112 n. Chr. ausgebaut wurde, anscheinend jedoch nur auf dem Territorium von Gerasa. Bis in das frühe 4. Jh. n. Chr. sind die Straßen wohl regelmäßig instand gehalten worden. Mit Weihungen an den Kaiser Julian umfassen die Texte der Meilensteine einen Zeitraum bis 360–363 n. Chr., doch konnten sie bisher nur im Verlauf der Straße von Gerasa nach Philadelphia nachgewiesen werden. Nach diesem Zeitpunkt sagt keine Inschrift mehr etwas über den Gebrauch der Straßen aus, die anscheinend ab dem 10. Jh. endgültig aufgegeben worden sind.

Das Territorium

Es ist außergewöhnlich, daß die Ausdehnung eines Stadtgebietes genau bestimmt werden kann. Die selten belegten «Territoriumsgrenzen» wurden (wie in Palmyra) an den Hauptverbindungsrouten durch monumentale Stelen mit langen Weihinschriften markiert. Die vor kurzem geglückte Entdeckung von 40 sehr kurzen, identischen und gleich großen (12–18 cm hohen) Inschriften im ländlichen Umkreis von Gerasa bildet in diesem Zusammenhang eine Ausnahme (Abb. 28). Sie bestehen aus vier griechischen Buchstaben, ΠΟΓΕ (Abkürzung von ΠΟΛΙΣ ΓΕΡΑΣΗΝΩΝ oder ΠΟΛεως ΓΕΡΑΣΗΝΩΝ) und ähneln denen, die im Umkreis von Gezer gefunden worden sind. Bisher konnten sie nur im Osten und Süden der Stadt abseits der Straßen nachgewiesen werden. Aller Wahrscheinlichkeit nach dienten sie zur Definition des zu Gerasa gehörenden Territoriums, wenn nicht sogar des eigentlichen Stadtgebietes. Im Osten fanden sie sich entlang einer natürlichen Grenze, nämlich der östlichen Wasserscheide des zum Wadi Jerasch gehörenden Beckens, was ihre Aufgabe zur Festlegung der eigentlichen Stadtgrenzen unterstreichen könnte. Die vier Inschriften, die etwas südlich des Zarqa gefunden wurden, beweisen, daß sich entgegen bisheriger Hypothesen das Stadtgebiet mindestens bis zu diesem Fluß erstreckte.

Darüber hinaus könnten diese Entdeckungen zumindest für das Territorium von Gerasa bestätigen, daß die Inschriften zur Kennzeichnung des Stadtgebietes in ländlichen Gebieten mit dem Wechsel des *caput viae* auf den Meilensteinen an den Straßen übereinstimmten. Wenn sich mit zukünftigen Forschungen diese ersten Beobachtungen absichern lassen, definieren die Meilensteine das Stadtgebiet im Norden mit dem Wadi Yabis oder dem Kamm, der das Südufer des Flußtales bildet, und im Westen mit dem Fußpunkt des Steilhangs am Ostufer des Jordan. Demnach würde das Territorium von Gerasa etwa 850 km^2 umfassen und vom Jordantal bis an die Steppe, beziehungsweise vom Wadi Yabis bis zu den Höhen gereicht haben, welche die Bekaa beherrschen.

Zum Territorium von Gerasa gehörten mehrere Dörfer (an ständig wasserführenden Quellen gelegen existieren einige von ihnen wie unter anderen Souf, Adjlun oder Kamscha, auch heute noch) und eine große Zahl kleinerer, mehr oder weniger bedeutender Siedlungen, die vor allem nach den landwirtschaftlichen Gegebenheiten angelegt waren und von denen aus unter anderem Wein- und Olivenanbau betrieben wurde, wie es die sehr zahlreichen Wein- und Ölpressen belegen. Trotz ihrer großen Zahl waren diese Anlagen anscheinend nicht in ein

Abb. 29 Entwicklung der Stadt Gerasa von ca. 150 v. Chr. bis 300 n. Chr.

Gerasa-Jerasch – Stadt der 1000 Säulen

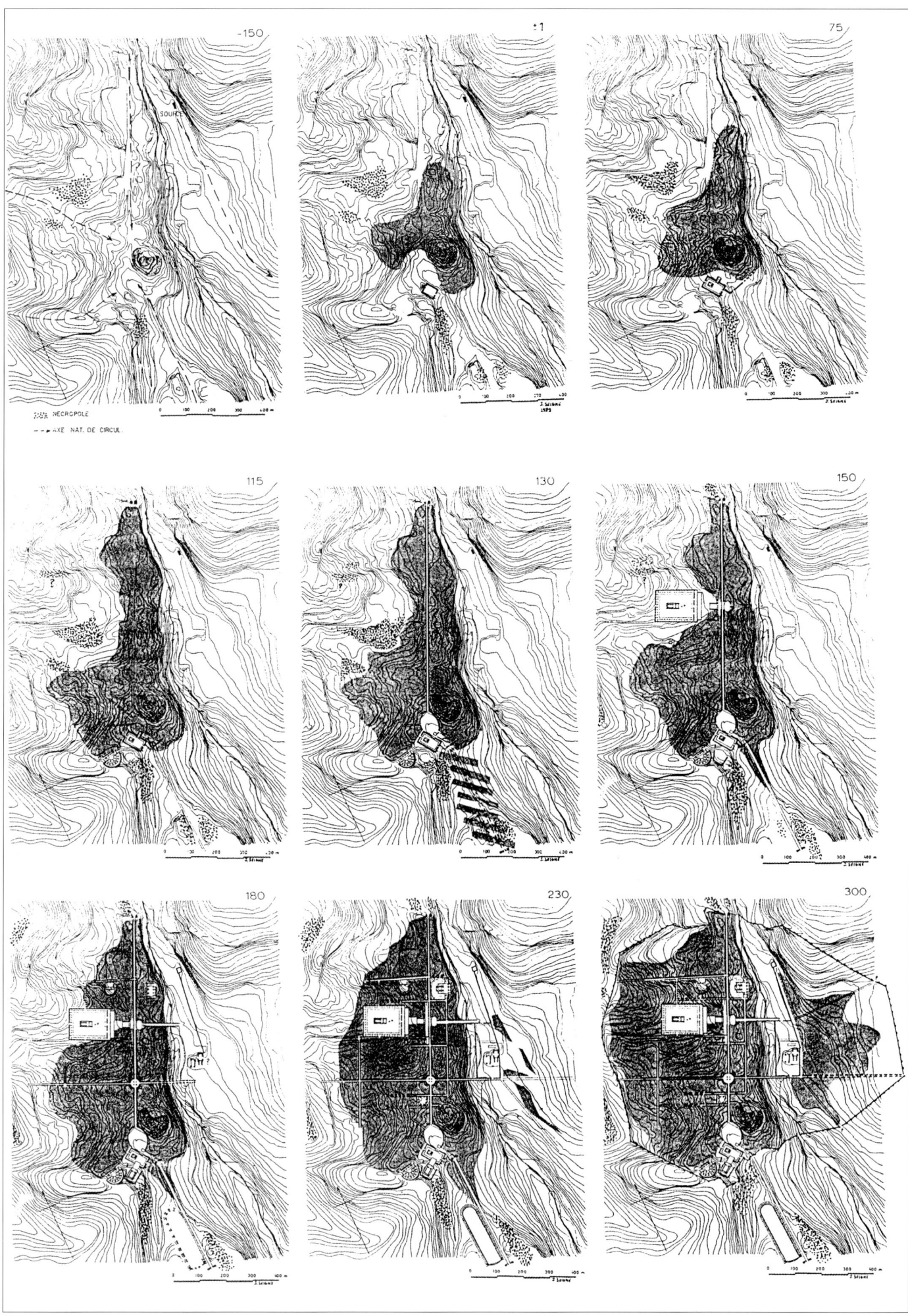

klassisches Kataster integriert, die antike Parzellierung folgte vielmehr der lokalen Topographie und damit den Hügeln und allgemeinen Geländeformationen und nicht einem willkürlichen Orthogonalsystem.

Zusammenfassung

Die Entdeckung der Ruinen von Gerasa durch Ulrich Jasper Seetzen hat den Archäologen und Historikern eine unerwartete Chance geboten: Von allen antiken Städten Südsyriens ist Gerasa die einzige, die derart gut erhalten ist. Seine einfache, klar erkennbare Anlage läßt den Typ Stadtplanung erkennen, der für die hellenisierten Städte im Bereich des Toten Meeres allgemeine Gültigkeit gehabt haben könnte. Der Ablauf seiner Geschichte, wie er nach 1938 von C. H. Kraeling nachgezeichnet worden ist (in Gerasa, City of the Decapolis) schien überzeugend zu sein: Danach sei die Stadt als Antiochia am Chrysorhoas eher von Antiochos IV. als von Alexander dem Großen oder Perdikkas «gegründet» worden und habe ab dem 1. Jh. n. Chr. im Schutz der *Pax Romana* ein starkes Wachstum erlebt. Angelegt nach dem hippodamischen System habe sich die Stadt schnell über beide Ufer des Wadi ausgedehnt. Seit 66/67 n. Chr. habe eine mächtige, umlaufende Mauer die Stadt vor möglichen Angreifern geschützt. Ein neues Stadtquartier, das mit dem Besuch Hadrians südlich der Befestigung geplant worden sei, habe keinen Erfolg gehabt und sei mit dem Bau des Hippodroms aufgegeben worden. Auf das goldene Zeitalter des 2. Jhs. n. Chr. sei bis zum Beginn der Christianisierung im frühen 4. Jh. n. Chr. eine wirtschaftlich und politisch schwierige Zeit gefolgt.

Die Ergebnisse der verschiedenen Untersuchungen der letzten 20 Jahre haben dieses Bild modifiziert. Wenn sich auch die Klarheit der Stadtanlage von Gerasa nicht verändert hat, können entsprechend der erweiterten archäologischen Erkenntnisse doch neue Hypothesen zu seiner Entwicklung aufgestellt werden.

Es kann heute kein Zweifel bestehen, daß Gerasa in hellenistischer Zeit nicht *ex nihilo* gegründet worden ist, sondern wie Philadelphia, Pella, Gadara usw. aus einer alten Siedlung hervorgegangen ist, die hier mindestens seit dem 2. Jt. v. Chr. existierte (Abb. 29). Ebenso kann ohne Zweifel davon ausgegangen werden, daß seine Wiedergründung trotz einiger anderslautender Quellen (Inschriften, Münzen etc.) nicht durch Alexander den Großen oder Perdikkas erfolgte, sondern durch einen seleukidischen Herrscher (wahrscheinlich Antiochos IV.). Dagegen bleiben die Jahrzehnte vor der Zeitenwende trotz der Entdeckungen im Zeus-Heiligtum weitgehend dunkel und wenig faßbar.

Unsere Kenntnis zum römischen, byzantinischen und omajjadischen Gerasa jedoch und besonders zu seiner städtebaulichen Entwicklung, deren frühere Darstellung sich als falsch erwiesen hat, haben sich entschieden erweitert. Die Analysen der Ergebnisse der letzten Jahre bestätigen, daß die Straßen bis zum frühen 2. Jh. n. Chr. keinem festgelegten Plan folgten: Ihre vielfältige, unterschiedliche und variable Ausrichtung war statt dessen allein durch die natürlichen Verbindungswege vorgegeben. Die erste Raumplanung erfolgte mit der Gründung der Provinz Arabien. Nach einem orientalischen Prinzip wurde die Verbindungsachse zwischen der Hauptstraße zum nördlichen Stadteingang und dem Heiligtum des Zeus Olympios, wohl dem bedeutendsten der Stadt, zu einer Prozessions- und Handelsstraße ausgebaut. Der Bau dieser Hauptstraße, die *à la romaine* mit Säulenhallen ausgestattet wurde, könnte zusammen mit der Ansiedlung des Prokurators der Provinz Arabien, dem Ausbau der Straßen usw. ein Zeugnis für ein spezielles Interesse des Kaisers Trajan an Gerasa sein. Seine Bürger verehrten ihn als den «Retter und Gründer» der Stadt.

Zum Zeitpunkt des Besuchs Kaiser Hadrians (Winter 129/130 n. Chr.) beherrschten zwei Baukomplexe die Stadt: Das Zeus-Heiligtum und das Südtheater. Obwohl sie dicht beieinander stehen, stimmt die Ausrichtung der beiden Anlagen nicht überein, und es gibt auch keine direkte Verbindung zur Hauptstraße, dem einzig wichtigen Element des Straßennetzes dieser Zeit. Auf Initiative Hadrians wurde, wie es schon H. C. Kraeling vermutete, südlich des Zeus-Heiligtums ein neues Stadtviertel geplant. Zwei Bögen, das Südtor und der Hadriansbogen, markierten die Ausdehnung dieses Projektes. Die Anlage dieses neuen, ein Gleichgewicht schaffenden Quartiers auf dem Westufer des Wadi zeigt deutlich, daß bis zu diesem Zeitpunkt allein das Gelände die Vorgaben einer Stadtentwicklung um das Zeus-Heiligtum lieferte.

Einige Jahre nach dem Besuch des Kaisers änderten sich die Ziele der Stadtplanung vollkommen: Die kaum begonnene Stadterweiterung im Süden wurde zugunsten des Nordviertels der Stadt, wo über einer alten Nekropole das große Artemis-Heiligtum errichtet wurde, vollständig aufgegeben. Der zwischen 130 n. Chr. (Besuch Hadrians) und 150 n. Chr. (Weihung des Propylons) offensichtlich *ex nihilo* erfolgte Bau dieses Heiligtums ging mit einer Zerstörung des Zeus-Heiligtums und danach mit einem zum ersten Mal verkleinerten Wiederaufbau einher. Zugleich wurde ab diesem Zeitpunkt das Artemis-Heiligtum der bedeutendste Baukomplex der Stadt, und der größte Teil der gleichzeitig entstandenen öffentlichen Bauten (Nymphäum, Nordtheater, Westthermen etc.) scharte sich um dieses Heiligtum.

Alle Erschütterungen, die sich in diesen städtischen Vorhaben niedergeschlagen haben, können nur der Reflex einer tiefgreifenden politischen Krise in der Stadt sein, die mit dem zweiten jüdischen Aufstand verbunden gewesen sein muß. Art und Auswirkungen der Ereignisse im Nahen Osten im Zusammenhang mit diesem Aufstand sind weitgehend unbekannt. Es ist möglich, daß wie im ersten Aufstand ein großer Teil der Bevölkerung in Gerasa die Unruhen zum Widerstand gegen den Kaiser genutzt hat, der zu gewalttätigen Aktionen führte. Diese gipfelten symbolisch und tatsächlich in der Plünderung des seinerzeit bedeutendsten Heiligtums des Zeus und dem Bau eines neuen Sakralkomplexes, welcher der Artemis geweiht war. Die Anlage des neuen Heiligtums erfolgte nicht zufällig, sondern an einem zentralen und dominierenden Punkt in rechtwinkliger Ausrichtung auf den «Cardo». Daraus erwuchs der erste «Decumanus» eines neuen Straßennetzes und die erste Brücke über das Wadi. Die Urbanisierung des Ostufers des Chrysorhoas und die Anlage des «hippodamischen» Straßensystems scheinen demnach nur die Auswirkungen der Veränderungen im politischen System der Stadt während des 2. Jhs. n. Chr. zu sein. Ohne diesen eher zufälligen Umstand der Lokalgeschichte, der sich aus äußeren Bedingungen ergab, würde uns Gerasa heute nahezu sicher ein ganz anderes Bild bieten: Nur das Zeus-Heiligtum würde die Reste einer linear entwickelten Stadt auf dem Westufer des Wadi zwischen dem Nordtor und dem Hadriansbogen beherrschen; es hätte keinen Grund zum Bau eines neuen, gigantischen Artemis-Heiligtums gegeben, keinen Grund zur Anlage rechtwinkliger Straßen usw.

Der Rasterplan von Gerasa scheint also nichts anderes als das Ergebnis eines späten «Schluckauf» der Lokalgeschichte zu sein. Da er der Stadt nach und nach erst ab dem 2. Jh. n. Chr. übergestülpt wurde, kann er zukünftig weder für hellenistisch gehalten, noch als beispielhaft für den Stadtplan anderer Dekapolisstädte angesehen werden.

Roberto Parapetti

Gerasa und das Artemis-Heiligtum

«Dann kamen wir nach Dscherrásch, dem alten Gerasa ... Auf einer höheren Lage stand ein ziemlich erhaltener schöner Tempel, wo vor der Thüre ein Peristyl von zwölf großen korinthischen Säulen, wovon noch elf stehen, vom größten Fleisse ...»

Der Tempel, der in diesem Zitat von Ulrich Jasper Seetzen[1] erwähnt wird, dem ersten Europäer, der in moderner Zeit das Land östlich des Jordan-Flusses betrat, mit den zwölf, immer noch aufrecht stehenden Säulen war der Artemis geweiht und stellt ein weithin sichtbares Wahrzeichen innerhalb des großen Ruinengebietes von Jerasch dar. Von dem Ethnologen Blumenbach an der Universität Göttingen ausgebildet, machte sich Seetzen, ausgerüstet sowohl mit mit einem wachen Verstand als auch mit unerschöpflicher Energie, 1806 auf die Suche nach Belegen für die Städte der Dekapolis. Gleichzeitig schuf Seetzen während dieser Reisen auch wichtige Grundlagen für die spätere biblische Archäologie.

Wenige Jahre danach äußerte sich Johann L. Burckhart (ein anderer Blumenbach-Schüler, besser bekannt für seine Entdeckung Petras) ähnlich begeistert über Jerasch «Das ganze Gebäude scheint an Pracht und Geschmack jedes öffentlichen Gebäudes dieser Art in Syrien, ... übertroffen zu haben.».[2] Später führte dort auch G. Schumacher mit der Unterstützung des Palestine Exploration Fund intensive topographische und architektonische Untersuchungen durch.[3] Von dem berühmten Tempel wurde zu diesem Zeitpunkt angenommen, daß er der Sonne geweiht war. Die Zuordnung zu Artemis, der Stadtgöttin von Gerasa bzw. Antiochia am Chrysorhoas, konnte erst später erfolgen und wurde durch Funde der anglo-amerikanischen Grabungsexpedition möglich, die von 1928 bis 1934 die ersten systematischen Ausgrabungen durchführte.[4]

Das Heiligtum und seine Stellung in der Stadt

Auch dem heutigen Besucher bietet der Artemistempel einen großartigen und imposanten Anblick (Abb. 30). Dies liegt hauptsächlich an der Wirkung der wettergegerbten Steine, aus denen die Säulen des Pronaos bestehen und an ihren beeindruckenden Proportionen. Sie zeigen ein ständig wechselndes Farbenspiel, das von einem leuchtenden Orange bis zu gedämpften Grüntönen am Ende des Tages reicht.

Die Bedeutung des Artemisions geht aber weit über diese rein ästhetischen Komponenten hinaus und hängt eng mit der Entwicklung der Stadt zusammen, in der sich der Artemistempel und der Zeustempel als zwei monumentale Kultzentren nebeneinander etabliert hatten. Ge-

Abb. 30 Der Artemistempel von der nordöstlichen Stadtmauer aus gesehen.

31

tung aller großen Straßen der Stadt. Am entgegengesetzten südlichen Ende der Stadt richtet sich der Blick vom Ehrenbogen des Hadrian geradewegs auf den Artemistempel (Abb. 31). Diese zweite Blickachse, die von der ersten um 27° in nordöstlicher Richtung abweicht und somit direkt nach Norden weist, verläuft auch parallel zum Hippodrom und zu dem Straßennetz auf der Ostseite des Wadis.[6] Die dort liegende Erweiterung der bereits existierenden Stadt (ähnliche Baumaßnahmen des gleichen Herrschers kennen wir auch aus Athen und Antiochien), war durch zwei Brücken über das Wadi mit der älteren Anlage auf dem Westufer verbunden; die nördliche Brücke war dabei auch Teil der Via Sacra zum Artemision.

Das Heiligtum, das der Artemis als Tyche (also als Stadtgottheit) gewidmet war, kann aufgrund seiner außerordentlichen Größe und der zahlreichen dazugehörigen Gebäude nur auf eine direkte kaiserliche Initiative zurückgehen. Die damit erkennbar werdende Ungleichgewichtigkeit in der Behandlung der beiden Kulte der Stadt ist auf keinen Fall vor Hadrian belegt; ein der Göttin geweihter Tempel existierte allerdings bereits vor 150–160 n. Chr., dem Entstehungszeitraum des hier besprochenen Artemisions. Dieser ältere Zustand ist aus einigen Inschriften bekannt; besonders derjenigen auf zwei Steinblöcken am Fuße des Tempels, die dort als «die ersten (Steine) des zweiten Baus» bezeichnet werden. Nur sehr wenige Inschriften wurden bisher aus dem Zeitraum zwischen 75 und 98 n. Chr. gefunden, aber aus einem flachen Bogen im Nordwesttor ist uns eine Inschrift dieser Zeit mit deutlicher Beziehung zu Artemis bekannt. Diese Inschrift wurde von der ersten amerikanischen Grabungsexpedition in Jerasch zur Datierung der Stadtmauer herangezogen, welche sie folglich zeitlich auf 75 n. Chr. setzte. Tatsächlich datiert die Stadtmauer aber erst an das Ende des 3. Jhs. n. Chr.[7] Sowohl das Nordwesttor als auch der Triumphbogen sind früher entstanden und sollten nicht als reguläre Stadttore sondern vielmehr

nau diese Bipolarität von Zeus und Artemis, die im klassischen Kontext eher ungewöhnlich ist, bildet den Kern unserer Hypothese, daß die Stadt sich aus zwei ursprünglich unterschiedlichen Siedlungen bzw. zwei unterschiedlichen ethnischen Gruppen entwickelt hat. Der Zeitpunkt der Vereinigung ist unbekannt, mag aber das Ergebnis der julisch-claudischen oder flavischen Politik in dieser Region gewesen sein.[5] Die antike Stadtanlage, welche die meisten öffentlichen Gebäude den Kaisern der antoninischen und severischen Dynastien verdankt, so z. B. die Um- und Ausbauten der beiden erwähnten Heiligtümer, ist das Ergebnis zweier historischer Ereignisse: Der endgültigen Eroberung des nabatäischen Reiches im Jahre 106 n. Chr. durch Trajan und der politischen Konsolidierung der palästinisch-syrischen Region unter Hadrian (siehe auch Beitrag Seigne). Dieser Kaiser besuchte Gerasa im Winter 130/131 n. Chr. sogar persönlich.

Die Gesamtstadtanlage, heute noch gut erkennbar an den von Kolonnaden gesäumten Hauptstraßen, basiert auf einem ortogonalen Plan, wie er zum damaligen Zeitpunkt üblich war und ist das Ergebnis der oben erwähnten historischen Ereignisse. Das Nordtor der Stadt, das eine Weihinschrift für Trajan trägt, in der dieser als Gründer und Retter der Stadt bezeichnet wird, ist auf den Zeustempel (in seinem antoninischen Zustand) ausgerichtet und beeinflußt damit die Ausrich-

Abb. 31 Der Artemistempel als Mittelpunkt des Blicks vom Hadriansbogen.

Abb. 32 Luftaufnahme des Artemis-Heiligtums von Nordosten (1986).

Abb. 33 Das Heiligtum der Artemis vom modernen Jerasch aus gesehen, dabei ist die rechtwinklige Lage des Tempelkomplexes und der Straßen zu erkennen.

32

33

als freistehende, monumentale Wahrzeichen am nördlichen und südlichen Ende der Stadt bezeichnet werden.

Das Artemis-Heiligtum aus dem 2. Jh. n. Chr. erstreckte sich auf beiden Seiten der Hauptstraße zwischen den beiden wichtigsten Querstraßen der Stadt (Abb. 34). Im Süden verläuft die Querstraße unmittelbar parallel zum Gelände, während im Norden erst eine schmale, ältere Bebauung und dann die zweite Querstraße folgt. Das Heiligtum erstreckt sich 322 m in ostwestlicher und 123 m in nordsüdlicher Richtung und bedeckt damit über 3 ha. Die Anlage des Gesamtheiligtums muß einschneidende Veränderungen in der Stadtstruktur und auf die Bebauungsverhältnisse innerhalb der Stadt zur Folge gehabt haben, was auf einen geplanten urbanistischen Eingriff deutet. Mit der Errichtung dieser neuen Anlage, die kultischen Belangen, aber auch Gewerbe und Handel diente, fanden Größe und Anspruch öffentlicher Selbstdarstellung neuen Ausdruck.

Der Gebäudekomplex des Artemisions

Dieses monumentale Heiligtum, das einem hellenistischen Prinzip der stadträumlichen Gliederung folgt, erstreckt sich entlang einer Hauptachse, welche die säulengerahmte Hauptstraße der Stadt rechtwinklig schneidet (Abb. 33). Von den verschiedenen Ebenen der Anlage boten sich Ausblicke, welche durch die noch zu durchschreitenden Gebäude begrenzt waren: auf den weiteren Verlauf der Via Sacra und schließlich auf den Tempel als optischen und inhaltlichen Höhepunkt. Der Tempel selbst steht auf einem natürlichen Felsplateau auf der Kuppe eines Hügels, der vom Chrysorhoas an terrassenartig ansteigt (Abb. 30). Die räumliche Gesamtkonzeption des Heiligtums besteht aus einem organischen Ganzen, in dem alle Teile durch verschiedene, sich logisch folgende Perspektiven aufeinander bezogen sind und trotzdem ihre Unabhängigkeit bewahren.

Von Osten kommend, d.h. von der Via Sacra-Brücke (Abb. 34a), können wir aus den noch vorhandenen Resten folgende Gebäudestrukturen rekonstruieren: ein monumentales Propylon (Abb. 34b),

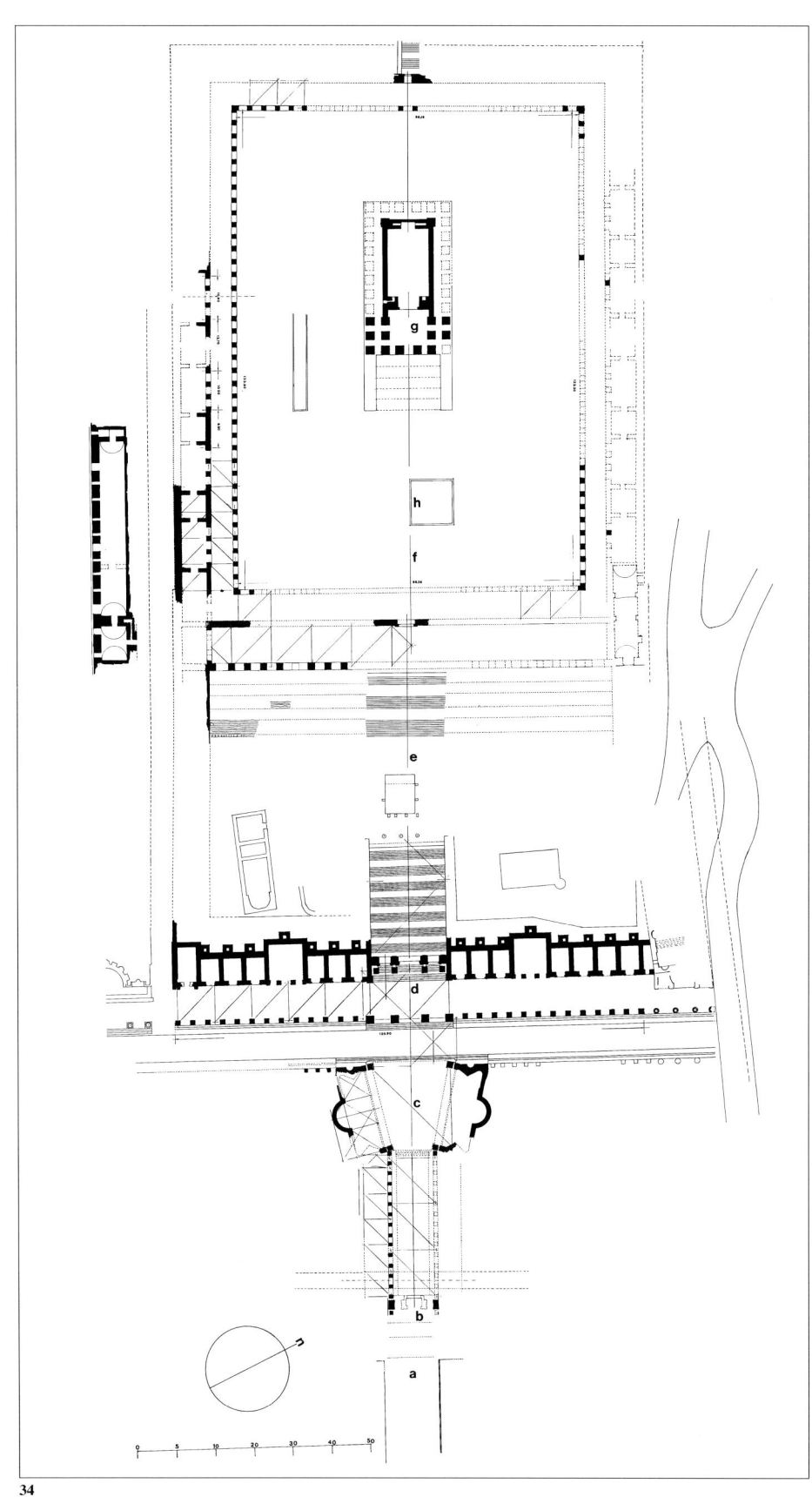

Abb. 34 Plan des Artemis-Bezirks: a. Via Sacra Brücke, b. östliches Propylon, c. Trapezoider Platz, d. westliches Propylon, e. Zwischenterrasse, f. Temenoshof, g. Artemistempel, h. Hauptaltar.

Abb. 35 Blick auf das westliche Propylon vom Hof der Propylon-Kirche, ursprünglich dem trapezförmigen Platz auf dem Weg zum Artemis-Tempel. Die Unterbrechung dieses Aufwegs durch die Hauptstraße wird optisch aufgehoben.

Abb. 36 Rekonstruktion des mit einem Giebel geschmückten Eingangs an den Kolonnaden der Hauptstraße (vor dem westlichen Propylon). Blau sind die bereits wiederaufgebauten Teile, die Teile in gelb liegen noch auf dem Boden und die schwarzen Teilstücke fehlen.

Abb. 37 Eine Rekonstruktion des Artemis-Komplexes. Im Vordergrund das westliche Propylon mit den vier Säulen und den Strukturen links und rechts entlang der Straße; dahinter die Säulenhallen am Temenos und der eigentliche Tempel an höchster Stelle.

Gerasa und das Artemis-Heiligtum

35

36

37

einen von Säulen gerahmten platzartigen Straßenraum, einen zweiten Platz mit Brunnen (Abb. 34c), ein zweites, westliches Propylon mit mehrstöckigen Stützbauten auf beiden Seiten (Abb. 34d), das zu einer breiten und langen Treppe Zugang gewährt, die wiederum auf eine große Zwischenterasse führt (Abb. 34e). Von dieser Terrasse leitet eine noch breitere Treppe zum obersten, von Portiken umgebenen Hof (Abb. 34f), in dem der Artemistempel steht.[8]

Das östliche Propylon, das an einen Triumphbogen erinnert, steht am Ende einer Treppe, die von der Brücke aus aufsteigt. Das Gebäude hat drei Durchgänge, die an den äußeren Seiten von frei stehenden Säulen gerahmt werden. Im Westen bilden diese Säulen gleichzeitig den Beginn zweier im Westen vorgelagerter Portiken, die den langrechteckigen, freien Raum einfassen. Diese Anlage steht auf einer teilweise künstlichen Terrasse, deren östliche Seite von einem Tonnengewölbe abgestützt wird, durch das ein unterirdischer Weg führt, der hier die *Via Sacra* kreuzt. Die Portiken enden seitwärts an zwei symmetrischen, C-förmigen Gebäuden, die gemeinsam einen weiteren offenen Platz umspannen. Dieser ist erhöht und öffnet sich fächerförmig auf die Hauptstraße (Abb. 34c. 35). Die beiden symmetrischen Gebäude beherbergen große Brunnen und liegen an den Schrägseiten eines gleichschenkligen Trapezes. Die zur Straße liegende Breitseite des Platzes ist für den aufsteigenden Beobachter eine ideale Aussichtsplattform (Abb. 36). Dieses architektonische Arrangement könnte als «inszenierte Perspektive» bezeichnet werden, da es gleichzeitig eine Verengung des Blickwinkels auf das Trapezoid und damit eine Erweiterung der Szene und einen Ausblick auf Kommendes bietet. Es entspricht genau der Technik, die Michelangelo im 16. Jh. auf dem Kapitol anwandte, um dieses größer erscheinen zu lassen. Nur dank dieses perspektivischen Kunstgriffes, des entscheidenden Elements des trapezförmigen Platzes, ist es möglich, zumindest optisch den Bruch zu überwinden, der durch die Kreuzung der *Via Sacra* mit der Hauptstraße entsteht. Die Hauptstraße der Stadt verläuft nämlich zwischen dem Platz und dem westlichen Propylon und trennt auf diese Weise den durchgehenden Verlauf der *Via Sacra*. Weitere sich optisch aufeinander beziehende Elemente verbinden beide Bauwerke. So liegen die Fußböden des trapezförmigen Platzes und des Propylon auf gleicher Höhe und die dem Propylon zugewandte Seite des Trapezoids hat exakt die gleiche Ausdehnung wie das Propylon selbst. Dieses Torgebäude stand hinter einer Fassade aus vier Säulen von beeindruckenden Dimensionen, die ein Gebälk mit Giebel trugen (Abb. 37). Hier, wie auch überall sonst in Gerasa, sind die Säulen entlang der Straßen den dahinter liegenden Gebäuden angepaßt, um so bereits von Ferne eine Idee zu geben, was den Betrachter erwartet. Die sehr großen Säulen vor dem westlichen Propylon am Aufgang von der Hauptstraße zum Artemision sollen das Propylon also sowohl «ankündigen» als auch seine architektonische Signifikanz unterstreichen (Abb. 38).

Das westliche Propylon mit seinen drei Durchgängen erinnert wiederum an die Form eines Triumphbogens und steht in der Mitte einer langen Reihe von mehrgeschossigen Läden (Abb. 39), die gleichzeitig die Stützkonstruktion der dahinterliegenden Terrasse bilden (Abb. 40). Diese Terrasse erhebt sich 14 m oberhalb der Hauptstraße. Die Ladenreihen werden von zwei weit zurückgesetzten *Exedren* unterbrochen, die durch jeweils zwei Säulen zwischen Anten klar definiert sind. Die beiden *Exedren* liegen im gleichen Abstand nördlich und südlich des Propylons. Hinter dem Propylon beginnt dann eine lange Treppe, die zwischen verschiedenen Verfüllungen (s. u.) hinauf zur Zwischenterrasse führt (Abb. 34e). Diese Terrasse war wahrscheinlich von gleicher Breite wie der *Temenos* und ihrerseits von Portiken umgeben. Reste davon sind in der Nähe der Treppe zu finden. Vom Westende dieser Terrasse führt eine noch wesentlich breitere Treppe als die erste auf die oberste, 7 m höher lie-

38

gende Terrasse. Am oberen Ende dieser Treppe bereitete eine Reihe freistehender Säulen zwischen verschiedenen Pavillons auf den Platz vor, der nun folgte: der Temenos des Heiligtums.

Der rechteckige Temenos-Hof ist auf allen vier Seiten von Portiken umgeben, wobei die nördlichen und südlichen durch abwechselnd gesetzte Exedren und Räume vertieft wurden. Die östliche Seite der Terrasse steht dabei wieder auf tonnengewölbten Unterbauten, welche die unterschiedliche Höhe des Felsplateaus an dieser Stelle ausgleichen. Diese Gewölbe sind von den Seitenstraßen zugänglich, die auf einem niedrigeren Niveau neben dem Temenosgelände verlaufen. An der Westseite des Temenos bildet die Umfassungsmauer gleichzeitig die Stützmauer für den weiter ansteigenden Hügel. Eine Treppe, die in der Hauptachse liegt, verband das Gelände des Heiligtums mit den Gebäuden, die auf dieser oberen Ebene lagen.

Am hinteren, westlichen Ende des Hofes, liegt dann der Tempel der Artemis (Abb. 41). Er folgt einem Bauplan, wie er von Hermogenes, dem griechischen Architekten, im 2. Jh. v. Chr. für das Artemision in Magnesia am Mäander entwickelt wurde. Der Tempel ist kein unabhängiges, freistehendes Gebäude im unbegrenzten Raum mehr, wie es noch in der klassischen Architektur der Fall war, sondern vielmehr ein Einzelbauwerk, das in den Gesamtplan optisch und architektonisch integriert wurde (Abb. 42). Den vorgegebenen Rahmen bildet die Umfassung, mit der der Tempel baulich und inhaltlich verknüpft wurde.

Das Gerasener Gebäude mißt 53,80 x 22,70 m und ist ein korinthischer Peripteros mit sechs Säulen an der Frontseite und elf Säulen an den Langseiten. Der Tempel steht erhöht auf einem Podium, unter dem sich eine Krypta aus mehreren Tonnengewölben befindet, die nur durch die Cella des Tempels zugänglich ist (Abb. 43).

Das Gebäude ist höchstwahrscheinlich nie fertiggestellt worden. Während die Cella im Inneren sicherlich vollendet war, war es der Säulenumgang nicht. Ein Beleg für diese Annahme ist in dem außerordentlich guten Erhaltungszustand der Säulen zu finden, die heute noch im Pronaos stehen (Abb. 44). Hätten diese Säulen tatsächlich ein Gebälk getragen, das dann in einem der zahlreichen Erdbeben dieser Region heruntergestürzt wäre, dann wären die fragilen Akanthusblätter und *Caules*, die alle weit aus den Kapitellen herausragen, sicherlich stärker zerstört worden als dies der Fall ist. Das Allerheiligste, das Adyton, am westlichen Ende der Cella ist dreigeteilt, wie es der im syrischen Raum üblichen Typologie entspricht. Eine erhöhte Nische für das Kultbild war nicht zugänglich. Die Innenwände waren durch eine Pilasterordnung auf einem hohen, umlaufenden Wandsockel zwischen Blendfenstern ge-

Abb. 38 Das westliche Propylon von Nordosten mit den wiederaufgebauten Säulen davor.

Abb. 39 Die westliche Seite der Kolonnadenstraße am Aufgang zum Artemistempel.

Seite 30/31:

Abb. 40 Rekonstruierte Läden am westlichen Propylon.

Abb. 41 Der Artemistempel von Osten, im Vordergrund die Ruinen des byzantinisch-omajjadischen Keramikbrennofens über den Resten des Hauptaltars.

Abb. 42 Der Artemistempel von Nordwesten.

41

42

43

44

gliedert und mit Marmorplatten verkleidet. Auf dem von der Südwestsäule heruntergefallenen Kapitell fand sich der Name ΠΓΕΙΝΟC, wobei es sich mit aller Wahrscheinlichkeit um den Baumeister des Tempels handelt.

Der Hauptaltar des Heiligtums (Abb. 34h) mit einem quadratischen Grundriß von 12 m Seitenlänge liegt tangential nördlich der Hauptsichtachse vor der Front des Tempels. Der Altar war ursprünglich umzäunt, ähnlich wie die *Ara Pacis* des Augustus in Rom, und von Westen her zugänglich, wo der Eingang in Verbindung mit der Treppe zum *Pronaos* stand.

Das Heiligtum in christlicher und islamischer Zeit

Der ursprünglich geplante Zustand des Heiligtums, so wie er hier beschrieben worden ist, erlebte bis zum Ende der Stadt Gerasa in frühabassidischer Zeit eine große Anzahl von Eingriffen, die sein Aussehen veränderten. Es waren dabei sowohl Umgestaltungen von Menschenhand als auch Einwirkungen der Natur, die diese Veränderungen bewirkten.

Nach dem Edikt des Theodosius von 386 n. Chr. wurde der Temenos als Steinbruch benutzt. So konnten z. B. in der Kathedrale einige Stücke aus dem Architrav des Tempelperistyls wiedergefunden werden, wenn auch in zerlegter und veränderter Form. Eine Verfüllung mit großen Schuttmassen ebnete die beiden oberen Terrassen des Komplexes fast völlig ein und machte die Treppen praktisch unbrauchbar; damit war fast jegliche Verbindung von der Hauptstraße zum Temenos abgeschnitten. Diese vermutlich byzantinischen Verfüllungen stellen höchstwahrscheinlich den Versuch dar, das alte heilige Gelände neu zu definieren und ermöglichten auf diese Weise auch die neue Bebauung eines größeren Bereichs. Eine Kapelle und der Teil eines weiteren apsidialen Raums sind die einzigen baulichen

45

Abb. 43 Der Tempel der Artemis. Die Cella des Tempels nach der Ausgrabung (von Osten).

Abb. 44 Das Heiligtum der Artemis. Die Säulen des Pronaos.

Abb. 45 Der Tempel der Artemis. Die Überreste der byzantinisch-omajjadischen Wohnbebauung in der Cella des Tempels.

Überreste aus dem Südbereich der früheren Zwischenterrasse.

Aber die einschneidendsten Maßnahmen nach der Aufgabe des vorchristlichen Kultes, die das Aussehen des antoninischen Artemisions am meisten veränderte, war die Errichtung eines kirchlichen Gebäudekomplexes in dem Bereich des östlichen Propylon und des trapezförmigen Platzes. Diese Bautätigkeit begann mit großer Wahrscheinlichkeit nach dem endgültigen Zusammenbruch der *Via Sacra*-Brücke. Die Apsis der Kirche hatte ihren Platz im Haupttor des Propylons, der freie Platz zwischen den nach Westen anschließenden Kolonnaden wurde überdacht und in eine dreischiffige Halle umgewandelt. Das Niveau des Platzes mit den Brunnen wurde abgesenkt und der Platz selbst in einen von Portiken umgebenen Vorhof verwandelt, der seinen Abschluß zur Straßenseite in einer Mauer mit drei Toren fand.

Auch der Tempel selbst wurde über lange Zeit hinweg wiederbenutzt. Nach den Resten des Mosaikfußbodens in der Cella zu urteilen, befand sich dort in früh-byzantinischer Zeit ein bedeutender öffentlicher Bereich. Später wurde der Tempel für wesentlich bescheidenere Strukturen, nämlich omajjadisch-abassidische Wohnhäuser, genutzt (Abb. 45). Entgegen den Vermutungen früherer Forscher gibt es keine eindeutigen Beweise für die Existenz einer Kreuzfahrerbefestigung im Artemistempel, wenngleich

46

47

Gerasa und das Artemis-Heiligtum

48

Abb. 46 Der Hauptaltar des Heiligtums mit den rekonstruierten Resten der byzantinisch-omajjadischen Brennöfen.

Abb. 47 Die Teile des Entlastungsbogens aus dem Giebel des viersäuligen Durchgangs.

Abb. 48 Die Profilleiste des Giebels (auf dem Boden liegend rekonstruiert).

einzelne Scherben aus ajjubidischer und mamlukischer Zeit eine zeitweise Nutzung des Geländes in diesem Zeitraum belegen.

Ein verheerendes Erdbeben in der Mitte des 8. Jhs. beendete die systematische Ausbeutung und Umnutzung der kaiserzeitlichen Bauten. Der Zusammenbruch der Stützstrukturen unter der Zwischenterrasse brachte die darüber gebauten Gebäude an der östlichen Seite zum Einsturz und begrub die omajjadischen Werkstätten an der Hauptstraße. Diese Läden waren an Stelle der *tabernae* gebaut worden. Vor dem Artemistempel, wo die Stufen des Podiums entfernt worden waren und über den Resten des Hauptaltars des Heiligtums, war Gebrauchskeramik in industriellem Maßstab hergestellt worden (Abb. 46). Auch diese Aktivitäten endeten mit dem schweren Erdbeben in der Mitte des 8. Jhs.

Von Gerasa zu Jerasch

Erst 1878, als sich eine Gruppe von Tscherkessen dort niederließ, wurde das Land von Gerasa wieder besiedelt. Die sunnitischen Tscherkessen waren aus dem russischen Kaukasus geflohen und hatten von der osmanischen Regierung die Erlaubnis erhalten, in diesem verlassenen Landstrich zu siedeln. Während die Ruinen östlich des alten Chrysorrhoas-Flusses als Wohnbauten genutzt wurden, wurde das Gelände auf den westlichen Hängen, einschließlich der großen oberen Terrassen des ehemaligen heiligen Bezirks für landwirtschaftliche Zwecke neu terrassiert. So wurde zum ersten Mal seit 1000 Jahren wieder in größerem Maßstab Ackerbau betrieben. Das alte Gebäude der osmanischen Gendarmerie, das heute als Büro des Antikendienstes genutzt wird, steht noch immer auf dem östlichen Teil der Zwischenterrasse.

Von 1977 bis in die heutige Zeit hat das italienische Ausgrabungsteam in Jordanien, unter der Leitung des Autors, den gesamten Komplex des Artemis-Heiligtums untersucht. Die Ziele waren dabei ein besseres Verständnis der kaiserzeitlich-römischen Architektur und der städtischen Errungenschaften in hellenistisch-seleukidischer Tradition. Es finden fortlaufende Konsolidierungsarbeiten an den am stärksten zerstörten Bauteilen statt; dies umfaßt Bereiche an der Hauptstraße (die mehrstöckigen Stützbauten, den viersäuligen Eingang vor dem Propylon) und auf der Tempelterrasse selbst (die Tempeltreppe und den Hauptaltar) (Abb. 47. 48).

Cherie Lenzen

Kapitolias – Die vergessene Stadt im Norden

Einleitung

Beit Ras, das von den Römern im 1. Jh. n.Chr. Kapitolias genannt wurde, ist heute ein sichtbares Beispiel der fortschreitenden Zersiedlung im nordwestlichen Jordanien. Doch in spätantiker und frühislamischer Zeit war es eine blühende, geschäftige Stadt. Es ist fast unmöglich zu erkennen, wo das nahe Irbid, die zweitgrößte Stadt des Landes, aufhört und Beit Ras oder eine der anderen Kommunen beginnt (Abb. 49). Häuser, Läden, Straßen und andere Einrichtungen der Infrastruktur, all die Notwendigkeiten des heutigen Lebens, erschweren bzw. machen es manchmal unmöglich, die Geschichtsträchtigkeit der Gegend zu erkennen. Ein moderner Reisender, von Amman auf der Autobahn kommend, umfährt Irbid größtenteils und ist gleich auf dem Weg nach Umm Qais, dem antiken Gadara, einer der größten archäologischen Touristenattraktionen des Landes.

Wenn die heutigen Reisenden Beit Ras nicht einmal mehr als Abzweig von der Hauptstraße zur Kenntnis nehmen, so wäre dies einem in der Antike reisenden Beobachter nicht passiert. Beit Ras/Kapitolias hatte einen ganz besonderen Platz in der antiken Welt, den es durch politischen, wirtschaftlichen und religiösen Wandel über einen langen Zeitraum behauptete. Für seinen Wein berühmt, hatte Kapitolias enge Beziehungen zu den benachbarten Städten, dem nordwestlich liegenden Gadara und dem nördlicheren Abila, heute Wadi Quweilbeh, wie auch zu landwirtschaftlichen Betrieben und Villen in direkter Nachbarschaft und zu weiter entfernt liegenden Orten. Noch heute können die Einwohner Passagen aus der Dichtung rezitieren, die von Ereignissen aus der Frühzeit des Islam in Beit Ras und Irbid berichten.

Meine archäologischen Untersuchungen seit 1983 haben ergeben, daß Beit Ras/Kapitolias sich den verschiedenen Ansprüchen der römischen, byzantinischen und frühislamischen Autoritäten angepaßt und trotzdem seine eigene Identität immer behalten hat. Um die Geschichte der Stadt und ihrer Bewohner zu verstehen, muß die historische Entwicklung aus verschiedenen Perspektiven betrachtet werden.

Die erste mögliche Perspektive der Betrachtung gilt den jeweils herrschenden Autoritäten. Dies waren zuerst die Römer (63 v.Chr.–324 n.Chr.), dann die Byzantiner (324–632 n.Chr.), unterbrochen von einer kurzen sassanidisch-persischen Herrschaft (614–628), und ab ca. 638

Abb. 49   Blick von Beit Ras nach Irbid.

Abb. 50   Im Vordergrund die Grabung mit Säule; im Hintergrund der Blick auf die fruchtbaren Felder rund um Beit Ras.

übernahmen die islamischen Truppen die Kontrolle in der Region.

Zweitens bietet sich die Perspektive des *longue durée* an, das heißt die Siedlungsgeschichte und die Nutzung eines Ortes über eine lange Periode hin zu betrachten. Bei diesem Ansatz werden einzelne politisch-historische Ereignisse zwar berücksichtigt, erhalten aber keine größere Bedeutung als die Entwicklung des Ganzen. Vielmehr werden menschliche Aktivitäten und Interaktionen vor, während und nach einem einmal identifizierten Ereignis betrachtet.

Und drittens bietet sich die archäologische Perspektive an, die eine Analyse der materiellen Kultur, wie sie ausgegraben und dokumentiert wurde, beinhaltet. Diese Überreste der materiellen Kultur bestehen aus allem, was die antike Bevölkerung hergestellt, verändert oder in irgendeiner Form benutzt hat, was Symbol oder Erklärung dafür ist, wer diese Menschen waren, was sie getan oder gedacht haben und wie sie gelebt haben. Diese Überreste müssen räumlich und zeitlich eingeordnet werden. Jeder Archäologe und jede Archäologin stellt andere Fragen an das Material, und die Fragen ändern sich mit der fortschreitenden Analyse.

Beit Ras/Kapitolias war eine der Städte der Dekapolis, einem Zusammenschluß von Städten, von denen die meisten in der hellenistischen Zeit (332–63 v. Chr.) neu gegründet worden waren. Diese Städte, meist mehr als zehn, formten eine geographische Einheit in dem Gebiet, das heute Nordwest-Jordanien und Südsyrien umfaßt; nur eine Stadt, Skythopolis, lag westlich des Jordantals. Im Gegensatz zu den meisten anderen Dekapolis-Städten wurde Beit Ras fast vollständig modern überbaut und kein Bereich blieb für die archäologische Forschung oder touristische Entwicklung reserviert. Die heutige Bevölkerung des Ortes datiert ihre Ankunft nach mündlicher Überlieferung auf ca. 1820, während die Landbesitzurkunden seit dem Ende des 19. Jhs. belegt sind. Wie auch für viele andere Orte in diesem Teil des Landes, z. B. Umm Qais, Huwara und Buschra, existieren auch in Beit Ras die Geschichten von den «Großvätern», die noch in den – immer als römisch beschriebenen – Ruinen lebten, bis es zu viele Menschen gab und neue Häuser gebaut werden mußten. Die moderne Besiedlung Beit Ras' war für die archäologischen Untersuchungen sowohl von Vorteil als auch von sehr großem Nachteil. Der Vorteil liegt in der Möglichkeit die mündliche Überlieferung mit den archäologischen Fakten zu kombinieren, um so die Geschichte eines Ortes zu schreiben. Archäologische und ethno-

50

graphische Untersuchungen waren jedenfalls eine kommunale Angelegenheit: Alle nahmen in der einen oder anderen Form teil. Dieser Informationsfluß hat geholfen, die archäologischen Ergebnisse zu interpretieren, sei es in der Frage nach den Konstruktionstechniken oder der Herkunft traditionell immer noch genutzter Materialien wie etwa Ton für die Keramikherstellung. Die Erzählungen der Dorfältesten waren besonders wichtig für das Verständnis der spätosmanischen Siedlungsreste. Der Nachteil für die archäologische Arbeit bestand unter anderem in der atemberaubenden Geschwindigkeit, mit der die moderne Siedlungstätigkeit die Reste der antiken Stadt zerstörte. In den Flächen, die ausgegraben worden sind, werden alle historischen Reste durch die sich ständig ausweitende Siedlung verschlungen, was schwer zu akzeptieren ist, denn jeder Archäologe und jede Archäologin versucht natürlich, die Ergebnisse der eigenen Arbeit auch zu erhalten. Diese moderne Entwicklung unterscheidet sich aber nur wenig von der antiken, denn stets wurde das Vorhandene überbaut, umgebaut und wiederbenutzt, um so den ständig wechselnden Ansprüchen der Bewohner angepaßt zu werden.

Warum eine Stadt?

Das Hochland östlich des Jordantals war und ist ein fruchtbares Gebiet, in dem Regenfeldbau betrieben werden kann. Es war zu allen Zeiten möglich, Wein, Oliven und Getreide anzubauen (Abb. 50). Detaillierte Analysen der Pflanzenreste aus der Grabung in Tell Irbid, dem Kern des modernen Irbid, zeigen, daß dort Weizen, Getreide, Linsen und Oliven wuchsen und aufbewahrt wurden (ca. 4000–800 v. Chr.). Die Entwicklung des Wein- und Olivenanbaus und deren Weiterverarbeitung lieferten zusammen mit dem Getreide und den Produkten der Viehzucht die Grundlage für die Entwicklung einer komplexen Gesellschaftsstruktur. Während eines Surveys wurden in der Umgebung von Irbid und Beit Ras zahlreiche Installationen für die Zubereitung von Wein und Olivenöl gefunden. Es gab auch zahlreiche, leicht zugängliche Brunnen, die durch Zisternen und Wasserkanäle ergänzt wurden; die Römer bauten schließlich ein funktionstüchtiges Leitungssystem. Das Straßennetz, seit der römischen Zeit beständig verbessert und ausgebaut, verband die zentralen Orte untereinander und mit denen zweiter und dritter Ordnung. Die Analyse der in den Grabungen allgegenwärtigen Keramik zeigt, daß es Fernhandel, Handel und Austausch auf regionaler Ebene und die Fortsetzung lokaler Produktionstraditionen gab.

Als die Römer ca. 63 v. Chr. Großsyrien eroberten, war das nordwestliche Jordanien, das Gebiet in dem sich die Dekapolis befand, bereits besiedelt. Großsyrien, arabisch *Bilad ash-Sham*, umfaßte die Gebiete des heutigen Libanon, Syriens, Israels, der Westbank, Gazas und Jordaniens. Es gab dort eine lange städtische Tradition in sorgfältig geplanten Orten, die gut zu verteidigen waren. Diese Orte sind meistens *Tells*, jene Ruinenhügel, welche über die ganze Landschaft verteilt, durch jahrtausende lange Besiedlung entstanden waren. In der hellenistischen Periode (ca. 332–63 v. Chr.)

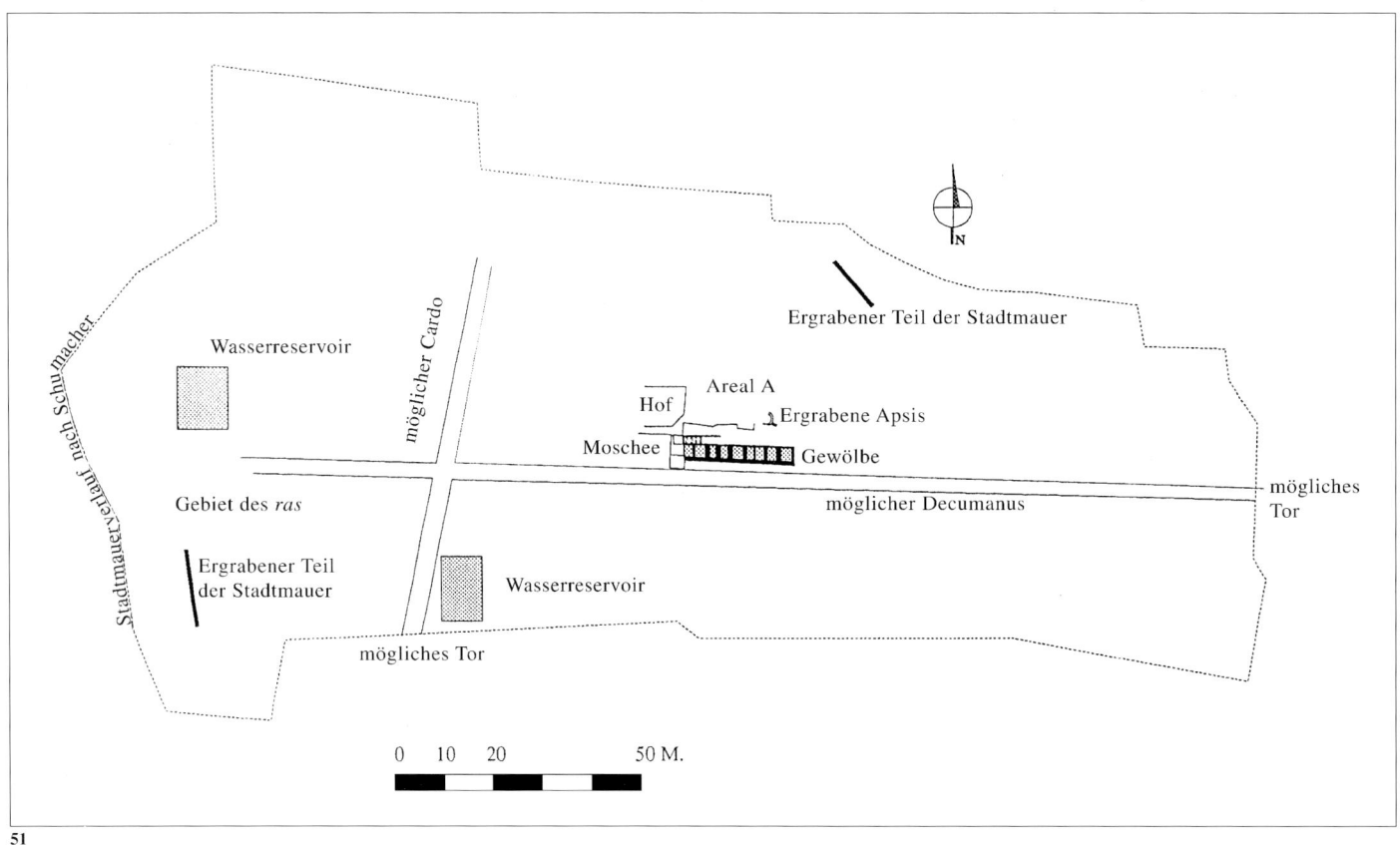

schrumpften die meisten dieser Orte, was vor allem durch die anhaltenden Auseinandersetzungen zwischen den Seleukiden, Ptolemäern und anderen, die das Weltreich Alexanders des Großen unter sich aufgeteilt hatten, zu erklären ist. Einer dieser Orte war Tell Irbid, zur Zeit der römischen Eroberung nicht mehr als ein kleines Dorf auf der Hügelkuppe. Ganz anders hatte sich z. B. Gadara entwickelt, das eine große, befestigte Siedlung war, wie neueste Untersuchung gezeigt haben (siehe Beitrag Hoffmann). Der Unterschied zwischen Tell Irbid und Gadara dürfte z. T. in der strategischen Lage Gadaras, mit Blick über das Wadi Yarmuk, den Tiberiassee, Galiläa und die Golanhöhen, begründet sein.

Innerhalb kurzer Zeit konnten die Römer ihre Macht über Land und Menschen festigen, sowohl durch verschiedene Änderungen im sozialen Bereich als auch durch neue Methoden des Eingriffs in die natürliche Umwelt. In Tell Irbid wurde die Planung einer vollkommen neuen Stadt mit orthogonalem Straßensystem und steinernen Monumentalbauten in Angriff genommen. Der Tell wurde Teil des städtischen Zentrums, säulengerahmte Straßen wurden angelegt, das alte Wassersystem wurde ausgebaut und ein Friedhof, der soziale Unterschiede erkennen läßt, wurde im Süden angelegt. Die Vergangenheit und Traditionen der Bevölkerung wurden mit der Einbindung Tell Irbids in die römische Auffassung einer idealen städtischen Anlage angepaßt, und auch die auf Agrikultur basierende Wirtschaft konnte weiter ausgebaut werden.

Die Römer nannten den Ort «Arbela», und nahmen damit den Namen des 7. Jhs. v. Chr., *Beth Arbel*, wieder auf (Hosea 10,14), gaben ihm aber nicht den Status einer *polis*. Arbela erhielt diesen Status nie, so daß seine Bewohner auch nicht in den Genuß der Rechte und Privilegien kamen, die mit dem Leben in einer vollwertigen *polis* verbunden waren. Es ist aber bemerkenswert, daß es die Römer und ihre Klientel waren, welche die Mittel aufbrachten, Tell Irbid zu Arbela umzubauen. Vielleicht ist das als Anerkennung der doch recht hohen Bevölkerungszahlen und der weit zurückreichenden Geschichte der Stadt zu verstehen. Diese Neugestaltung existierender Orte war nicht auf Tell Irbid beschränkt, sondern ist in vielen Orten im römischen Osten zu finden. Das gesamte Gebiet östlich des Jordan gehörte entweder zur Provinz Arabien oder der Provinz Syrien, in der die Dekapolis ein nicht genau definiertes Teilgebiet einnahm. Arbela war Teil der Dekapolis und zeigt zahlreiche architektonische und stadtplanerische Gemeinsamkeiten mit den nahe gelegenen Städten Gadara und Abila, ohne aber das gleiche Privileg der *polis* zu genießen, das unter anderem auch die wirtschaftliche Kontrolle über ein bestimmtes Territorium beinhaltete.

Im 1. Jh. n. Chr. (66–74) erlebten die Römer eine Revolte eines Teils der Bevölkerung westlich des Jordan: Die jüdische Bevölkerung unternahm große Anstrengungen, um das römische Regime abzuschütteln. Die Römer bedienten sich nabatäischer Soldaten, um diese von ihnen als aufwieglerisch betrachteten Kräfte niederzuwerfen. Die Nabatäer, deren Hauptstadt Petra heute besonders berühmt ist, standen zu diesem Zeitpunkt in einem Klientelverhältnis zu den Römern. Dieser arabische Stamm kontrollierte die für den Nord-Süd-Handel zwischen der arabischen Halbinsel und Syrien wichtigen Straßen genauso wie die Handelsrouten vom Golf zum Mittelmeer und große Teile des heutigen Jordaniens, was das Gebiet der Dekapolis einschloß. Die

Abb. 51 Rekonstruierter Stadtplan von Kapitolias (Grundlagen C. Lenzen, Zeichnung Z. Ziad).

Abb. 52 Blick auf eines der zahlreichen Gräberfelder, die Beit Ras/Kapitolias umgeben.

Abb. 53 Mauer aus Kalksteinen und Basalt, hier mit einem zugesetzten Eingang.

Gründung von Kapitolias, einer neuen Stadt inmitten einer bereits prosperierenden Landschaft, ist deshalb wahrscheinlich als Entlohnung für einige dieser nabatäischen Verbündeten Roms anzusehen. Es gibt kaum eine andere Erklärung für die Gründung einer weiteren Stadt in so großer Nähe zu den bereits existierenden Städten Gadara und Abila, und zum fünf Kilometer weiter südlich liegenden Arbela. Denn diese drei Orte haben sicherlich bereits ausgereicht, die vorhandenen landwirtschaftlichen Möglichkeiten auszuschöpfen, und boten wohl auch eine ausreichende Grundlage für die Erhebung von Steuern.

Die Bedeutung dieser römischen Gründung wurde 97/98 n. Chr. noch dadurch unterstrichen, daß Kapitolias den vollen Stadtstatus erhielt und Mitglied der Dekapolis wurde. Es gibt keine schriftlichen Quellen zur Gründung Kapitolias, so daß die Antworten auf das «warum» woanders gesucht werden müssen. Es existierten andere Orte in der direkten Umgebung, die nicht so dicht bei bereits vorhandenen Städten liegen, die sich mit weniger Aufwand in eine Stadt hätten verwandeln lassen. Hätten die Römer nur eine andere *polis* schaffen wollen, um so die Zahl der Dekapolis-Städte zu vergrößern, wäre es wesentlich einfacher gewesen, Arbela das Stadtrecht zu verleihen. Die Gründung von Kapitolias an dieser Stelle muß daher mit voller Absicht geschehen sein.

Die vorrömische Bedeutung des Platzes, immer noch im lokalen Gedächtnis und Tradition verankert, hat diese Wahl vielleicht beeinflußt. Der Name Beit Ras ist ursprünglich aramäisch («Siedlung» [wörtl.: «Haus»] am/auf der Hügelkuppe [wörtl.: «Kopf»]), datiert somit vor die römische Eroberung der Region und deutet an, daß der Ort schon lange bekannt war. Beit Ras ist auch der Name, der in der arabischen Poesie aus dem 6. Jh., also noch vor der islamischen Eroberung, benutzt wird. Der Gebrauch dieses Namens in der Literatur deutet auf eine Dualität: für die herrschenden Römer hieß der Platz Kapitolias, womit der Gott Jupiter Capitolinus geehrt wurde, aber für die einheimische Bevölkerung scheint es immer Beit Ras gewesen zu sein.

Für eine vorrömische Besiedlung liegen nur minimale archäologische Anhaltspunkte vor: Hellenistische Keramik vom höchsten Punkt des Hügels und Gräber, die in die Frühe Bronzezeit (ca. 3200–2000 v. Chr.) datieren. Trotzdem ist es unwahrscheinlich, daß ein auch strategisch so wertvoller Platz während der hellenistischen Zeit vollkommen ignoriert worden sein sollte. Daß es denoch keine substantielle vorrömische Siedlung gibt, könnte an den Schwierigkeiten liegen, direkt auf dem Felsen zu bauen oder an der Nähe zu Arbela/Irbid. Wem immer der Grund in Beit Ras gehörte, er hatte ausreichend Einfluß auf die römischen Behörden, um die Entwicklung genau dieses Gebietes zu erreichen und keines anderen. Die Lage der felsigen Erhebung, der höchsten nördlich des Adjlun-Gebirges (ca. 600 über NN), ist strategisch bedeutsam. Von der Hügelkuppe, dem *Ras*, war es möglich, Arbela und im Südwesten das Wadi 'Arab zu überblicken, letzteres eine bedeutende Ost-West-Verbindung in der Antike. An klaren Tagen waren auch Gadara und Abila sowie das flache Terrain im Osten bis zu den Städten im Hauran sichtbar. Der Ras erfüllt somit wichtige Bedingungen für eine militärische Anlage in dieser Gegend. Die Römer wollten mit der Gründung von Kapitolias an dieser Stelle den umliegenden Städten und Dörfern vielleicht signalisieren, keinen Aufstand, vergleichbar dem, der gerade westlich des Jordan stattgefunden hatte, zu versuchen. Dieses Ziel könnte durchaus den Ambitionen eines einzelnen oder einer Gruppe wie den Nabatäern entsprochen haben.

Kapitolias hatte nur einige der architektonischen und städtebaulichen Charakteristika aufzuweisen, die normalerweise eine geplante Stadt auszeichnen: Es gab einen Stadtplan im hippodamischen System (Abb. 51), eine umgebende Mauer, einen monumentalen Eingang, einen Friedhof, ein städtisches Zentrum, einen Markt und ein gut entwickeltes

52

53

Wassersystem. Im Gegensatz zu Gadara hatte Kapitolias kein Hippodrom und im Gegensatz sowohl zu Gadara als auch zu Abila kein Odeion oder Bad. Im Vergleich mit anderen Dekapolis-Städten hatte Kapitolias also ein Erscheinungsbild, das weniger stark römisch geprägt war. Dieser Mangel könnte seine Erklärung darin finden, daß der Ort gegründet worden war, um auch kommerziellen Interessen zu dienen und die Bevölkerung militärisch zu überwachen.

Die Bauten der Stadt

Der Bau der Stadt Kapitolias aus und auf dem Felsgestein bedurfte bemerkenswerter Fähigkeiten. Die Stadt wurde durch eine umlaufende Mauer aus Basalt und Kalkstein begrenzt, wobei der verbaute Kalkstein aus der direkten Umgebung stammte. Verschiedene Steinbrüche wurden direkt bei Beit Ras und in der näheren Umgebung gefunden. Auch spätpleistozäner Basalt steht lokal an. Die Stadtmauer definierte die Stadtgrenze und verband das Stadtinnere durch die Tore gleichzeitig mit der Umgebung: Erstens, mit den sozial gegliederten Friedhöfen im Süden und Osten (Abb. 52); zweitens, mit der großen Nord-Süd-Route nach Abila und Arbela, die von Abila weiter nach Gadara und in noch entferntere Orte führte; drittens, mit einer Straße zweiter Ordnung, die nach Westen aus der Stadt hinaus zu Einzelgehöften und Villen sowie zu einer weiteren Straße nach Gadara führte. Die Stadtmauer und Straßen waren im 19. Jh., als Selagh Merrill (1881) und Gottlieb Schumacher (1890) den Ort besuchten, noch vollständig erkennbar. Die Mauer wurde vor allem in den 20er und 30er Jahren abgebaut und das Material für den Hausbau benutzt. Teile der nördlichen Mauer, einschließlich eines größeren zusammenhängenden von Ost nach West verlaufenden Abschnitts mit drei Toren (Abb. 53), einer Ecke und dem Ansatz der östlichen Mauer haben auf einem Privatgelände die Zeit überdauert. Dank der Zustimmung des Landbesitzers

Abb. 54   In den Felsen geschnittener Kanal bzw. Zisterne, an den Wänden sind Putz- und Sinterschichten erkennbar.

Abb. 55   Wasserreservoir im Süden der Stadt.

Abb. 56   Plan der Läden in der Stadtmitte (Grundlagen C. Lenzen, Zeichnung Z. Ziad).

war es möglich, diese Teile der Mauer näher zu untersuchen. Die Analyse der Grabungsergebnisse zeigt, daß die Mauer seit ihrer Erbauung in römischer Zeit bis in die abbasidische Zeit (750–969 n. Chr.) Bestand hatte. Die ursprüngliche Mauer war aus den typisch römischen, gut bearbeiteten Quadersteinen errichtet worden, die als Trockenmauer in Läufer-Binder-Technik gesetzt waren. Byzantinische Ausbesserungen der Mauer bestanden hauptsächlich aus kleineren, neu zugehauenen Steinen. In der abbasidischen Zeit wurde ein Tor verfüllt und ein Turm wurde zusätzlich gebaut. Diese Mauer befindet sich in unmittelbarer Nähe eines Theaters, dessen halbrunde, rückwärtige Umfassungsmauer erst im Jahre 2001 vom jordanischen Antikendienst ausgegraben wurde.

Das monumentale Osttor, war bereits von Schumacher identifiziert worden, dessen Beschreibungen und Bemerkungen durch ethnographische Daten gestützt wurden. Es handelt sich um den Hauptzugang zur ost-westlichen Hauptstraße, also dem zur Hügelkuppe laufenden Decumanus. Der Decumanus teilte die Stadt in zwei Bereiche und war gleichzeitig die Achse, von der aus die *insulae*, die Häuserblocks, angelegt wurden. Das städtische Zentrum der Stadt befand sich auf dem *ras* und bestand aus großen Gebäuden, Türmen und einem Tempelgebiet. Zusammen mit Resten einer Mauer ist in einem modernen Hof ein Altarstein gefunden worden, der zu dem Heiligtum gehören könnte. Die römischen und byzantinischen Phasen der Gebäude auf der Hügelkuppe wurden in der gleichen Weise konstruiert wie die entsprechend datierten Teile der Stadtmauer. Die Bauten wurden in der omajjadischen Periode (661–750) erneuert und ein von Bogen überwölbtes Gebäude wurde hinzugefügt.

Eines der größten Probleme für die Erbauer und Bewohner Kapitolias' war der Mangel an Wasser, der trotz der günstigen strategischen Lage auch immer gegen die Annahme einer früheren Stadtgründung gesprochen hat. Ohne eine ausreichende Wasserversorgung konnte die Bevölkerung nicht überleben. Eine Nutzung von Grundwasser, wie es in Tell Irbid (Arbela) mindestens seit der Mittleren Bronzezeit (ca. 2000 v. Chr.) geschah, war wegen der höheren Lage von Kapitolias' nicht möglich. Die schließlich gewählte Lösung war höchst effektiv: Am Hang des Hügels unterhalb der großen, öffentlichen Gebäude und innerhalb der Stadtmauer wurden Kanäle in den Felsen geschnitten. Diese Kanäle endeten in großen Zisternen (Abb. 54), die ebenfalls

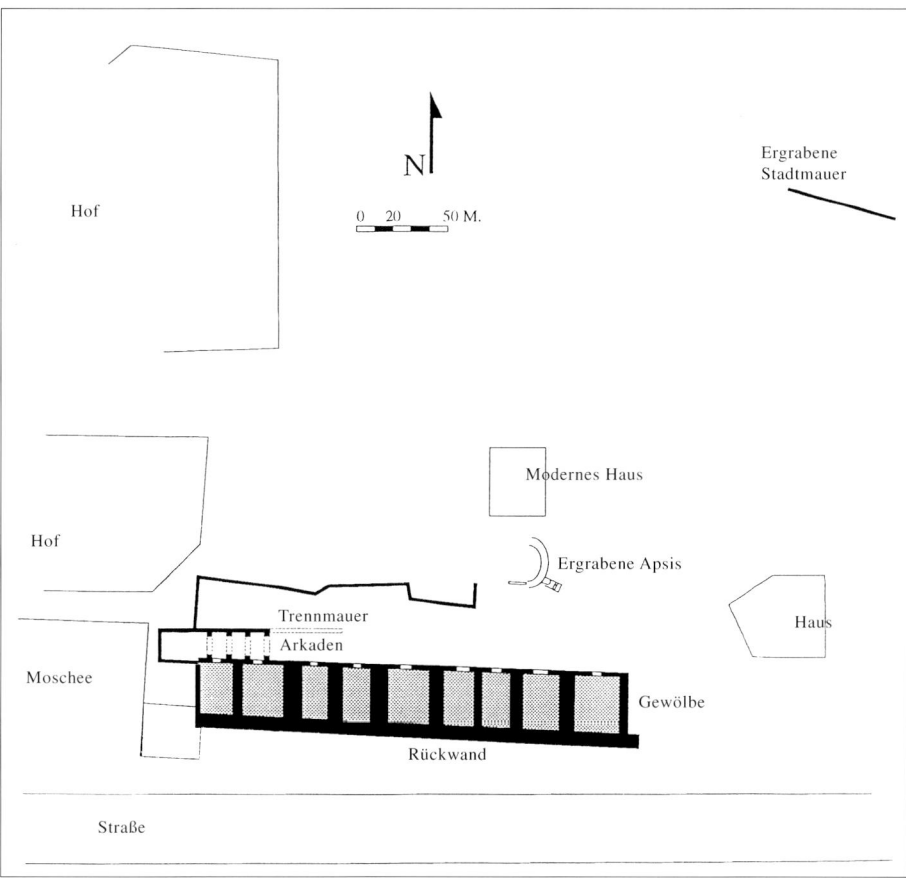

56

aus dem gewachsenen Felsen geschlagen worden waren. So wurde ein großer Teil des Regenwassers, das auf dem Hügel niedergegangen war, in den Kanälen gesammelt und in die Zisternen geleitet, wo es wahrscheinlich durch zusätzlich herbeitransportiertes Quellwasser ergänzt wurde. Die Zisternen befinden sich rund um den ganzen Stadtberg und waren innen sorgfältig verputzt. Erst in der ajjubidischen, mamlukischen und osmanischen Zeit, vom 12. Jh. bis 1918, als Beit Ras keine Stadt, sondern nur noch ein Dorf war, wurden die Zisternen durch eingezogene Innenmauern unterteilt. Diese Unterteilungen helfen, die Reduzierung der Siedlung nach dem 12. Jh. zu interpretieren: Die Zisternen hatten keine kommunale Funktion mehr, sondern dienten kleineren, individuellen Gruppen. In der byzantinischen Zeit wurden die Zisternen auch durch ein niedriges Aquädukt im Westen und ein Reservoir im Süden gespeist (Abb. 55). Das Reservoir wurde in der ajjubidischen Zeit mit innenliegenden Pfeilern verstärkt. Ein vergleichbar konstruiertes Reservoir findet sich nur entlang der *Darb al-Zubaydeh*, einer Pilgerroute in Saudi-Arabien, eine Tatsache, die einen guten Eindruck darüber vermittelt, wie eng weit voneinander entfernte Gebiete in der frühislamischen Zeit kulturell miteinander verbunden waren. Viele Teile

dieses komplexen Wasserversorgungssystems in Beit Ras waren bis in die jüngste Vergangenheit, d. h. bis in die frühen 80er Jahre, als neue Wasserleitungen gelegt wurden, in Benutzung.

Ein wirtschaftliches Zentrum

Nördlich des Decumanus und vom östlichen Tor leicht erreichbar, befand sich eine Markthalle oder *suq*, der aus dreigeschossigen Gewölben bestand, die Läden beherbergten (Abb. 56). Wahrscheinlich waren die Stockwerke durch Treppen verbunden. Es ist dieses gestufte Marktgebäude, das in der vorislamischen, arabischen Poesie beschrieben wird, wenn die Qualitäten des Weins von Beit Ras erläutert werden. Der Cardo unterhalb der byzantinischen Kirchenterrasse in Gadara ist von vergleichbaren Gewölben gesäumt und auch in Abila gibt es ähnliche Anlagen. Von Osten kommend durchquerte man in Abila zuerst einen Teil der Nekropole und erreichte dann den Cardo. Entlang der westlichen Straßenseite lagen dort überwölbte Bauten, die wahrscheinlich Läden waren. Die Situation in Beit Ras/Kapitolias unterschied sich darin, daß die Läden nicht auf einheitlichem Niveau lagen, sondern abgestuft waren, somit die natürlichen Gegebenheiten aus-

nutzten und nicht alle auf die Straße orientiert waren. Diese über mehrere Stockwerke verteilten Läden müssen für die von Norden Kommenden einen eindrucksvollen Anblick geboten haben.

Um diesen Markt bauen zu können, mußte der Felsen abgearbeitet werden, damit die gemeinsame Rückwand der Läden dagegen gesetzt werden konnte. Für diese Wand wurden flache Schnitte angelegt, in die präzise bearbeitete Quadersteine als solide Fundamente gelegt wurden. Gegen diese Rückwand wurden als Läden nach Norden gerichtete Gewölbe gebaut (Abb. 57). Gegenüber diesen Gewölben befand sich eine weitere große, römische Struktur, deren Funktion wegen der byzantinischen Änderungen nicht bestimmt werden kann. Der verfügbare Raum im untersten, am weitestgehend ausgegrabenen Stockwerk der Gewölbekonstruktion hätte für vier römische Tonnengewölbe ausgereicht. Das östliche und westliche Ende wurde durch Gewölbe markiert, die auf einen freien Platz ausgerichtet waren. Die nördliche Begrenzung wurde durch eine gut gebaute Mauer definiert (Abb. 58). Dieser öffentliche Handelsplatz befand sich von Beginn an in der Stadtmitte.

In den letzen Jahren hat die Forschung viel Zeit darauf verwendet, die architektonischen und stadtplanerischen Veränderungen zu diskutieren, die in den Städten und Plätzen von Großsyrien während der byzantinischen und den ersten drei Jahrhunderten der islamischen Zeit zum Tragen kamen. Es wurde ein Paradigma gesucht, um diese Veränderungen gemeinsam erklären zu können. Die archäologischen Ergebnisse aus Beit Ras/Kapitolias zeigen aber genau wie die schriftlichen Quellen, daß diese Suche nach einheitlichen Erklärungen die Interpretation der tatsächlichen Entwicklung eines Ortes, die von der jeweils spezifischen Lage oder Funktion abhängig ist, eher verunklärt.

Im 4. Jh. n. Chr. wurde die Stützmauer hinter den Gewölben bzw. Läden ausgebessert. Anstelle von drei der originalen

Abb. 57   Rekonstruierte römische Fassade der Gewölbe in Beit Ras (heutige Ansicht).

Abb. 58   Nördliche Begrenzungsmauer vor den Läden bzw. Gewölben in Kapitolias.

Abb. 59   Verkleinerte Ladenfront nach dem Umbau.

Abb. 60   Rückwand eines der Läden (Erdbebenausbesserung).

vier Gewölbe wurden acht kleinere Gewölbe gebaut, so daß es nun neun nach Norden offene Gewölberäume gab (Abb. 57). Die einzige ursprüngliche Konstruktion, die erhalten blieb, war das östlichste Gewölbe. Die Böden der Gewölberäume waren innen und direkt davor mit schlichten, hauptsächlich weißen *tesserae* ausgelegt, die lineare Begrenzungen an den Schwellen zeigten. Auch in den anderen Stockwerken des Handelsgebäudes und in fast allen anderen Gebäuden der Stadt sowie an der Umfassungsmauer wurden Veränderungen durchgeführt.

Diese baulichen Erneuerungen wurden wahrscheinlich durch das Erdbeben von 363 n. Chr. bedingt (Abb. 60). Erdbeben werden häufig als Datierungshilfe benutzt, da der Jordangraben an einer der großen Verwerfungslinien liegt. Während die Orte im Jordantal selbst dicht bei den verschiedenen Epizentren lagen, wurden aber auch die Orte auf dem Plateau durch die Erdbeben oder Nachbeben beschädigt. In Beit Ras/Kapitolias ist es archäologisch nicht möglich, Veränderungen in der Stadt eindeutig einzelnen Erdbeben zuzuordnen. Es lassen sich aber logische Verknüpfungen aufzeigen: Wären die Umbauten und Veränderungen lediglich im Rahmen eines neuen Bauprogramms erfolgt, wäre sicher auch das einzige römische Gewölbe, das unverändert blieb, umgebaut worden. Der wichtigste Punkt ist aber nicht die Frage nach den Auswirkungen der Erdbeben, sondern vielmehr die Tatsache, daß der Teil der Bevölkerung, der sich mit Handel beschäftigte, offensichtlich weiterhin prosperierte, die gleichen Strukturen nutzte und die Zahl möglicher Verkäufer erhöhte.

Während des 6. Jhs. wurde der außen liegende, mit *tesserae* gepflasterte Bereich von einer Mauer durchschnitten, die parallel zu den Gewölberäumen verlief. Diese Mauer begrenzte den freien Bereich vor den Gewölben und bildete außerdem den Abschluß eines Komplexes mit einer dreiapsidialen Kirche und einem Baptisterium, der die ursprünglich römische Struktur gegenüber den Gewölben ersetzt hatte (Abb. 61). Aus den archäologischen Belegen kann geschlossen werden, daß diese Kirche mindestens bis zum Beginn der abbasidischen Zeit (9. Jh.) genutzt wurde. Aufgrund schriftlicher Quellen kann sogar angenommen werden, daß dieses und andere kirchliche Gebäude, u. a. ein Kloster, bis weit nach diesem Zeitpunkt genutzt wurden. Im 11. Jh. war Beit Ras noch als christliche Enklave bekannt. Die Übernahme des Islam war in Beit Ras und der ganzen Region ein schrittweiser Vorgang.

Nur zwei Kirchen sind in Beit Ras ar-

59

60

chäologisch belegt: Die junge gegenüber den Gewölben/Läden und eine nördlich, außerhalb der Stadtmauer liegende; aber es mag auch andere Kirchen in Beit Ras/Kapitolias gegeben haben. Es könnte wohl an der baulichen Entwicklung des letztes Jahrhunderts gelegen haben, daß sie nicht mehr erkannt werden können, oder andere kirchliche Gebäude könnten wie die Nordkirche außerhalb des eigentlichen Stadtbereiches gelegen haben. Sie wären dann im Laufe der Zeit, während die Bevölkerung immer weiter abnahm, verlassen worden, könnten für andere Zwecke genutzt oder vollständig abgebaut worden sein. Schumacher, der von allen, die den Ort vor 1983 besuchten, die detaillierteste Beschreibung hinterließ, erwähnt nur die Kirche gegenüber den Gewölben.

Mitglieder der Kirchenführung von Kapitolias haben in den frühen Konzilen eine aktive Rolle gespielt und geben so Hinweise auf die Bedeutung der christlichen Gemeinde in der Stadt. Der Reichtum an Kirchen in zeitgleichen Städten der Region ist teilweise ein Ergebnis der Entwicklung der alten römischen Aristokratie und Verwaltungselite hin zu einer neuen Kirchenelite. Die ökonomischen Krisen des byzantinischen Reiches, z. B. die Währungskrisen und Kriegskosten, bedingten den Einsatz privater – nicht staatlicher – Mittel. Die große Zahl der Kirchen wird normalerweise als ein Zeichen der Konkurrenz unter den Geldgebern betrachtet, obwohl darin auch soziale Unterschiede zum Ausdruck kommen könnten, die bis jetzt noch nicht festgestellt werden konnten. Als mögliche

61

Gründe für unterschiedliche Kirchenbauten sind z. B. verschiedene Formen des christlichen Glaubens, der Familien-, Clan- oder Stammeszugehörigkeit vorstellbar, ebenso könnten jeweils einzelne Stadtteile ihre eigene Kirche besessen haben, oder die Gebäude wurden als symbolischer Ausdruck des Glaubens gegenüber der staatlichen Autorität genutzt.

Das späte 6. und 7. Jh. waren Zeiten eines bedeutenden politischen Wandels. Das byzantinische Reich litt im Inneren unter Unruhen und ökonomischen Problemen, während es im Äußeren durch die Sassaniden bedrängt wurde, denen es gelang, von 614 bis 628 Großsyrien zu kontrollieren. Kaiser Heraklios konnte die Sassaniden erfolgreich zurückdrängen, freilich nur um die ganze Region in den folgenden 20 Jahren an die Moslems zu verlieren. Nach den archäologischen Belegen zu urteilen, war von dem politischen und ökonomischen Auf und Ab des Reiches in Beit Ras/Kapitolias wenig zu spüren. Wie die arabische Poesie belegt, war die Wirtschaft Kapitolias' mit dem Hijaz und dem Norden (Syrien) verbunden. Mit den neuen islamischen Herrschern wurde eine Übereinkunft gefunden, die weitere Kontinuität für Beit Ras bedeutete. Die späteste Erwähnung von Beit Ras in der Literatur berichtet, daß der Wein von dort sogar am abbasidischen Hof in Bagdad geschätzt wurde.

Mit dem Beginn der islamischen Herrschaft wurden verschiedene bauliche Veränderungen in der Stadt, nicht aber am Stadtplan vorgenommen. Während der omayyadischen Zeit, etwa gegen Ende des 7. Jhs., wurde der obere Teil des Marktgebäudes wie die meisten anderen Gebäude der Stadt renoviert. Die zentrale Mauer, parallel zu den Gewölberäumen, wurde erhöht und vor den Gewölben wurden Pfeiler angebaut, mit denen die Mauer abgestützt worden ist. Diese Pfeiler waren durch transversale Bögen verbunden, die den Platz vor den ursprünglichen Gewölben überspannten. Ähnliche Bögen wurden sowohl auf dem *ras* als auch am Fuße des *ras* errichet; sie deuten so auf eine Ausweitung des kommerziellen Bereiches innerhalb der Stadt hin. Am Ende der abbasidischen Zeit wurde der Mosaikboden mit einem Boden aus Steinplatten überdeckt. Diese Änderung deutet darauf hin, daß die Läden immer noch genutzt wurden, aber entweder war die Kenntnis zur Reparatur von Mosaikböden nicht mehr vorhanden oder bezahlbar; möglicherweise hatten sich die ästhetischen Bedürfnisse geändert.

Eine Analyse der Bautechniken in Beit Ras/Kapitolias gibt wichtige Hinweise auf die Veränderungen in der Stadt. Vor der römischen Zeit waren die meisten Gebäude, oft auch die Monumentalgebäude, aus Lehmziegeln hergestellt und die Städte und Dörfer waren von steinernen Mauern umgeben. In der römischen Zeit wurden große Quadersteine in mörtelloser Läufer-Binder-Technik, ohne große Zwischenräume, verbaut. Diese Bauweise ändert sich in der byzantinischen Zeit vollkommen. Die Mauersteine werden in regelloser Abfolge gesetzt; zwar ist die Läufer-Binder-Technik noch im Gebrauch, aber nicht als verbindliches System wie in der vorhergehenden Phase, denn zwischen die Blöcke werden kleine Steine und Mörtel gesetzt. In der omajjadischen Periode ist die Mauertechnik durch die Ausbildung von «Kästen» gekennzeichnet. Präzise zugehauene und gut bearbeitete Blöcke wurden horizontal und vertikal gesetzt und bildeten so einen «Kasten», der dann mit Lehm und unterschiedlich großen Steinen gefüllt wurde. Zwischen die Blöcke wurden in Mörtel gebettete kleine Steine gestopft.

Diese Veränderungen der Bautechnik in der Zeit zwischen dem 1. und 8. Jh. lassen verschiedene Rückschlüsse zu: 1.) Betrachtet man die Siedlungsgeschichte aus der Perspektive der *longue durée*, wurde die römische Läufer-Binder-Technik nur

Abb. 61 Die den Läden bzw. Gewölben gegenüberliegende Kirche.

während einer relativ kurzen Zeit, über etwa 400 Jahre, angewandt. 2.) Nach dem 4. Jh. war es entweder nicht länger möglich oder nicht länger angebracht, in dieser Weise zu bauen, die verwendeten Steine wurden kleiner und es wurde stets Mörtel benutzt. Beides kann als Zeichen für eine Anpassung an zunehmende tektonische Aktivitäten gewertet werden, d. h. der Mörtel diente als Dämpfer und ermöglichte es den Steinen, sich zu bewegen. 3.) Die omajjadische Bautechnik, die bei den Bögen in Beit Ras und in zahlreichen anderen Baustrukturen benutzt wurde, wurde in der Region entwickelt. Die kastenförmige Konstruktion wurde durchgängig auch in allen säkularen byzantinischen Gebäuden in Umm al-Jimal verwendet, das östlich von Beit Ras/Kapitolias im Hauran liegt. Von den 158 am Ort identifizierten Bauten wurden 123, von der lokalen Bevölkerung gebaut, in dieser Weise errichtet. Dieselbe Technik wurde in Tell Irbid, später Arbela, sogar schon in der Späten Bronzezeit (ca. 1200 v. Chr.) verwendet, allerdings waren die äußeren Mauern in dieser Zeit aus sorgfältig hergestellten Lehmziegeln gebildet. Es handelt sich dabei also um eine regionale Bauweise, und es ist wahrscheinlich, daß es die veränderten Machtverhältnisse der omajjadischen Zeit waren, welche die alte Technik wieder zum Vorschein brachten.

Für eine Analyse der Bautechniken wurden Mörtel- und Putzproben aus Beit Ras/Kapitolias mit Proben aus fünf anderen Dekapolis-Städten in Jordanien verglichen. Die chemische Analyse teilt die Orte in zwei Gruppen: Gruppe 1 umfaßt Pella, Philadelphia und Gerasa; Gruppe 2 Kapitolias, Gadara und Abila.

Einige wenige schriftliche Belege deuten ebenfalls darauf, daß Beit Ras/Kapitolias, Jadar/Umm Qais und Abil/Abila in eine Gruppe gehören. Nachdem sie zuerst Teil der Dekapolis waren, gehörten diese Städte in der Mitte des 6. Jhs., also weit in der byzantinischen Periode, offiziell zur Provinz *Palaestina Secunda*. Es ist interessant, daß der Kirchendiakon Theodosios sie am Beginn des Jahrhunderts in einem Pilgerreiseführer als Teil der Provinz *Arabia* beschreibt. Es könnte natürlich sein, daß die Grenzen keine Bedeutung hatten oder daß Theodosios' Bericht einen anderen Kenntnisstand wiedergibt. Es könnte aber auch sein, daß Theodosios diese Städte als «anders», als nicht richtig «byzantinisch» einstufte. In der Mitte des 6. Jhs. bedeuteten diese Fragen aber wenig für die Einwohner von Beit Ras, sie waren vielmehr an dem kommerziellen Erfolg ihrer Weinproduktion interessiert. Der Wein aus Beit Ras und Wadi Jadar, heute Wadi ʿArab, genoß großes Ansehen und wurde im Hijaz, in Syrien und am abbasidischen Hof geschätzt.

Ein Text des frühen 8. Jhs. gibt das Martyrium des Peter von Kapitolias wieder. Peter war ein Christ, der die moslemische Führung herausforderte und hingerichtet wurde. Der Text belegt das Weiterleben des christlichen Glaubens, was allerdings in der religiösen Vielfalt der frühen islamischen Welt nicht ungewöhnlich war. Interessanterweise weist keine der Kirchen in Beit Ras/Kapitolias Anzeichen auf, daß sie in eine Moschee umgewandelt wurde, im Gegensatz zu einigen anderen Dekapolis-Städten sowie Orten im Hauran. In dem Text, der sich mit Peter beschäftigt, werden Beit Ras, Jadar und Abil als *trichora* aufgelistet, als «Land der Drei». Dies könnte eine regionale Einheit innerhalb *Jund al-Urdunn* gewesen sein, der frühislamischen Provinz, die den nördlichen Teil von *Palaestina Secunda* und Teile Galiläas bis zum Mittelmeer umfaßte. Dieses ausgedehnte Territorium war mit dem Status einer *polis*, dessen sich alle drei Orte erfreuten, vergleichbar und dokumentiert zugleich eine wirtschaftliche Verbindung der drei Städte, die nicht zuletzt auf den allen gemeinsamen Weinanbau zurückzuführen sein könnte. Beit Ras ist sowohl wegen seiner allgemeinen Bedeutung, als auch wegen der Herkunft Peters von dort, zuerst aufgelistet. Auch in der offiziellen Liste Ibn Khuradhbehs aus der Mitte des 9. Jhs., einer Wegbeschreibung, steht Beit Ras vor Jadar und Abil. Beit Ras blieb weiterhin auch mit Irbid eng verbunden. Peter von Kapitolias wurde in Irbid hingerichtet; es ist von Interesse, dies zu vermerken und sich zu fragen, warum? Wurde Irbid als Hinrichtungsplatz ausgewählt, weil die christliche Gemeinde von Beit Ras diese Hinrichtung nicht toleriert hätte? Oder hatte Irbid die dafür notwendigen Einrichtungen, und Beit Ras hatte sie nicht? Eine andere Verbindung mit Irbid ergibt sich aus einem Bericht des Tabaris, der im 10. Jh. aufzeichnete, daß der omajjadische Kalif Yazid II. in Irbid gestorben sei. Yazid habe in Beit Ras einen Palast gehabt, wo er häufig mit seiner Lieblingsfrau, Hababah, gelebt habe. Als sie in Beit Ras gestorben sei, sei auch Yazid bald an gebrochenem Herzen gestorben.

Und danach?

Nach der abbasidischen Zeit verwandelte sich Beit Ras langsam in ein Dorf. Das Gebiet wurde in der späteren islamischen Historiographie als as-Sawad oder «schwarzes Gebiet» bezeichnet, was landwirtschaftliches Gelände meint. Archäologische Hinweise deuten auf eine weitere Nutzung der Gewölbe/Läden (Abb. 59). Doch während der mamlukischen Periode war es kein kommerzieller Bereich mehr. Das Gebiet wurde vielmehr handwerklich genutzt, da dort der Marmor verarbeitet wurde, der aus den römischen, byzantinischen und omajjadischen Gebäuden gestohlen worden war. Wahrscheinlich wurde der Stein zerkleinert, um auf den umliegenden Feldern als Dünger verwendet zu werden. Die Gewölbe wurden dann als Wohnquartiere genutzt in deren Vorfeld diese Arbeiten ausgeführt wurden. Auch im zweiten Stock des Handelshauses gibt es ausreichend Belege, um anzunehmen, daß die Gewölbe in Wohneinheiten umgewandelt worden waren.

Im 16. Jh. waren die querstehenden Bögen zusammengebrochen. Über den Schutt wurde in frühosmanischer Zeit ein Lehmboden gezogen und die Gewölbe dienten nach wie vor als Wohnungen. Der Platz vor den Gewölben wurde unterteilt und in Höfe umgewandelt. In diesen Höfen wurden zahlreiche Öfen zum Brotbacken (*tawabeen*) ausgegraben. Diese frühosmanische Besiedlungsphase endete etwa in der Mitte des 18. Jhs. Die heutigen Einwohner nutzten die Gewölbe zu Anfang ebenfalls als Häuser und das Gelände davor als Höfe. Das Gebiet wurde erneut instand gesetzt und bis in die 50er Jahre bewohnt. Danach benutzten die Frauen den Bereich weiterhin für Öfen zum gemeinschaftlichen Brotbacken und die Männer bewahrten in den Gewölben bis in die frühen 80er Jahre Ackerbaugeräte auf. Ein Hiatus in der Besiedlung zwischen ca. 1750 bis 1820 wird durch die mündliche Überlieferung der heutigen Bewohner unterstützt. Die Geschichten der «Großväter» besagten alle, daß der Ort in Ruinen lag, und niemand darin wohnte. Schumacher identifizierte auf dem *ras* Gräber, die er als «Beduinenfriedhof» beschreibt. Das Aussehen des Friedhofs deutet darauf hin, daß die dort Beigesetzten Moslems waren, aber es gibt keine Hinweise, daß es sich um Beduinen gehandelt hätte. Die heutigen Einwohner geben an, daß dieser Friedhof bei ihrer Ankunft bereits bestand.

So sind immer noch viele Fragen offen, was die Ausgrabung und Geschichte von Beit Ras angeht. Es scheint aber klar zu sein, daß die Stadt über 1000 Jahre lang blühte und eine bedeutende Rolle für die Wirtschaft der Region spielte. Weitere Untersuchungen mögen erklären, warum dann eine Veränderung einsetzte.

W. Harold Mare

Abila und Wadi Quweilbeh – Basiliken und Gräber

Lage und Geschichte der Stadt

Abila ist eine der Dekapolis-Städte mit einer langen Geschichte, die um 3500–4000 v. Chr. beginnt und bis 1500 n. Chr. anhält. Es gibt in Abila zahlreiche Belege für die Besiedlung in der Frühen, Mittleren und Späten Bronzezeit, aber einen ebenso großen Anteil an der Siedlungsgeschichte haben die hellenistische, römische, byzantinische und frühislamische, hier besonders omajjadische und abbasidische Periode. Auch in ajjubidischer und mamlukischer Zeit war Abila besiedelt, nur aus der osmanischen Periode haben wir kaum Belege.

Der Name Abila, von dem der moderne Name Quweilbeh abgeleitet ist, könnte von dem Wort «Abel» kommen, das im Arabischen und Hebräischen «üppige» Vegetation «grün» oder «Wiese» meint. «Abel» wurde oft als Präfix vor einem beschreibenden Substantiv gebraucht, um so den betreffenden Ort zu identifizieren. In diesem Fall bezieht es sich auf die Lage Abilas im Einzugsbereich der Zuflüsse zum Jordan (wie z. B. auch Abel Beth Maacah, Abel Meholah, Abel Shittim und Abel Keramim, die alle bei den Jordanzuflüssen liegen). Unser Abila, um es von

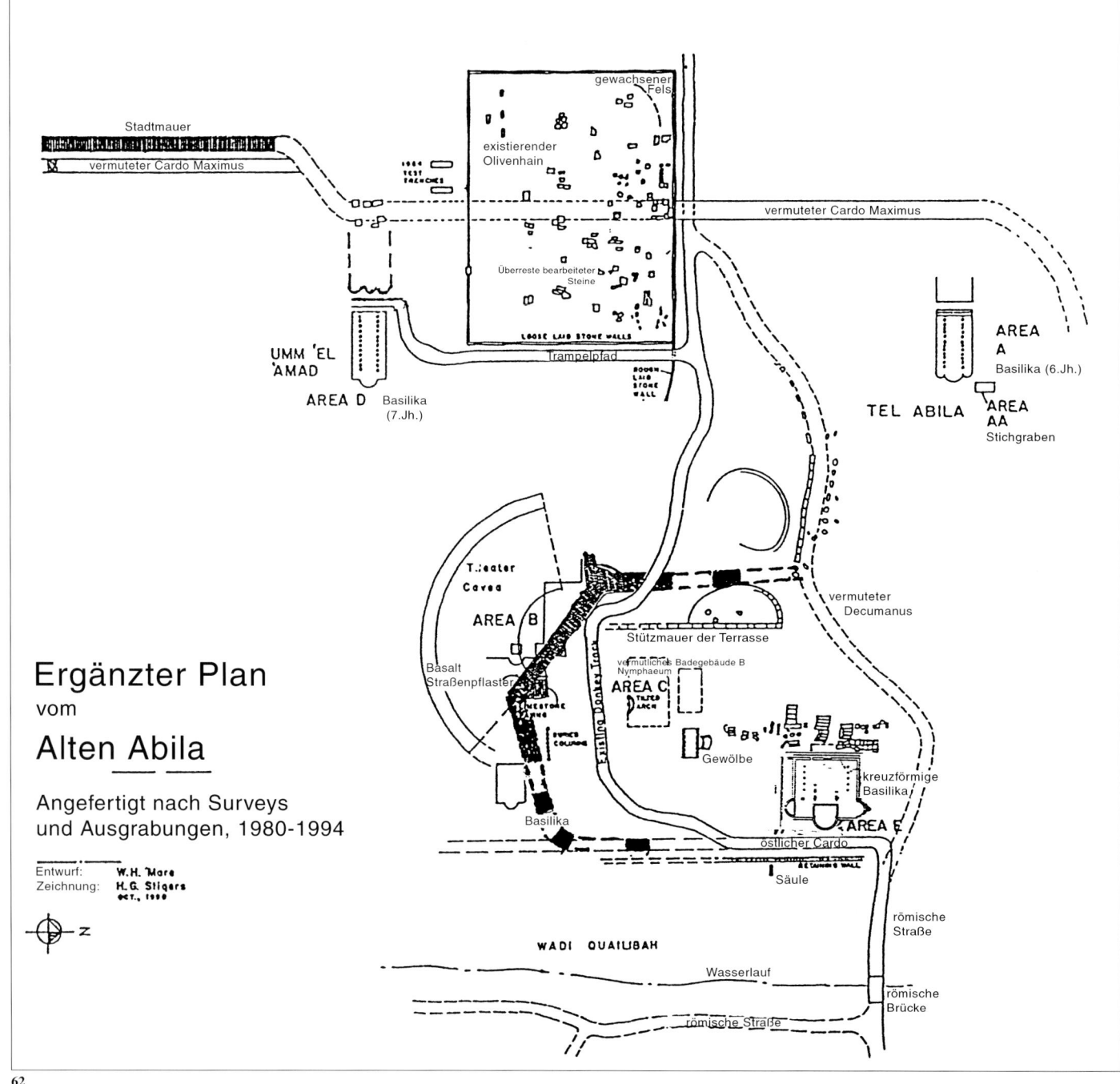

den gleichnamigen Orten bei Damaskus und am Nordende des Toten Meeres zu unterscheiden, lag zwölf römische Meilen östlich von Gadara (modern: Umm Qais).[1] Die Identifizierung wurde durch die lokale Tradition gestützt, den nördlichen Hügel Tell Abil zu bezeichnen, und letztendlich durch den Fund einer Steininschrift, die auf griechisch den Namen Abila nannte, sichergestellt. Der Ort ist mit über 1 km Nord-Süd- und 0,5 km Ost-West-Ausdehnung sehr groß. Das Siedlungszentrum liegt auf zwei größeren Hügeln, dem nördlichen Tell Abila und dem südlichen Umm al-'Amad («Mutter der Säulen» nach den zahlreichen dort liegenden Säulentrommeln) und der sattelförmigen Mulde dazwischen, in der sich das öffentliche Zentrum Abilas befand (Abb. 62). Das Stadtgebiet erstreckte sich über eine römische Brücke als Verbindung aber auch nach Osten bis zu den östlichen Hängen des Wadi Quweilbeh, wo Reste weiterer Gebäude gefunden wurden. Weiter nördlich und südlich dieser Überreste fanden sich Felsgräber und andere Grabstätten in großer Menge, während sich weitere Teile der Nekropole sogar am Westhang des Wadi Quweilbeh (südlich der Stadt) und an den Hängen um Ain Quweilbeh erstreckten.

Schriftliche Quellen

Schriftliche Quellen über Abila sind uns seit der Zeit der Dekapolis von vielen Autoren wie Polybius, Strabo, Plinius und Ptolemaios bekannt. Polybios (Historiae V, 71) deutet an, daß der seleukidische Herrscher Antiochus III, der Große, auf seinen beiden ersten Zügen nach Palästina (218 v. Chr. und 200 v. Chr.) Abila ebenso wie Gadara eroberte. Der seleukidische Einfluß zeigt sich sowohl in Beinamen, die die Stadt erhielt, wie Seleukia Abila, als auch in Münzlegenden (Spijkerman 1978): σελευκεων 'Αβιληνων (die Einwohner Abilas), Κοιλος Συριας (aus/von *Coile Syrien*) und anderen Beispielen wie Antiochia Gadara. Ein Zeichen der wachsenden politischen und ökonomischen Unabhängigkeit der Städte ist die zunehmende Opposition des hasmonäischen Judäa gegenüber den Dekapolis-Städten, was letztendlich zur Eroberung dieser Orte durch die hasmonäischen Priesterkönige führte. Laut Jo-

Abb. 62 Ergänzter Plan der Dekapolis-Stadt Abila.

Abb. 63 Statue einer Artemis.

63

sephus wurden Abila (Seleucia), Pella, Gadara, Hippos, Dion und Nysa-Skythopolis erobert.[2]

Die weitere Geschichte dieser Städte, so auch Abilas, ist dann eng mit der römischen Eroberung dieses Gebietes verbunden, als deren Ergebnis sie ihre Freiheit zurück erhielten. Pompejus ordnete die Provinzen neu und schlug die meisten Dekapolis-Städte zur Provinz Syrien.[3] Plinius (Nat. Hist. 5, 74) zählt Abila nicht zu den Dekapolis-Städten, aber als eine der Tetrarchien, während der Geograph Ptolemaios es im 2. Jh. n. Chr. als Teil der Dekapolis auflistet. Eine Inschrift aus Tajibeh, nordöstlich von Palmyra gelegen (133/134 n. Chr.) nennt Abila (Αγαθαγελος 'Αβιληνος της Δεκαπολεος) «gut beleumundetes Abila» oder «Abila in der Dekapolis voll der guten Nachrichten».

Ältere Forschungen

Abila wurde, wie so viele Städte der Dekapolis, 1806 von Seetzen wieder entdeckt und 1888 von Schumacher besucht, der es ausführlich beschrieb und Pläne aufnahm.[4]

Der jordanische Antikendienst führte eine kurze Ausgrabung in mehreren Gräbern durch, die einige 100 m nordöstlich von Abila liegen.[5] Die heute noch andau-

ernden Ausgrabungen in Abila begannen 1980 unter der Leitung des Autors vom Covenant Theological Seminary, St. Louis (Missouri). Siebenwöchige Grabungen mit unterschiedlichen Schwerpunkten fanden fast in jedem Jahr statt.

Neue Ausgrabungen in Abila

Die Arbeiten in Abila begannen 1980 mit der Vermessung des Ortes ausgehend von einem Höhenpunkt auf der östlich vorbeiführenden Straße (483 m). Über das ganze Gebiet wurden vier Streifen in Nord-Süd-Richtung verlaufender, 20 × 20 m Quadrate gelegt (mit dem Mittelpunkt bei 3620/7690 auf Tell Abila). In einem einmonatigen, systematischen Survey mit einer Stunde Absammlungszeit pro Quadrat wurden dann 32 000 Scherben sowie Glas, Metall, *tesserae* und Gegenstände aus Stein gesammelt. Da die Quadrate zusammen etwa 1/5 der besiedelten Oberfläche bilden, müßten auf der gesamten Oberfläche Abilas also über 150 000 Scherben liegen. Alle Formen, Größen, Tonwaren und Brennzustände fanden sich, so daß das aufgesammelte Keramikmaterial die gesamte, reiche Geschichte Abilas repräsentierte, die von 3500–4000 v. Chr. bis 1500 n. Chr. reichte.

Die danach folgenden neun Grabungskampagnen bis 1996 umfaßten Arbeiten auf Tell Abila, Tell Umm al-'Amad, im Tal dazwischen sowie in der Nekropole und erbrachten die Belege für eine kontinuierliche, wenn auch nicht überall gleichmäßige Besiedlung, vom Neolithikum bis zur osmanischen Zeit.

Es waren die hervorragenden natürlichen Bedingungen, die Abilas beeindruckende Siedlungsgeschichte ermöglichten: Eine permanente und reichliche Wasserversorgung durch die Quelle Ain Quweilbeh mit einer mittleren Schüttung von 7,7 l/s (man beachte die moderne Plantage mit Granatapfelbäumen rund um die Quelle), ergänzt durch das Wasser

Abb. 64   Nische mit einer Inschrift, die Zeus erwähnt.

Abb. 65   Blick nach Südosten auf die Theater-Cavea (von Tell Abila) mit der Basaltstraße davor.

Abb. 66   Kolumbarium aus dem Gräbergebiet H.

Abb. 67   Blick in eines der Tonnengewölbe, die zum Wassersystem Abilas gehören.

der weiter südlich liegenden Quelle in Ain Khureibah; außerdem die durch tiefe Wadis auf zwei bzw. drei Seiten geschützte Lage; eine große Fläche fruchtbaren Landes in der direkten Umgebung; die Nähe weiterer starker Stadtstaaten, besonders in der seleukidischen, römischen und byzantinischen Zeit und schließlich gute Straßenverbindungen. Die in der Nähe liegenden Überlandstraßen verbanden Abila mit Damaskus, Bostra und Kanatha im Norden, mit Kapitolias, Gerasa, Philadelphia und Petra im Süden, Adraa im Osten und mit Gadara, Pella und Skythopolis im Westen.

Frühe Siedlungsperioden

Die frühen Perioden, besonders die Bronze- und Eisenzeit, sind am besten auf dem nördlich liegenden Tell Abila vertreten. Ein Tiefschnitt von 10–12 m, der direkt östlich der Basilika aus dem 5.–6. Jh. n. Chr. angesetzt wurde, hat Belege für eine extensive Besiedlung während der Frühen und Mittleren Bronzezeit und eine weniger intensive Nutzung während der Späten Bronzezeit erbracht. Zur ausgegrabenen Architektur gehörten eine frühbronzezeitliche Mauer und eine Lage mittelbronzezeitlicher Lehmziegel. Andere Siedlungsreste der Frühen Bronzezeit wurden im Bereich südlich und westlich der Tell Abila-Basilika, südlich der Akropolismauer und westlich des Basilika-Atriums gefunden. Auch nahe der Basilika auf dem südlichen Tell, Umm al-'Amad, beim Theater sowie an der kreuzförmigen Basilika bei der römischen Brücke wurden bronzezeitliche Überreste gefunden.

Die Reste aus der Eisenzeit I und II, wenige Mauern aus dem Tiefschnitt und viel Keramikmaterial, stammen aus dem Bereich des Theaters, des Bades bzw. Nymphäum und um die kreuzförmige Basilika; sind also aus einem etwas kleineren Gebiet.

Hellenistische Besiedlung

Die Belege für die hellenistische Besiedlung Abilas haben während der letzten Grabungskampagnen immer weiter zugenommen. Bisher wurde eine hellenistische Mauer im Tiefschnitt ausgegraben und die typische weißliche, hellenistische Ware zusammen mit einigen importierten, polierten, schwarzen Stücken wurde weiträumig gefunden (z. B. eine Vase aus schwarzer Ware in Grab H 8). In einem anderen Grab wurde auch eine hellenisti-

67

sche Öllampe gefunden (Grab Areal L). Die Grabungsergebnisse unter der Basilika des 5.–6. Jhs. auf Tell Abila zeigen ebenfalls Hinweise auf frühere Vorgängerbauten: Die Fundamentmauern, besonders unter dem östlichen Ende der Basilika sind sehr massiv; die zentrale Apsis zeigt Spuren eines früheren Gebäudes, das an diese massiven Mauern angebaut wurde, und es scheint einen unterirdischen Gang unter der nördlichen Apsis der Basilika gegeben zu haben, der dem im Artemis-Tempel in Jerasch ähnelt. All dies macht es wahrscheinlich, daß die Basilika des 5.–6. Jhs. nicht nur einen Vorgängerbau aus dem 5. Jh. besitzt, sondern auf den Resten eines hellenistischen oder hellenistisch-römischen Tempels stand (siehe auch Hisban, wo die byzantinische Basilika auf der Akropolis über den Fundamenten eines älteren Tempels erbaut wurde).

Ein bedeutender Fund – Die Statue der Göttin Artemis

Die Annahme eines Tempels wurde während der Kampagne 1994 durch den Fund einer lebensgroßen, qualitätvollen Statue der griechischen Jagdgöttin Artemis aus weißem Marmor unterstützt. Die Statue ist ohne den Kopf, der nicht gefunden wurde, 1,64 m hoch. Arme und ein Bein sind verloren (Abb. 63). Über der rechten Schulter trägt sie den charakteristischen Köcher, an den Füßen griechische Sandalen, das Gewand ist gefältelt und ein Umhang hängt über der linken Schulter. Neben ihr waren Teile eines kleinen Rehs erkennbar. Diese Details lassen sich der Schule des Leochares, der im 4. Jh. v. Chr. in Halikarnassos Skulpturen für das Mausoleum schuf, oder seinen Schülern aus späterer Zeit zuordnen und ermöglichen so eine Datierung in die spätklassische oder hellenistische Zeit. Der Fundort der Statue im Oberflächenschutt an der Nordmauer der Basilika könnte darauf hindeuten, daß die griechische Artemis-Statue synkretistisch innerhalb des christlichen Gottesdienstes genutzt wurde. Von den zukünftigen Grabungskampagnen erwarten wir weitere Hinweise auf die hellenistische Siedlungsgeschichte.

Römische Besiedlung

Auch für die römische Stadtgeschichte fanden wir in der Kampagne 1994 einen bedeutsamen Beleg. Im Schutt der kreuzförmigen Basilika (Areal E) wurde eine große Granitsäule mit einer Weihinschrift aus dem 2. Jh. n. Chr. in griechisch gefunden (ähnliche Inschriften sind aus Jerasch bekannt). Die Inschrift befand sich nahe der Säulenbasis und wurde von Bastian Van Elderen, dem Grabungsphilologen, folgendermaßen übersetzt:

Für eine glückliche Zukunft
Für das Wohlergehen der
beiden Herrscher, Chasdeinious [der Stifter], der sehr
großzügig war, errichtete die Säule
aus eigenen Mitteln
Er lebte 26 Jahre

In den Kampagnen 1988 und 1994 wurden im Umfeld der Theater-Cavea (Abb. 65) am Südhang der sattelförmigen Mulde noch zwei weitere Belege der römischen Zeit Abilas gefunden, zum einen der Marmorfuß einer großen Statue, zum anderen eine Statuennische von 3,14 m Höhe, die sich in einer Wand der Cavea befand (Abb. 64). Auf der oberen Hälfte des Nischenbogens ist in roter Farbe der griechische Name des Zeus DI (DIOS) geschrieben. Vor dem Theater fanden sich ein römisches Kalksteinpflaster und eine Schwelle, die beide zu einer Straße oder einem Platz gehörten, welche zwischen der Cavea und dem gegenüberliegenden Bad bzw. Nymphäum lagen (später wurde darüber eine byzantinische Straße aus Basalt gebaut). Entlang der römischen Straße fanden sich in nahezu rechtem Winkel (80°) zueinander zwei Mauern in Binder-Läufer-Technik, die einen Mosaikfußboden umschlossen, auf den eine attische Basis gesetzt worden war. Ebenfalls östlich des Theaterhanges konnte an der Flanke von Umm al-'Amad ein dekoratives architektonisches Fragment freigelegt werden, bei dem es sich um einen griechisch-römischen Architrav mit Eierstabmotiv handelte.

Weitere Hinweise auf römischen Kultur in Abila fanden sich in den Gräbern. So wurden in Grab H 2 (ausgegraben 1982), das sich nordöstlich Abilas am östlichen Rand von Wadi Quweilbeh befindet, in einer der Grabnischen drei römische Terrakottafigurinen freigelegt. Alle zeigen klassische Motive, die auf einen griechisch-römischen Einfluß deuten: Dionysos mit einem Jungen zur Linken und einem Panther zur Rechten, ein Reiter auf einem Pferd und die Muse Terpsichore mit ihrer Harfe und einer Begleiterin. In den Gräbern haben sich zahlreiche kleine Nischen für Öllämpchen erhalten. In Grab L 15 ergaben sich mit dem Fund eines römischen Kochtopfes Hinweise auf Speiseopfer. All dies deutet auf einen Bestattungskult, bei dem die Römer in regelmäßigen Abständen während der Kalenden, Iden und Nonen jedes Monats

70

Abb. 68   Kalksteinkapitell aus der Basilika auf Umm al-'Amad.

Abb. 69   Blick von Osten auf das Hauptschiff der Basilika in Areal D auf Umm al-'Amad. Die Anordnung von wiederaufgebauten schwarzen Basalt- und weißen Kalksteinsäulen ist gut zu erkennen.

Abb. 70   Blick von Westen auf den Vorbau mit vier monolithischen Säulen der Basilika in Areal D (Umm al-'Amad).

zu den Gräbern kamen, um ihre Toten zu besuchen. Außerdem werden sie der Toten, während der jährlichen Parentalia vom 13.–21. Februar, mit angezündeten Lampen und Speiseopfern gedacht haben. Zusätzlich könnten Kolumbarien mit Nischen für kleinere Opfergaben oder vielleicht auch für Begräbnisurnen nachgewiesen werden (Abb. 66). Die Kolumbarien waren dicht an dicht in den Felsen geschlagen worden.

Abilas Wassersystem

Tief unter den massigen Ruinen des Bades oder Nymphäums in Areal C wurden zahlreiche Räume mit Tonnengewölben aufgedeckt (Abb. 67), die in direkter Verbindung mit ausgedehnten, großen Tunneln standen und als Absetzbecken dienten. Diese Wassertunnel (ca. 1 m breit und 1,5 m hoch) brachten das Wasser von der Quelle im Süden, Ain Quweilbeh, unter dem östlichen Hang von Umm al-'Amad zu den großen Bauten in der Mitte der Stadt. Andere Tunnel, die mit diesem System vernetzt waren, brachten Wasser von der weiter entfernten Quelle, Ain Khureibah, um so den Bedarf für öffentliche Gebäude wie das Bad oder Nymphäum, für den kommerziellen Sektor und den privaten Bereich zu decken. Die Größe und Art der Tunnel, die Technik, die Konstruktion der Tunnel und die Anlage der Schächte, die sich in 25–30 m Abstand zueinander befinden, sowie die Art der Sammel- bzw. Absetzbecken scheinen alle auf dem Modell zu basieren, das der römische Beamte Frontinus im ausgehenden 1. Jh. n. Chr. beschrieben hat. Frontinus[6] war für das Wasser- und Abwassersystem Roms zuständig und beschrieb detailliert wie die verschiedenen Aquädukte und Wasserkanäle Roms gebaut waren, wie die Sammel- und Absetzbecken funktionierten, wie das Wasser verteilt und mit welchen Methoden der Wasserverbrauch der öffentlichen, industriellen und privaten Abnehmer gemessen werden konnte.

Das Wassersystem in Abila entspricht in vielen Einzelheiten Frontinus' Beschreibungen, wenn es auch noch nicht möglich war, die zahlreichen einzelnen Elemente, die auch in der Umgebung Abilas gefunden wurden, zu einem Gesamtplan zusammenzusetzen.

Die Byzantinische Periode

In der byzantinischen Periode hatte Abila zwischen 8000 und 10 000 Einwohnern. Die fünf byzantinischen Kirchen bilden die eindrucksvollsten Belege für das rege Leben dieser Zeit (vier haben jeweils drei Apsiden, während eine nur eine östliche Apsis hat): Die Basilika aus dem 5.–6. Jh. auf Tell Abila (Areal A), eine Basilika aus dem 7. Jh. auf dem südlichen Tell (Areal D), westlich davon in unmittelbarer Nähe gelegen eine frühere Basilika (Areal DD), die kreuzförmige Basilika nahe der römischen Brücke (Areal E) und die einapsidiale Kirche auf einem Rücken östlich des Theaters.

Die Basilika mit den drei Apsiden auf Tell Abila

Die dreiapsidiale Kirche auf Tell Abila (Areal A) hatte 12 Säulen, von denen die meisten Säulenbasen später als Spolien verbaut wurden. Es wurden Basen und Kapitelle, sowie Bruchstücke der Säulentrommeln sowohl aus Basalt als auch aus Kalkstein gefunden. Das läßt vermuten, daß die Säulen abwechselnd aus Kalkstein oder Basalt bestanden. Viele der Säulentrommeln aus Kalkstein zeigen Zeichen von sekundären Abschlägen, was auf ihre Verwendung für die Herstellung von Kalkmörtel deuten könnte. Der Boden der Basilika war sowohl im Hauptals auch in den Seitenschiffen mit *opus sectile* ausgelegt. Das Muster setzt sich aus rosafarbenen, grauen und weißen (Marmor) Rauten und Quadraten zusammen; im Hauptschiff sind die Rauten auch in Form von Kreisen angeordnet gewesen. Das Atrium war mit einem Mosaikfußboden ausgelegt, und eventuell waren auch Teile der Wände und Decken der Kirche mit Glasmosaiken verziert, wie es in der Basilika auf Umm al-'Amad belegt ist. Es existierten zwei Mosaikböden übereinander, der obere zeigt ein einfaches geometrisches Muster mit kleinen Kreuzen in der Mitte, während der ca. 25 cm tiefer liegende Boden ein florales Design aufwies. Metallstifte, die zur Befestigung der Marmordekoration an den Wänden gedient haben, wo sie z. T. noch in den dafür vorgesehenen Schlitzen steckten, sowie zahlreiche, fein gearbeitete Marmorfragmente deuten auf eine reiche Verzierung mit diesem Material. Die Kreuze auf dem *opus sectile*-Fußboden des südlichen Seitenschiffs, die kreuzförmige Vertiefung an einer Säulentrommel, in die wohl ein Metallkreuz eingelassen war und die byzantinische Keramik belegen zweifelsfrei die Nutzung als christliche Kirche. Die Basilika hatte zwei Nutzungsphasen; so fand sich ein wiederbenutzter Fundamentblock mit einem eingeritzten Kreuz einen Meter unter dem *opus sectile*-Boden, und auf den zweiten Fußboden im Atrium war schon hingewiesen worden. Wahrscheinlich bestand das Dach aus Holzbalken mit Ziegeldeckung, was aus der großen Menge erhaltener Dachziegel geschlossen werden kann. Die vielen kleinen Glasfragmente lassen vermuten, daß die Kirche Lichtgaden besaß, deren Fenster verglast waren. Obwohl bisher keine Fundamente für eine Ikonostasis gefunden worden sind, zeigen Fragmente aus weißem Marmor doch, daß eine solche bestanden haben muß.

Die Basilika von Umm al-'Amad

Die Basilika aus dem 7. Jh. auf dem südlichen Tell Umm al-'Amad (Areal D) besaß ebenfalls zwei Reihen mit je zwölf Säulen, die abwechselnd aus Basalt und Kalkstein bestanden (Abb. 69). Einige der Säulen und wenige Kapitelle waren schon auf der Oberfläche sichtbar, aber die meisten lagen im Schutt verborgen und kamen erst durch Ausgrabungen ans Licht (Abb. 68). Das Gebäude war im Westen mit einem Vorbau versehen, der an der Vorderseite vier große monolithische Säulen mit Kapitellen trug (Abb. 70). Dahinter lag wahrscheinlich ein Atrium. Nahe des dreiteiligen Eingangs wurde ein großer Monolith aus rotem Marmor aus Euböa gefunden, der diesen Eingang einmal geschmückt haben muß. Auch hier zeigt sich die christliche Bestimmung des Gebäudes in den Kreuzen, die an verschiedenen Kapitellen angebracht waren und in den Fundamenten einer Ikonostasis vor dem Altar der zentralen Apsis. Die Datierung der Kirche läßt sich anhand der zahlreich gefun-

Abb. 71 Opus sectile Boden in der Basilika Areal D.

Abb. 72 Mosaiken in der Basilika in Areal D.

Abb. 73 Blick von Westen über die niedrigen Mauern der Kirche in Areal DD auf die dahinterliegende Basilika in Areal D.

Abb. 74 Wadi Quweilbeh mit den verschiedenen Bauten zwischen der römischen Brücke (hinten rechts) und der Theater-Cavea (vorne rechts).

73

denen spätbyzantinischen und omajjadischen Keramik belegen. Die in Fallrichtung liegenden Säulen deuten auf eine Zerstörung durch das Erdbeben in der Mitte des 8. Jhs. hin. Die Böden der drei Schiffe waren in *opus sectile*-Technik mit rosafarbenen und schwarzen Kalkstein- und weißem Marmorrauten verziert (Abb. 71). In der Mitte des Hauptschiffes verändert sich das Muster des Bodens hin zu Kreisen und konvexen Linien aus rotem Kalkstein sowie weißem Marmor, dazwischen sind dann kleine schwarze Rauten zu sehen. Dieser Bereich stand wohl im Mittelpunkt einer besonderen Handlung während des Gottesdienstes. Wie in der Basilika auf Tell Abila gibt es auch hier Mosaikböden im Vorbau, im Atrium und in einigen Nebenräumen (Abb. 72). Im Atrium herrschten geometrische Muster vor; in den Nebenräumen fanden sich großflächige Reste mit floralen und herzförmigen Mustern, mit Blumenkörben, Granatäpfeln, Vögeln etc. Ausgrabungen vor der Nordmauer der Basilika erbrachten zwei ca. 10–15 cm übereinanderliegende Mosaikböden, die wahrscheinlich zu einer kleinen Kapelle gehörten. Im Inneren der Basilika zeigten Ausgrabungen im Hauptschiff nahe der Ikonostasis weitere Mosaiktesserae aus Kalkstein und Glas. Die große Zahl von Glasmosaiksteinchen, z. T. sogar mit einer Goldschicht überzogen, deutet auf eine reiche Verzierung der oberen Wandteile und der Decke der Kirche. Die Dachkonstruktion bestand vermutlich wie bei der vorher beschriebenen Kirche aus hölzernen Dachbalken und Dachziegeln, wohl auch hier gab es verglaste Lichtgaden. Das Gebäude hatte sowohl auf der Nord- als auch der Südseite je drei Eingänge, von denen noch die Schwellen gefunden werden konnten.

74

Bei den Versuchen, die große Eingangstreppe zur Basilika auf Umm al-'Amad zu ergraben, fanden wir stattdessen Hinweise auf ein weiteres dreischiffiges Gebäude (Abb. 73), westlich unterhalb der Basilika, aus dem 7. Jh. n. Chr.

(die untere Basilika liegt in Areal DD). Hier ergaben sich im Verlauf der Grabung deutliche Anzeichen für eine ähnliche Ausgestaltung der Kirche: Mosaikböden in der Apsis und in den Seitenschiffen sowie *opus sectile*-Fußboden mit Kreuzeinkerbungen in Zusammenhang mit der Ikonostasis im Hauptschiff. Größere Überreste einer römisch-byzantinischen Abwasserleitung aus Keramik fanden sich nahe der östlichen Stützmauer im südlichen Seitenschiff dieser Basilika. In der ganzen Ruine dieser früheren Kirche blieb nicht eine Säulenbasis, Säulentrommel oder ein Kapitell erhalten. Ein Sachverhalt, der nur so interpretiert werden kann, daß alle diese Elemente in der späteren Basilika wiederverwendet wurden. Im südlichen Seitenschiff wurde nahe bei einem Mosaikboden ein beeindruckender Satz Glaslampen gefunden (Fragmente von 15–20 Lampen), die wohl Teil der Kandelaber waren, welche die Kirche erleuchteten. Eine Lampe war sogar vollkommen unversehrt. Hier mag sich das Repositorium für die Glaslampen der Kirche befunden haben. Zusammen mit den Lampen fanden sich auch drei Teile eines Bronzegefäßes: dessen Körper, der Henkel in Form eines Leoparden und ein Ring bestehend aus den ausgebreiteten Flügeln eines Geiers oder Adlers. Insgesamt zeigte der Krug wohl einen Leoparden, dessen Pranken nach dem Vogel ausgestreckt waren. Der Fundzusammenhang läßt darauf schließen, daß es sich hierbei um das Ölgefäß handelt, mit dem die Lampen gefüllt wurden.

Bedeutende Glasfunde

Ein weiterer bedeutender Glasfund der Kampagne 1994 stammt aus dem Areal B im Theater. Bei der hohen Mauer 4,5 m unterhalb einer Statuennische wurde ein Lager mit fast 200 zerbrochenen Glaspokalen gemeinsam mit großen Stücken Glasfluß gefunden. Der Zweck dieser Glaspokale ist nicht klar, da sie sowohl im Zusammenhang mit kultischen Vorgängen gesehen werden als auch Teil eines Warenlagers sein könnten. Die vielen Glasobjekte (wie z. B. Schalen und Armreifen), die auch aus anderen Teilen der Grabung bekannt sind, und der Fund von Glasfluß deuten auf eine florierende Glasproduktion in Abila. Wenn auch der Ort der Glasherstellung bisher nicht gefunden wurde, so konnte unterdessen doch der erste Keramikbrennofen (H 36) ausgegraben werden. Er liegt inmitten römisch-byzantinischer Gräber nordöstlich von Tell Abila auf der östlichen Kante des Wadi Quweilbeh. Dort konnten die starken westlichen Winde ausgenutzt werden, die jeden Nachmittag auftreten. Bisher war es möglich, den unteren Teil der Brennkammer, die Luftschächte und

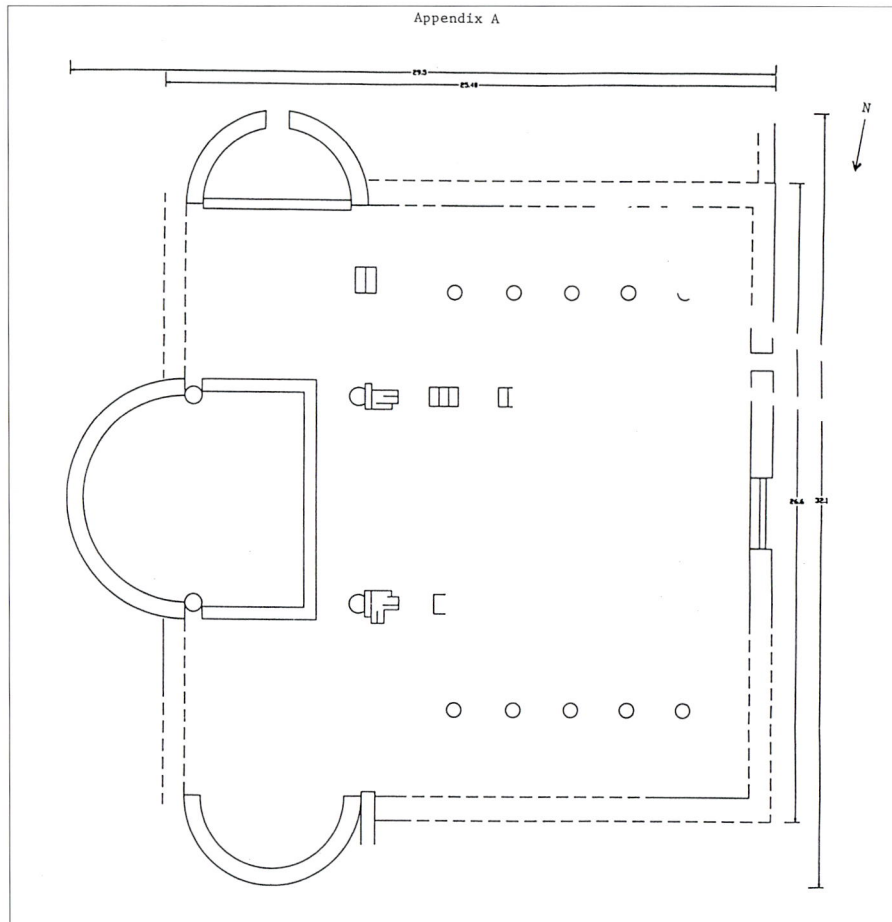

Abb. 75   Plan der Basilika in Areal E (Basilika in Form eines griechischen Kreuzes). Nahebei liegt die römische Brücke.

Abb. 76   Kreuzförmige Basilika in Areal E: Detailansicht der nördlichen Seitenapsis mit Ikonostasis-Halterung im Hintergrund.

Abb. 77   Blick von Südwesten auf die kreuzförmige Basilika in Areal E. Die Säulen sind 1999 wieder aufgerichtet worden.

Abb. 78   Der Osthang zum Wadi Quweilbeh, zahlreiche Öffnungen der dort liegenden Gräber sind erkennbar.

77

78

zahlreiche Keramikscherben, ungebrannte Objekte sowie Fehlbrände wieder zu gewinnen. Die große Menge lokaler Keramik läßt jedoch vermuten, daß sich noch wesentlich mehr Öfen in Abila befunden haben müssen.[7]

Die Umgebung des Theaters und das Straßensystem in byzantinischer Zeit

Weitere Belege für die byzantinische Bautätigkeit in Abila haben sich in der Theateranlage erhalten. Dort wurden aus dem Schutt der Jahrhunderte zwei marmorne Altarpfosten mit runden Kugeln ausgegraben, die längliche Kerben zeigten, in denen ursprünglich Altarschranken saßen. Eine monolithische Säule aus Marmor von der Insel Naxos, in die ein Kreuz eingeritzt war, lag ganz in der Nähe. Diese Architekturfragmente deuten auf eine weitere Basilika oder ein anderes religiöses Gebäude in diesem Bereich. Vor dem Theater verlief eine byzantinische Straße in südöstlich-nordwestlicher Richtung (vgl. Abb. 62), die mit Basalt gepflastert war und in omajjadischer Zeit von verschiedenen Gebäuden umgeben und teilweise überbaut war. Diese Straße änderte am Ende des Theaters ihre Richtung nach Norden, überquerte den Sattel und erreichte dann den ostwestlich verlaufenden *decumanus*, der an dieser Stelle am südlichen Hang von Tell Abila entlangläuft (Abb. 74). In der anderen Richtung führte die byzantinische Straße nach Osten entlang der einapsidialen Kirche, bog dann nach Norden und erreichte östlich der kreuzförmigen Basilika dicht bei der römischen Brücke wieder den *decumanus*.

Der *decumanus* selbst war zu allen Zeiten eine bedeutende Straße, die den Verkehr in die Stadt lenkte und die Stadt gleichzeitig mit den beiden außerhalb gelegenen Routen zwischen den anderen Dekapolis-Städten verband. Die Überlandstraßen führten nördlich zum Yarmuktal und von dort eröffneten sich weitere Verbindungen nach Damaskus, während im Westen und Süden Verbindungen nach Kapitolias, Gerasa, Amman und auf einem anderen Weg zum Jordantal mit Pella und Skythopolis verliefen.

Die Basilika in Form eines griechischen Kreuzes

Die kreuzförmige Basilika in Areal E, nahe der römischen Brücke über das Wadi, war eine fünfschiffige Kirche mit fast quadratischem Grundriß (32,1 m x 29,5 m, Abb. 75), deren Mauern teilweise noch fünf Lagen hoch erhalten waren.

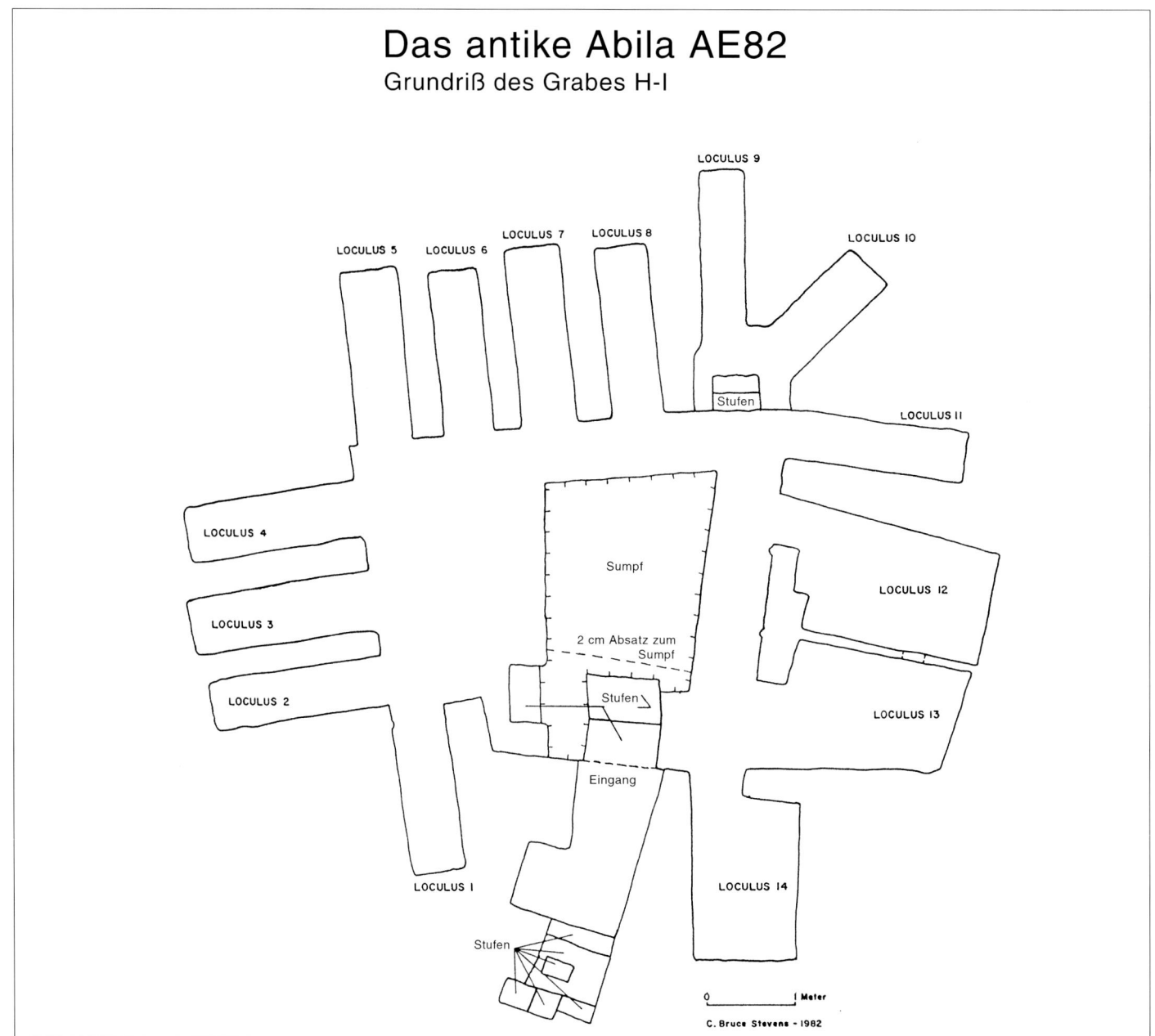

Wenn auch die Altarschranken selbst verschwunden sind, so fanden sich doch die Halterungssteine der Ikonostasis mit den entsprechenden Einkerbungen (Abb. 76). In der westlichen Mauer wurden die zentrale Eingangsschwelle und der Eingang zum südlichen Seitenschiff aufgedeckt. Im Jahr 1999 wurden zahlreiche Fragmente der Säulen dieser Basilika ausgegraben und für den Wiederaufbau vorbereitet (Abb. 77). Auch in dieser Kirche fanden sich Belege für Mosaikböden in der nördlichen und südlichen Apsis und Marmorböden im Hauptschiff und Teilen der beiden Seitenschiffe. Die Säulen bestanden überwiegend aus Basalt, aber zwei Marmorsäulen in der nördlichen Reihe deuten auf ihre besondere Funktion oder den Charakter einer Stiftung hin.

Die Nekropole

Die Nekropole Abilas erstreckte sich entlang der Wadihänge (Abb. 78), wobei die wenigen frühen Gräber der Bronze- und Eisenzeit und einige hellenistische Gräber auch am oberen Rand der Wadis lagen. Die Gräber reichen von der Mittleren bzw. Späten Bronzezeit (1600–1200 v. Chr.) bis in die spätbyzantinische Periode (650 n. Chr.). Aus den 85 Gräbern der Nekropolis wurden nicht nur zahlreiche Glasobjekte, sondern auch andere wertvolle Gegenstände geborgen. Die größeren römisch-byzantinischen Kammergräber haben einen sorgfältig geschnittenen *dromos*, in dem häufig Verschlußsteine gefunden wurden, Treppenstufen hinunter zu Eingängen unterschiedlicher Größe und rechteckige oder quadratische Grabkammern. Rund um die zentrale Kammer befanden sich die *loculi*, die direkt in den weichen Kalkstein geschnitten waren (Abb. 79. 80). In einigen Fällen gingen diese Nischen nicht senkrecht in den Stein, sondern verliefen der Länge nach parallel zur Hauptkammer. Diese *arcosolia* hatten eine gerundete Decke; dies sollte eventuell daran erinnern, daß die Gräber als Häuser der Toten verstanden wurden, die ebenso einen Eingang und ein Dach besaßen wie

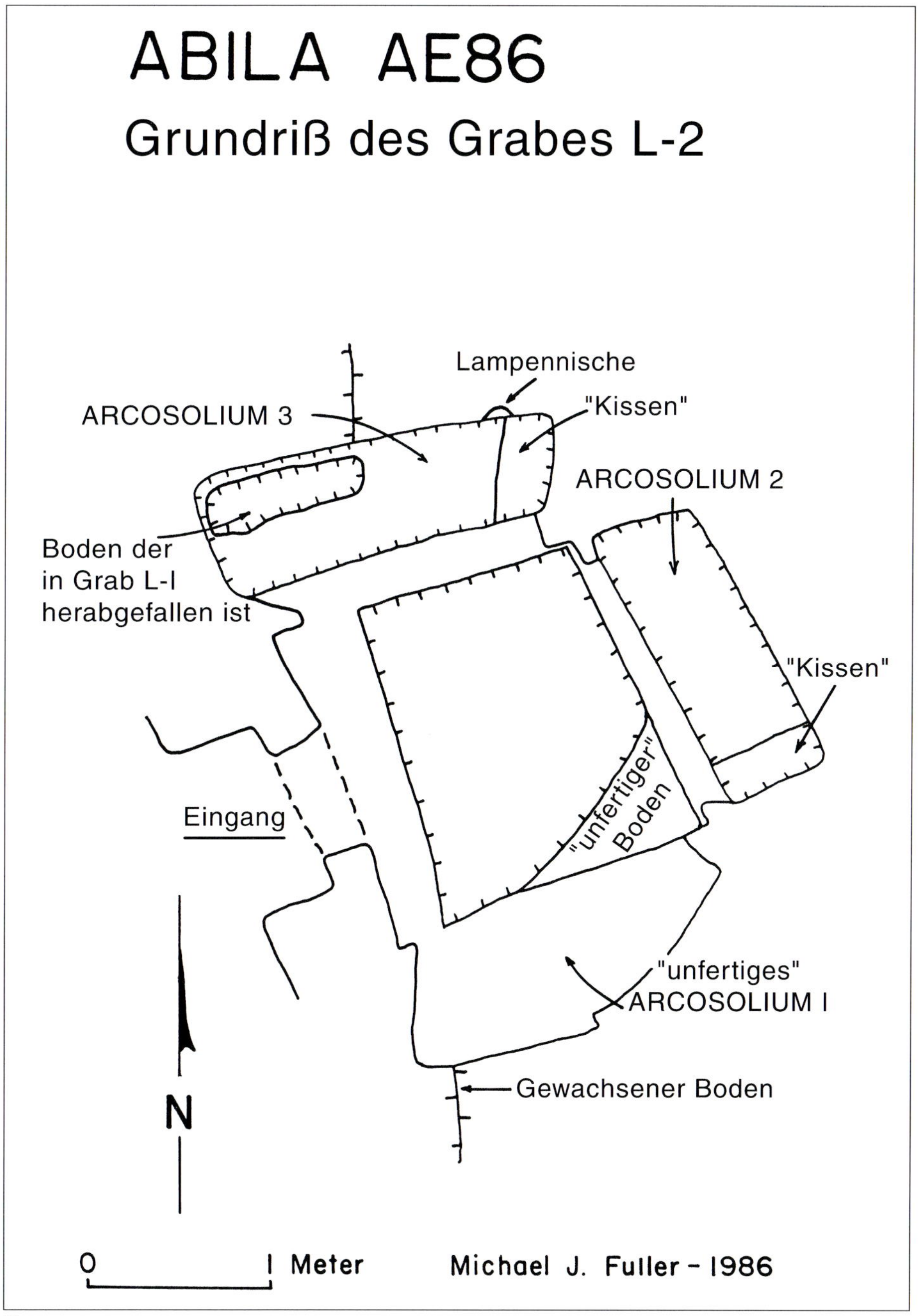

Abb. 79   Plan von Grabanlage H 1 (mit 14 loculi eine der größten Anlagen).

Abb. 80   Loculi in Grab H.

Abb. 81   Plan von Grabanlage L 2. Beide arcosolia haben Stein«kissen» und auch eine Lampennische ist erkennbar.

die Häuser der Lebenden. Die von der Hauptkammer wegführenden *loculi* oder *arcosolia* würden dann den Räumen eines römischen Hauses entsprechen, die rund um das *atrium* angeordnet waren; dessen Stelle würde von der zentralen Grabkammer eingenommen werden. Einige Gräber hatten auch große, gut gearbeitete Türen, die den Eingang zu dieser zentralen Kammer verschlossen und teilweise sogar Einrichtungen, um einfließendes Wasser aufzufangen.

Normalerweise waren die *loculi* dafür gedacht nur einen Verstorbenen aufzunehmen, was aber in den großen Familiengräbern, die teilweise über Jahrhunderte benutzt wurden, nicht immer beibehalten wurde. Die sterblichen Überreste wurden für gewöhnlich in Tücher gewickelt und in die Nischen gelegt; manchmal war aus dem Stein ein «Kissen» für den Kopf gearbeitet worden (Abb. 81). Die reicheren Toten wurden auch in Steinsarkophagen oder hölzernen Särgen beigesetzt. Die Holzkisten waren mit Metallnägeln und -beschlägen verziert und trugen oft große Ringe an den Seiten. Auch Metallprotome fanden sich in einigen Gräbern. Die Grabbeigaben sind in Menge und Qualität von der sozialen Stellung und dem Reichtum der betreffenden Persönlichkeit und Familie abhängig gewesen.

In einigen der Gräber reicher oder gutsituierter Mittelklassefamilien wurden die einzelnen *loculi* mit Putz verschlossen. Auf den feuchten Putz wurden dann Freskos aufgetragen, die über das Leben und Treiben und manchmal auch den Tod der Verstorbenen berichteten. Inschriften beinhalteten neben dem Namen und den Verwandten auch philosophische und religiöse Sentenzen. So fand sich in einem Grab die griechische Inschrift «Sei nicht betrübt. Niemand ist unsterblich. Alter 4 Jahre».[8] Die Freskos stellten religiöse Szenen, Gebäude wie Tempel, Medaillons mit Porträts, Blumen und Delphine dar (Abb. 82). Dies diente sicher auch dazu, den Angehörigen, die mit Weihgaben kamen, um der Verstorbenen zu gedenken, den Besuch angenehmer zu gestalten. Die Grabbeigaben in diesen reich geschmückten Gräbern waren ähnlich üppig: Ohrringe, Ringe, Armbänder, Dolche, kosmetische Utensilien, Arztbestecke, Bronzeglöckchen um das Böse abzuwehren, Öllämpchen, Schüsseln, Krüge, Vasen, große Vorratsgefäße u. a. Alle diese Dinge erinnerten an das Leben der Verstorbenen und waren auch für das vermutete Leben nach dem Tode von Bedeutung. In den Gräbern der Reichen waren darüber hinaus Büsten der Verstorbenen aufgestellt. Wenn auch die meisten Gräber, den Sitten der Juden, Christen und auch Moslems entsprechend, für Bestattungen des menschlichen Körpers gedacht waren, so fanden sich doch einige Kolumbarien für Urnen (vgl. Abb. 66). In hellenistisch-römischer Zeit war Kremierung nicht unüblich.

Abila in islamischer Zeit

Auch aus den verschiedenen islamischen Perioden gibt es reiche archäologische Zeugnisse aus Abila. Nach der Schlacht am Yarmuk (siehe Beitrag Walmsley) kam das ganze Gebiet unter omajjadische Herrschaft (640–750) und blühte dank der toleranten Herrschaft der ersten Kalifen auf. Zahlreiche christliche Gruppen wie die Jakobiten, Monophysiten und Nestorianer fühlten sich von den orthodox denkenden Christen in Byzanz verfolgt und begrüßten die neuen Herren, die ihrerseits zahlreiche Christen in ihrer Verwaltung anstellten.[9] Die archäologischen Funde aus Abila belegen, daß kaum ein Bruch in der materiellen Kultur zwischen der spätbyzantinischen und frühislamischen Zeit zu erkennen ist. Die Basilika des 7. Jhs. (aus Areal D) bestand weiter bis in das 8. Jh. und wurde erst durch das schwere Erdbeben zerstört. Andere Gebäude wurden in omajjadischer Zeit umgebaut, so auch das Theater, das in eine Karawanserei umgewandelt wurde.

In der abbasidischen Zeit (750–969) befand sich zwar das Zentrum der Macht in Bagdad und damit weiter entfernt als vorher, aber die direkte Einflußnahme auf das Leben von Juden und Christen wurde intensiver. In Abila zeigt sich ein Bruch in der Weiterbenutzung alter Strukturen, sie werden nicht mehr einfach umgebaut, sondern Bauteile wie die Kapitelle werden zerschlagen und als Spolien in kleinen Bauwerken neu genutzt. Abbasidische Keramik, besonders die feine, grünliche Ware, findet sich in verschiedensten Teilen innerhalb Abilas.

Während kaum Reste aus fatimidischer Zeit (969–1100) vorliegen, wurden die typische mamlukische Keramik und osmanische Pfeifen dann wieder, wenn auch in begrenzter Menge, in Abila gefunden.

Abb. 82 Das Innere eines Grabes mit Sarkophagen und architektonischer Wandbemalung.

Pamela Watson

Pella – Die Stadt am Jordangraben

Lage der Stadt

Ein Reisender, der die alte Route im Jordantal entlangzieht, könnte an einer der ältesten und bedeutendsten Siedlungen der Region vorbeikommen, ohne sie zu bemerken. Die alte Stadt Pella schmiegt sich unterhalb der jordanischen Hochebene in die Ausläufer der östlichen Gebirgszüge und ist vom Tal aus nicht einsehbar. Die Lage der Stadt ist wohl hauptsächlich in der Existenz einer reichlich sprudelnden Quelle begründet, die gerade an dieser Stelle aus der Erde tritt und deren Wasser entlang des Wadi Jirm ins Jordantal fließt. Heute liegt das kleine Dorf Tabaqat Fahl neben diesem alten städtischen Zentrum, das fast vollkommen unter dem Schutt der Jahrhunderte begraben ist. Die Ruinen erstrecken sich über zwei Hügel oder *Tells*, die durch ein kleines, alluviales Tal oder Wadi getrennt sind (Abb. 83. 84). Von der Spitze des südlichen, höheren Tells (Tell al-Husn) ist der Zusammenfluß der beiden großen Täler, der Nord-Süd verlaufende tiefe Einschnitt des Jordangrabens (Abb. 85) und des ost-westlich zum Mittelmeer hin verlaufenden Esdraelon-Tals (Abb. 103) zu erkennen. Genau wie die Nachbarstadt Beit Shean/Skythopolis auf der westlichen Seite des Jordan nutzte Pella diese strategische Lage am Kreuzungspunkt zweier sehr alter Straßen aus. Verbessert wurde Pellas Situation noch durch die Kontrolle des Zugangs in die östlichen Berge. Durch die erhöhte Lage oberhalb des Jordantals erfreut sich die Stadt auch im Sommer frischer Winde, hat im Winter ein sehr mildes Klima, ermöglicht beeindruckende Ausblicke nach Westen und Norden und ist inmitten der sanften Hügel außerordentlich malerisch gelegen.

Forschungsgeschichte

Wenn auch die Existenz der alten Dekapolis-Stadt Pella aus griechischen, römischen und byzantinischen Quellen bekannt war, so war die genaue Lage den westlichen Gelehrten nicht mehr gegenwärtig.[1] Charles Irby und James Mangles waren 1818 die ersten, modernen Reisenden, die auf ihrer Reise durch Syrien, das Heilige Land und Ägypten auch Pella besuchten. Sie beschrieben die Ruinen und die genaue Lage von «Tabathat Fakhil», unternahmen aber keinen Versuch der Identifizierung. Der deutsche Geograph H. Kiepert veröffentlichte dann 1842 eine Karte des Heiligen Landes, auf der «Tabakat Fahil» als Pella bezeichnet wird. Nachdem Edward Robinson die Stadt gemeinsam mit Eli Smith 1852 besucht hatte, unterstütze er diese Zuordnung mit vielen guten Argumenten. Spätere Besucher wie der französische Geograph Victor Guérin 1875, sein Zeitgenosse Selah Merrill, Konsul der Vereinigten Staaten von Amerika in Jerusalem, und auch der Geograph Guy Le Strange trugen alle ihre Beschreibungen und Beobachtungen zur Kenntnis der Stadt bei. Der ausführlichste Bericht stammt allerdings vom deutschen Gelehrten Gottlieb Schumacher, der 1888 ein kleines Buch unter dem Titel «Pella» mit vielen Zeichnungen und Plänen publizierte. Es berichtet uns über vieles, was seither verschwunden ist, und wird daher auch heute noch gerne als Quelle benutzt.

1933 untersuchte John Richmond für den Antikendienst von Palästina die zahlreichen Gräber in dem Gebiet. Er sammelte auch Keramik von der Oberfläche, worin ihm Nelson Glück 1942 folgte. Beide fanden römische und byzantinische Keramik weitverteilt, aber auch glasierte, mittelalterliche Keramik sowie eisenzeitliche und bronzezeitliche Stücke.

In den 20er Jahren dieses Jahrhunderts gelang es dem amerikanischen Archäologen W. F. Albright die Verbindung zwischen dem hellenisierten Namen Pella und dem alten ägyptisch-semitischen Namen der Stadt herzustellen, wobei die Tradition des modernen Namens Tabaqat Fahl Tausende von Jahren zurückreicht. Die ägyptischen Verfluchungstexte des frühen 2. Jts. v. Chr. geben den Namen der Stadt mit «Pihilum», die späteren Armana-Texte mit «Pihili» an, was in den Quellen des Neuen Reiches zu «Pihil» oder «Pahil» wurde. Dieser semitische Name klingt ähnlich wie der griechische Name «Pella», des Geburtsortes Alexanders des Großen. Und da «Pihil» eine der Städte war, die Alexander nach der hellenistischen Eroberung im 4. Jh. v. Chr. neu «gründete», wurde der Ort in Pella umbenannt. Nach der moslemischen Eroberung im 7. Jh. wurde wieder auf den semitischen Namen zurückgegriffen und

Abb. 83 Luftbild mit Pella (von Nordosten). In der Mitte, von links nach rechts: Tell al-Husn, Wadi Jirm, Khirbet Fahl (der Haupthügel), das moderne Dorf Tabaqat Fahl. Im Vordergrund die Hänge von Jebel Anu al-Khas.

die Schreiber nannten den Ort nun «Fihl» (die Änderung von P zu F ist durchaus üblich). Die Hinzufügung von «Tabaqat» im Arabischen bezieht sich auf die «Schichten» fruchtbarer roter Erde, die sich nördlich des Ortes deutlich erkennbar vom Hügelland abzeichnen (Abb. 103).

Die ersten Untersuchungen wurden 1958 von Robert Funk und Neil Richardson für die American School of Oriental Research durchgeführt und waren von der Hoffnung auf die Zeugnisse einer langen und reichen Geschichte des Ortes inspiriert. Die zwei kleinen Testschnitte befanden sich auf dem Haupthügel, erbrachten Reste der hellenistischen bis eisenzeitlichen Perioden und wurden nur summarisch veröffentlicht. Raubgrabungen im Jahre 1963 erbrachten wesentlich deutlichere Belege für den Reichtum der Stadt und veranlaßten den jordanischen Antikendienst 1964 elf Gräber auszugraben. Die Funde aus diesen Gräbern reichten von der Mittleren Bronzezeit bis an den Übergang von der Späten Bronzezeit zur frühen Eisenzeit und waren mit ihrer weitgestreuten geographischen Herkunft von Mykene über Zypern bis Ägypten wirklich spektakulär. Leider wurden diese Grabungen nicht ausführlich dokumentiert oder veröffentlicht, und in den folgenden politischen Unruhen gingen zahlreiche Funde verloren.[2]

Die erste größere Grabung in Pella wurde 1967 von Robert Houston Smith für das Wooster College in Ohio durchgeführt, wenn auch sein Plan für eine langandauernde Untersuchung durch den

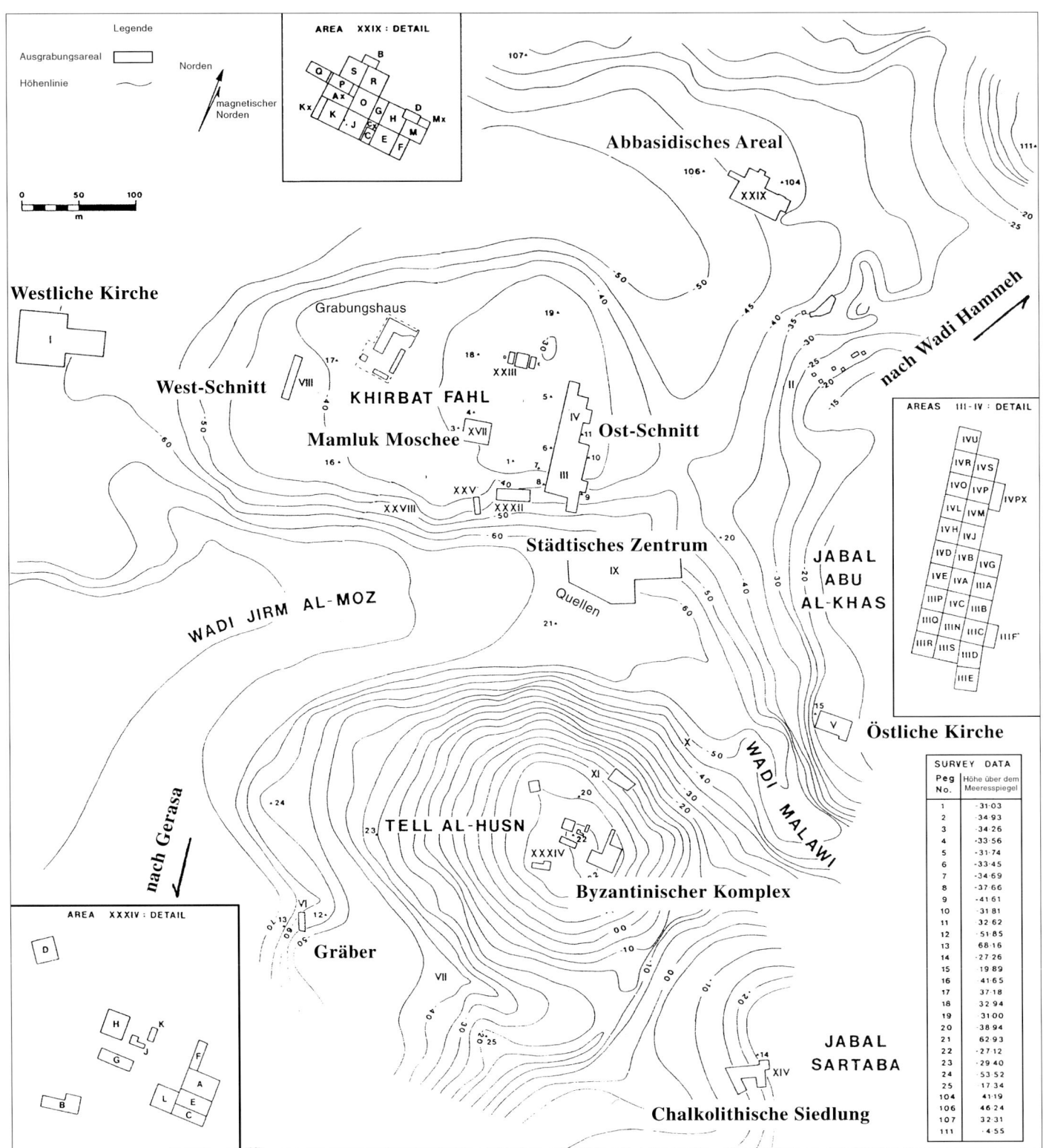

Abb. 84 Höhenschichtenplan von Pella. Dargestellt sind die Hauptausgrabungsgebiete.

Abb. 85 Blick von Tell al-Husn nach Westen auf das Jordantal.

israelisch-arabischen Krieg von 1967 zunichte gemacht wurde. Seine einzige Grabungskampagne wurde aber ausführlich veröffentlicht (*Pella of the Decapolis* I, 1973) und ist immer noch eine wertvolle Informationsquelle. Die Arbeiten in Pella wurden erst 1979, mehr als zehn Jahre später, wieder aufgenommen; diesmal durch ein internationales Team. Basil Hennessy und Anthony McNicoll von der University of Sydney arbeiteten nun an der Seite von Robert Houston Smith. Die Zusammenarbeit dauerte bis 1985. Beide Universitäten führten ihre Arbeiten in verschiedenen Gebieten der Stadt und zu unterschiedlichen Zeiten im Jahr durch, waren aber durch eine gemeinsame Forschungsstrategie, sowie vergleichbare Dokumentations- und Veröffentlichungsmethoden verbunden. Seit 1985 arbeitet das australische Team alleine in Pella. Die zunehmende Größe und Intensität der verschiedenen Untersuchungen führte dazu, daß heute verschiedene Kodirektoren für einzelne Perioden, vom Paläolithikum bis zur islamischen Zeit, verantwortlich sind. In den letzten Jahren wurden außerdem vom BIAAH (British Institute at Amman for the Archaeology and History, heute CBRL: Centre of British Research in the Levant) und der Universität von Adelaide intensive Surveys im Hinterland von Pella durchgeführt.

Die Vor- und Frühgeschichte Pellas

Bereits die Beständigkeit des Namens Pella deutete auf eine außerordentlich lange und kontinuierliche Siedlungsgeschichte seit dem Beginn menschlicher Aktivitäten. Und tatsächlich handelt es sich bei den ältesten Belegen aus der direkten Umgebung um Handäxte aus dem Älteren Paläolithikum, genauer dem späten Acheuléen vor 500 000 Jahren. Das Wadi al-Hammeh ist unterdessen berühmt für die Abfolge von Funden aus dem Mittleren bis zum Jüngeren Paläolithikum bzw. Epipaläolithikum (100 000 bis 12 000 Jahre v. Chr.). Diese Entwicklung war vor allem durch die Existenz von mehreren Frischwasserquellen möglich. Auf dem Tell selbst reicht die Besiedlung bis in das Neolithikum; in einer der letzten Grabungskampagnen wurde Hausarchitektur aus der Mitte des 6. Jts. v. Chr. gefunden.[3] So liegt die archäologische Bedeutung Pellas, trotz seiner beeindruckenden Stellung als städtisches Zentrum in verschiedenen Perioden, vor allem in seiner kontinuierlichen Besiedlung vom Neolithikum bis zur frühosmanischen Zeit. Dies ermöglicht nicht nur relativchronologische Schlüsse, sondern erlaubt dann auch Wechsel, Entwicklungen, Kontinuität und Brüche im kulturellen Ablauf zu identifizieren und als Matrix für Siedlungsplätze mit kürzerer Geschichte zu verwenden.

In die chalkolithische Zeit gehören Hausarchitektur und große Gruben auf dem Haupthügel sowie ein kleines Dorf am Jebel Sartaba (südlich Tell al-Husn). Die rasante städtische Entwicklung des 3. Jts. v. Chr. ist auch in Pella gut belegt, wo sich am nördlichen Tell ein großes öffentliches Gebäude und eine massive Stadtmauer mit Türmen bzw. Verstärkun-

86

Landwirtschaft und Gewerbe gegründet war. So war es in Ägypten als Lieferant besonderer Hölzer, die sich für Wagenradspeichen eigneten, bekannt.

Nach dem späten 2. Jt. v. Chr. ist ein deutlicher Rückgang in der Siedlungsgröße und dem allgemeinen Reichtum der Stadt zu beobachten. Die eisenzeitlichen Wohnhäuser sind deutlich kleiner und weniger gut gebaut als ihre bronzezeitlichen Vorgänger. Wenn auch keine Erwähnung der Stadt im Alten Testament bekannt ist, so deutet der Fund zweier vierseitiger Kultständer aus Ton, die kleinen Türmen gleichen, doch auf die Anwesenheit kanaanitischer Kulte der Astarte, die den Israeliten so zuwider waren. Erst kürzlich erfolgte die Freilegung eines massiven Steingebäudes, das einen eisenzeitlichen Tempel (850 v. Chr. zerstört) darstellt. Er ist vorläufig als Migdoltempel, dem Baal geweiht, identifiziert und ist eventuell der größte seiner Art in der Levante. Diese neuen Ergebnisse haben eine Neubeurteilung Pellas in dieser Periode angeregt. Die Besiedlung hört an dieser Stelle des Tells jedoch für rund fünf Jahrhunderte auf.

Pella in der Dekapolis – Eine hellenisierte Stadt

Alexander und seine Nachfolger

Es gibt keinerlei Belege, daß Alexander auf seinem triumphalen Zug von Palästina nach Ägypten im Jahre 332 v. Chr. auch Pella besuchte, auch wenn Stephanos Byzantinos im 6. Jh. n. Chr. in seiner Ethnica (103–104) behauptete, daß Alexander Pella «gründete». Der römische Historiker Appian dagegen schrieb die Gründung zwischen 304 und 301 v. Chr. einem von Alexanders Nachfolgern, Seleukos I., zu, als dieser sein Reich in Syrien sicherte. Sollte dies der Fall gewesen sein, war die ursprüngliche Siedlung sicher sehr klein.

Die beiden auf Alexander folgenden Diadochenreiche, die Seleukiden in Syrien und die Ptolemäer in Ägypten, hatten langanhaltende Auseinandersetzungen über die Gebiete zwischen ihren jeweiligen Kernreichen (wie auch schon andere große Reiche vor ihnen). So finden sich Anzeichen ptolemäischer Anwesenheit während des späten 4. und frühen 3. Jhs. v. Chr., aber keine eigentlichen Siedlungsschichten (Abb. 86). Die hellenistische Festung auf dem Jebel Sartaba (Abb. 87) wurde wahrscheinlich während dieser Zeit gebaut, wenn auch nie beendet, und eine zeitgleiche Entstehung kann auch für die großen Verteidigungs-

gen aus der Frühen Bronzezeit fanden. Der südliche Hügel, Tell al-Husn, sieht mit seinen hohen, steilen Abhängen wie eine natürliche Zitadelle aus und zeigt über 10 m breite Steinfundamente aus der Frühen Bronzezeit, die eventuell Lehmziegelaufbauten trugen. Eine torähnliche Struktur läßt vermuten, daß es sich bei diesen massiven Anlagen wohl um Verteidigungsmauern einer Festung handelte. In der Frühen Bronzezeit sind zum ersten Mal sowohl beide Hügel besiedelt als auch die ersten großen Gebäude zu finden. Einen ersten Höhepunkt in Siedlungsausdehnung und -intensität erreicht die Stadt dann in der Mittleren und Späten Bronzezeit: Die Stadt ist von einer gewaltigen Stadtmauer aus Lehmziegeln und einem darüberliegenden Glacis umgeben. Diese Stadtmauer erlebte zahlreiche Ausbesserungen und Veränderungen, blieb aber in ihrer Grundsubstanz für lange Zeit bestehen, so daß sie auch für die Siedlungen späterer Perioden als Stütze diente und gleichzeitig den Rahmen bildete, auf dem sich der eigentliche Tell aufbauen konnte. In die Späte Bronzezeit gehören sowohl ein großes, palastartiges Gebäude als auch zahlreiche Gräber. Besonders das Grab T. 62 war mit seinen über 2000 Funden ein guter Beleg für die internationalen Beziehungen Pellas besonders nach Ägypten. Das bronzezeitliche Pella war ein nahezu unabhängiger Stadtstaat, mit Königen und Prinzen und einer Wirtschaft, die auf Handel,

Pella – Die Stadt am Jordangraben

mauern und Türme angenommen werden, die sich auf den Höhen östlich des Haupthügels befinden (Abb. 88). Polybios berichtet, daß Pella zu den Orten gezählt wurde, die bereits 218 v. Chr. von Antiochos III. eingenommen worden waren (Historia V: 70–71), obwohl erst der Sieg in der Schlacht von Panion 200 v. Chr. den Seleukiden die endgültige Kontrolle des Gebietes gab. Die Ergebnisse der archäologischen Untersuchungen zeigen, daß das Leben in Pella in dieser Zeit plötzlich wieder aufblühte. Die Häuser hatten wieder eine gewisse Größe und waren gut gebaut (Abb. 89), die Wände und Böden waren verputzt und verziert, die Bewohner importierten teure Güter aus dem Mittelmeerraum, besonders Griechenland, und entwickelten eine Vorliebe für rhodischen Wein.

Nördlich von Pella wurde auf dem Jebel Hammeh eine weitere hellenistische Festung gebaut, was durch Gebrauchskeramik und zahlreiche Wurfgeschosse ausreichend belegt ist (siehe Abb. 88). Alle Verteidigungsanlagen konnten Pella aber nicht retten, als der jüdische König Alexander Jannäus die Stadt 83–82 v. Chr. erst belagerte und dann eroberte (Josephus, JA XIII, 392–397). Die archäologischen Belege unterstützen diese schriftliche Überlieferung in beeindruckender Weise, da überall dort, wo hellenistische Reste gefunden worden sind, immer auch deutliche Zeichen der Zerstörung wie Brandschichten und Schutt festgestellt wurden. Diese Zerstörungsschichten beinhalten zahlreiche Funde, so auch eine Münze von Antiochus XII (88–84 v. Chr.). Schriftliche und archäologische Quellen zeigen, daß Pella umfassend hellenisiert wurde und dieser Zustand über mehrere hundert Jahre anhielt.

Roms Eroberungszug

Zwei Dekaden nach dem Zug des Jannäus, im Jahre 63 v. Chr. marschierte der römische General Pompejus durch

Abb. 86 Kalksteinkopf einer Großkatze, eventuell eines Panthers (frühhellenistisch, spätes 4. Jh. v. Chr.). Der Kopf wurde von einem Bauern beim Pflügen auf den tabaqat gefunden.

Abb. 87 Reste der hellenistischen Verteidigungsanlage auf Jebel Sartaba.

Abb. 88 Blick von Pella nach Nordosten; in der Mitte des Bildes sind auf Jebel Hammeh die Überreste einer hellenistischen Verteidigungsanlage zu erkennen.

die Region um Pella, befreite sie aus der Kontrolle der Hasmonäer und überführte das Gebiet gleichzeitig in das römische Reich, indem er es der Provinz Syrien angliederte. Wann und wie der Bund der 10 (und mehr) Dekapolis-Städte zustande kam, ist nicht genau zu klären, aber es ist unwahrscheinlich, daß er in voraugusteischer Zeit gegründet wurde.

Unter den öffentlichen Gebäuden aus römischer Zeit in Pella ist ein Odeion aus dem späten 1. Jh. n. Chr. erhalten, das wohl auch für politische Versammlungen genutzt wurde (Abb. 90). Direkt daneben befindet sich eine größere, etwas früher datierte Anlage mit einer apsidialen Mauer oder *Exedra* und einigen späteren tonnengewölbten Anbauten, die als Badehaus identifiziert wurde. Beide Gebäude liegen im Wadi Jirm, in der Senke zwischen den beiden Hügeln, und in einem Bereich, den der Ausgräber «civic complex» (Städtisches Zentrum) nannte (Abb. 91). Dicht bei dieser Stelle tritt heute das Quellwasser an vielen Stellen zutage und da der moderne Wasserspiegel mehrere Meter über dem antiken liegt, ist der Boden der antiken Gebäude unter einigen Metern feuchtem Erdreich begraben. Daher konnten weder Bad noch Odeion vollständig ausgegraben werden, so daß auch die Geschichte der Gebäude nicht vollständig rekonstruiert werden konnte. Anlage und Ausrichtung der Bauwerke lassen aber vermuten, daß das Wadi ursprünglich schmaler und tiefer gewesen ist und das Wasser durch Röhren und Kanäle geleitet und kontrolliert worden ist. Andere Strukturen wie ein Nymphäum und eine lange Kolonnade (sei es entlang einer Straße oder einen offenen Platz umgebend) sind von Münzbildern bekannt, die in Pella selbst geprägt worden sind, und lagen wahrscheinlich ebenfalls im Wadi Jirm. Damit hätte sich das öffentliche Zentrum der klassischen Stadt auch in der geographischen Mitte, zwischen den zwei Siedlungshügeln, befunden. Besonders der Haupthügel trug zu diesem Zeitpunkt schon Jahrtausende alte Siedlungsreste, so daß es die Planer der

Pella – Die Stadt am Jordangraben

antiken Stadt wohl einfacher fanden, eine griechisch-römische Stadt mit großen öffentlichen Gebäuden und freien Plätzen in dem relativ unbebauten Wadi Jirm zu planen. Vermutlich erreichte man die Stadt von Westen kommend auf der Nordseite des Wadi Jirm, wo der öffentliche Bereich, wahrscheinlich in Form eines Forums, betreten wurde. Bei hydrologischen Untersuchungen durch die jordanische Regierung fanden sich vor einigen Jahren Steinplatten und Abwasserrohre mehrere Meter unter der heutigen Oberfläche. Auch die römische Straße nach Jerasch verließ Pella wohl auf diesem Wege entlang der Westseite Tell al-Husns, bog um den Tell nach Süden, um erst nach einigen Kilometern schließlich nach Osten in Richtung der Berge einzubiegen. Einige Meilensteine dieser Straße konnten südlich von Tell al-Husn *in situ* gefunden werden.

Eine der römischen Münzen aus Pella zeigt einen Tempel mit Giebel auf einem hohen Berg, an dessen Fuß eine Kolonnade verlief (Abb. 92). Der Tempel steht auf einer großen Plattform mit tonnengewölbten Substruktionen. Der Berg ähnelt dem südlichen der beiden Hügel, Tell al-Husn, und Untersuchungen auf diesem Tell haben Ruinen erbracht, die zu einem Tempel und seiner Umgebung gehört haben mögen. Eine wuchtige Stützmauer, auf der noch wenige Reihen qualitätvollen Quadermauerwerks erhalten ist, verläuft an der südwestlichen Ecke des unteren und mittleren Hügelabschnitts. Damit verbunden ist ein massiver Steinboden,

Abb. 89 Im Vordergrund sind Grundmauern eines hellenistischen Hauses aus dem frühen 1. Jh. v. Chr. zu sehen, die bis zum Fußbodenniveau durch spätere Gebäude zerstört wurde. Die größere Mauer im Hintergrund ist byzantinisch (6. Jh. n. Chr.).

Abb. 90 Blick nach Norden auf die Stadtmitte mit dem «civic complex» (von Tell al-Husn). Das römische Odeion und die byzantinische Kirche sind erkennbar, während das römische Bad, das zum Zeitpunkt des Photos noch nicht ausgegraben war, links der Treppe unter dem Sand verborgen ist.

Abb. 91 Schematischer Plan des «civic complex» (Smith 1989, fig. 2).

Abb. 92 Umzeichnung einer Münze aus der Zeit des Commodus von 183/184 n.Chr., die in Pella geprägt wurde. Erkennbar ist ein hexastyler Tempel auf einer Hügelkuppe und andere Strukturen wie eine längere Kolonnade am Fuße des Hügels (Khouri 1990, nach Smith 1989).

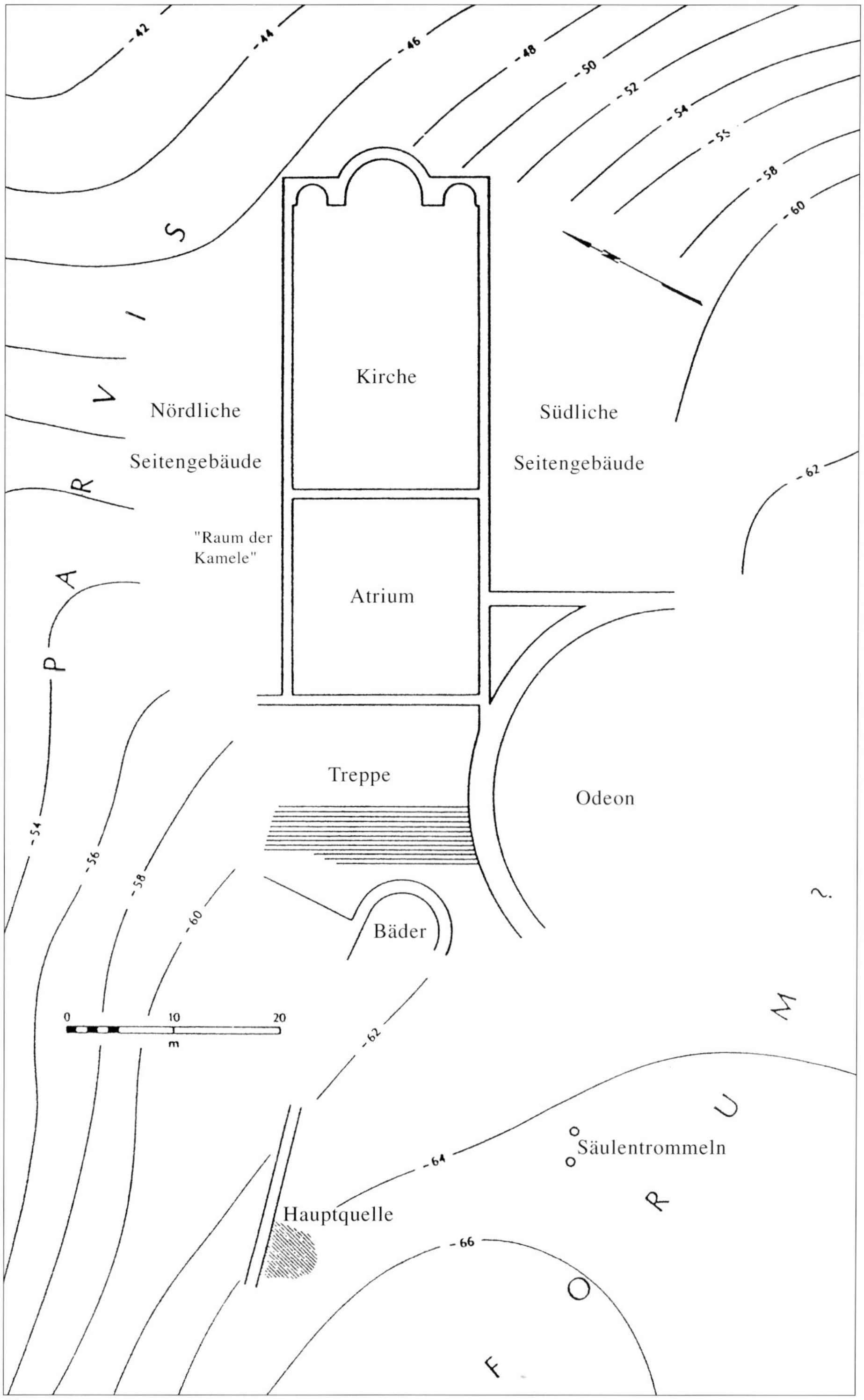

der einen von Ost nach West verlaufenden Stylobat mit einer gut gearbeiteten Säulenbasis trägt. Hierbei handelt es sich um die letzten Überreste der aufgehenden Architektur, da das Gebäude in byzantinischer Zeit ausgeraubt wurde. Es ist durchaus möglich, daß es sich um die Reste der Mauer des Heiligtums und des Innenhofes handelt; jedenfalls sind es Teile einer großen öffentlichen Anlage. Am nördlichen Ende des unteren Hügelbereichs, gerade noch aus dem darüberliegenden, sandigen Schutt ragend, liegt ebenfalls ein feingeformter Stylobat *in*

situ und dicht daneben sind große, abgestürzte und reich verzierte Architravblöcke sowie einige Säulentrommeln zu sehen. Diese Gebäudefragmente überblicken das Wadi Jirm und damit das ehemalige Zentrum der antiken Stadt, verlockenderweise von genau der Position, die der Tempel auf den Münzen einnimmt. Im Moment ruhen die Geheimnisse noch in der Erde, da an dieser Stelle keine Grabungen stattgefunden haben, aber die teilweise Freilegung eines großen Gebäudes auf der Hügelkuppe hat eine lange Tradition an dieser Stelle aufgezeigt, die im 1.–2. Jh. n. Chr. beginnend bis in das 7. Jh. n. Chr. reicht. Die Grabung ist aber räumlich zu begrenzt, um die ursprüngliche Bedeutung des Gebäudes zu erfassen, da es während der langen Zeit seiner Benutzung immer wieder umgebaut wurde.

Sehr viel Information zum römischen Pella stammt aus den Gräbern. Die Hügelketten um Pella sind mit Gräbern aus der Bronzezeit, Eisenzeit, römischen und hellenistischen Periode regelrecht «durchlöchert». Schon die frühen Reisenden hatten von gebauten Gräbern (Mausoleen) auf den *tabaqat* westlich des Haupthügels und weit verstreuten Sarkophagfragmenten berichtet, aber Ackerbau und die Errichtung des modernen Dorfes haben die Reste dieser Nekropole überdeckt. Die meisten heute noch sichtbaren römischen Gräber wurden in den weichen Fels südlich von Tell al-Husn geschlagen. Sie haben meist einen bearbeiteten Zugang (*dromos*) und einen geschlagenen oder gebauten Eingang mit einer Steintür. Innen gehen verschiedene *loculi* (rechteckige Kammern) von einer zentralen Kammer ab und beherbergen in den Fels geschlagene Grabanlagen, Steinsarkophage oder hölzerne Särge (Abb. 93).

In einigen Gräbern fanden sich große Holzbalken, mit denen die Decke abgestützt wurde.

Pella liegt in einem tektonisch außerordentlich aktiven Gebiet, dem jordanischen Grabenbruch, wo sich die afrikanische und asiatische Kontinentalplatte berühren. Das ganze Kalkgestein um Pella war daher schon seit jeher verschiedensten Formen des Drucks und unterschiedlichen Spannungen ausgesetzt, die sich in ständigem Auffalten, Verschiebungen und anderen Bewegungen ausdrücken. Diese Bewegungen hinterlassen instabiles Gestein; es ist daher nicht verwunderlich, daß fast alle Gräber mehr oder weniger eingestürzte Decken haben. Dies scheint bereits in der Antike ein häufig auftretendes Problem gewesen zu sein, was vielleicht erklären könnte, warum die Gräber im Gegensatz zu den gleichzeitigen Exemplaren in Abila wenig verziert waren; so sind bemalter Verputz oder architektonische Verzierungen selten zu finden. Die Grabbeigaben wie Glas, Elfenbein, Tonfigurinen, Keramik, Lämpchen und Schmuckgegenstände liefern uns aber Informationen über die ökonomischen Beziehungen und kulturellen Einflüsse (Abb. 94). Viele dieser Gräber wurden über Generationen von der gleichen Familie benutzt, einige über 300 Jahre lang. Dies belegt Stabilität und Kontinuität in der Bevölkerung des ständig wachsenden römischen Pella.

Das Bild einer hellenisierten Stadt wird auch durch andere historische Berichte unterstützt. Der zeitgenössische Historiker Josephus beschreibt das Massaker an den Juden in Caesarea im Jahre 66 n. Chr., zu Beginn des Ersten Jüdischen Kriegs (Josephus, BJ II. 457–465). Als Reaktion plünderten Banden Dörfer und Städte in der Provinz Syrien, so auch die Dekapolis-Städte Pella, Skythopolis, Gerasa, Gadara und Philadelphia. Nur wenig später in diesen Zeiten voller Wirren erhielten die ersten Christen in Jerusalem eine Warnung, daß die Römer planten, die Stadt zu zerstören. Sie reagierten auf diese Warnung und flohen nach Pella; so wird es von Eusebius, einem Kirchenhistoriker aus dem 4. Jh. n. Chr. überliefert. Unter der nördlichen Apsis der Westkirche fand sich ein christlicher Sarkophag, den der Ausgräber R. H. Smith in das späte 1./frühe 2. Jh. n. Chr. datiert. Er nahm auch an, daß der Sarkophag aus einem Mausoleum kam, dem Vorgängerbau der Kirche. Wenn das der Fall ist, müßte es sich um eine bedeutende Persönlichkeit aus diesen Tagen der Immigration gehandelt haben. Andere archäologische Belege für die Ankunft und Siedlung christlicher Gruppen liegen nicht vor,

aber G. Schumacher berichtete im 19. Jh., daß er in den Felsen geschlagene Tunnel zwischen den Abhängen des Wadi Jirm und der Westkirche gefunden habe, die er als klösterliche Wohnhöhlen interpretierte. Der 1996 durchgeführte Survey zeigte, daß diese Höhlen und Gänge Teil eines römischen Wassersystems waren, das wohl landwirtschaftlichen und gewerblichen Zwecken im Westen der Stadt diente. Oberhalb dieser Tunnel fand sich aber ein rätselhaftes Höhlensystem mit fünf Wohnhöhlen, das Schumacher nicht gesehen hatte. Die Höhlen waren in den Fels geschlagen worden und der Eingangstunnel war so angelegt, daß er von außen kaum sichtbar war. Diese Höhlen würden zu Schumachers Theorie passen, erbrachten aber keinerlei datierbares Material.

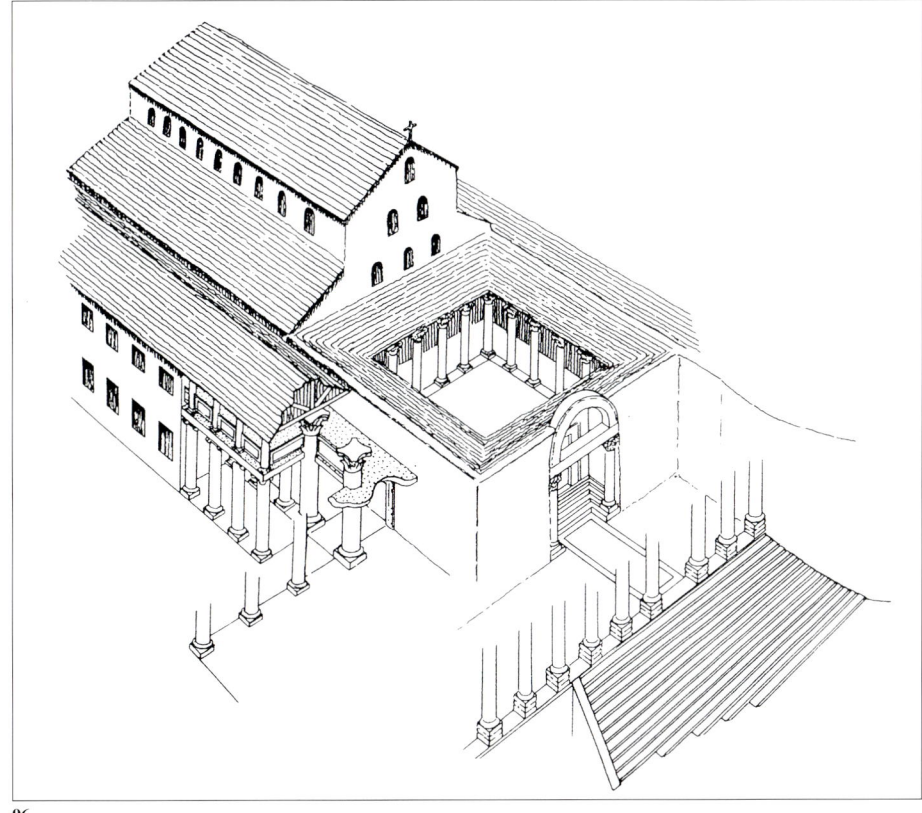

Abb. 93   Ein römischer Holzsarkophag aus Grab 54 (1.–2. Jh. n.Chr.).

Abb. 94   Römisches Glas und römische Keramik aus Grab 54 (1.–2. Jh. n.Chr.). Nur fünf der 13 loculi konnten ausgegraben werden, bevor der Einsturz der Decke die Ausgrabungsarbeiten beendete.

Abb. 95   Natürliche Steinbrücke über das Wadi Hammeh auf dem Weg zum Badehaus.

Abb. 96   Rekonstruktionsversuch der Kirche im Stadtzentrum «civic complex», Phase 3 aus dem frühen 7. Jh. (Smith 1989, fig. 27).

Pella ist berühmt für seinen Wasserreichtum. Aber es sind wohl nicht nur die Quellen in Wadi Jirm, die Anlaß für diesen Ruhm boten. Der *Jerusalem Talmud*

(6,1) berichtet sogar über einen Rabbi, der im späten 3./frühen 4. Jh. n. Chr. nach Pella zu den heißen Quellen reiste (die nachbarschaftlichen Beziehungen schienen sich also verbessert zu haben). Zwei Kilometer nördlich der Stadt liegen die heißen Quellen von Hammamat Abu Dhabli im Wadi al-Hammeh. Heute steht am Nordufer des Wadis ein einfach gebautes Badehaus für die lokale Bevölkerung, das aber einige antike Quader und Säulentrommeln enthält, während andere Säulenfragmente weiter hangabwärts geschwemmt worden sind. Der Zugang zum

Abb. 97   Blick von der Ostkirche nach Westen ins Jordantal. In der Mitte erhebt sich Tell al-Husn steil aus dem Wadi Jirm, während der Tell von Khirbet Fahl auf der rechten Seite liegt. Die Säulen des «civic complex» sind rechts der Mitte erkennbar.

Abb. 98   Beispiele bemalten Putzes aus der Ostkirche.

Abb. 99   Byzantinisch-omajjadische Häuser im östlichen Viertel von Khirbet Fahl im Zustand nach dem Erdbeben von 750. Der Blick geht nach Süden auf den Tell al-Husn.

Abb. 100   Einer der Ställe in der byzantinischen «Garnison» auf der Kuppe von Tell al-Husn. In der Mitte des 7. Jhs. wurden die Gebäude in eine Küche umgewandelt.

Abb. 101   Terrakottafigurine «Mutter und Kind». Dieses Motiv ist ein bekannter christlich-byzantinischer Typ aus der Region (6. Jh.).

Abb. 102   Die Archäologinnen beim Freilegen von zwei der verbrannten Opfer.

Badehaus existiert von Süden her über eine natürliche Felsbrücke (Abb. 95), die sich hoch über das Wadi wölbt. Reste verschiedener Strukturen waren an der Nordseite der Brücke seit langem sichtbar, auch wenn der Abhang zum Wadi mit umfangreichen Schichten alluvialer Anschwemmungen bedeckt war. Vor wenigen Jahren hat aber eine sehr starke Flutwelle (nach den Frühjahrsregen) das Wadibett wesentlich tiefer eingegraben, so daß der Wasserspiegel um 2–3 m sank. Das moderne Badehaus stand bereits oberhalb des Wasserspiegels, so daß nun mehrere Meter Profil unterhalb freigewaschen sind. Dort sind die beeindruckenden Mauerreste eines Gebäudes erkennbar, die zum originalen römischen Badehaus gehören müssen; wesentlich tiefer gebaut als sein bescheidener Nachfolgebau und bisher vollkommen von Schwemmsand überdeckt. Die Keramik, die reichlich aus diesem Profil ausgeschwemmt wurde, datiert das Gebäude in die römische Zeit mit einer Fortsetzung in der byzantinischen Periode. Bevor eine Untersuchung dieser Reste vorgenommen werden konnte, wurde das ganze Gebiet abgebaggert und die Gebäudereste zerstört. Auf dem Abhang an der Südseite der Brücke belegt ein gerade durchgeführter Survey in der Umgebung die Existenz eines bedeutenden byzantinischen Gebäudekomplexes, der wahrscheinlich in Zusammenhang mit der Benutzung der Badegelegenheit stand. Im nördlichen Hang verborgen wurde auch ein Aquädukt aus gebrannten Ziegeln gefunden, das vom östlichen Bereich des Wadis zum Badehaus führte.

Auf dem Haupthügel finden sich Reste von gut gebauten Mauern aus spätrömischer Zeit (3.–4. Jh. n. Chr.) und Zeichen für eine substantielle Neugestaltung der häuslichen Bereiche im Südosten. An das Bad innerhalb des «civic complex»

103

wurde eine Reihe von Gewölben angebaut. Die meisten Reste aus dieser Zeit und praktisch die gesamte frührömische Wohnbebauung in den untersuchten Gebieten (dem West- und Ostschnitt) wurden durch großangelegte byzantinische Projekte vollkommen entfernt. Die Oberflächenbegehung erbrachte spätrömische Keramikbrennöfen auf dem nördlichen Plateau des Wadi Jirm, ca. 600 m westlich der Stadt.

Die christliche Stadt

Die Etablierung des christlich-byzantinischen Reiches im 4. Jh. n. Chr. markierte den Beginn einer langen Periode, die von Frieden, Wachstum und internationalen Kontakten gekennzeichnet war. Die Bischöfe von Pella werden in den Berichten der internationalen Konzile zwischen dem 4. und 6. Jh. immer wieder erwähnt. Drei Kirchen sind aus Pella bekannt, noch heute die am weitesten sichtbaren Denkmäler am Ort. Die größte der Kirchen im «civic complex» zwischen Odeion und Bad liegend, ist mit ihren Anfängen aus dem frühen 5. Jh. auch die älteste (Abb. 90. 91). Pella wurde in der 2. Hälfte des 4. Jhs. Bischofssitz und diese zentrale Kirche wurde wahrscheinlich als Kathedrale der Stadt gebaut. Viele Elemente des Baus sind wiederbenutzte Spolien aus den römischen Gebäuden der Umgebung, ein in byzantinischer Zeit oft zu beobachtendes Phänomen. Die Kirche scheint auf einem gepflasterten, großen, offenen Hof nördlich des Odeion und östlich des Bades gebaut worden zu sein. Stützmauern und Füllungen dieser Terrasse konnten unter den Kirchenmauern gefunden werden. Es fanden sich aber keine Reste eines Tempels, der sehr wohl mit einem solchen Hof in Zusammenhang gebracht werden könnte und auch als wahrscheinlichste Quelle der wiederverwendeten Architekturteile in Frage kommt. Das gleiche gilt auch für die beiden anderen Kirchen – es gibt keine Belege für kultische Vorgängerbauten.

Die Kirche in der Stadtmitte besaß einen beeindruckenden, von Kolonnaden umgebenen Vorhof oder *Atrium*, von dem drei Türen in das von Säulen gerahmte Mittelschiff und zwei Seitenschiffe führen. Die eingebaute Apsis am Ende des Mittelschiffs wurde in der 2. Hälfte des 6. Jhs. durch einen Bau mit dreiapsidalem Grundriß ersetzt. Diese Maßnahme wurde durch andere Umbauten ergänzt, die das ganze Gebäude eindrucksvoller gestalten sollten. Ein Eindruck der ehemals aufwendigen Innengestaltung kann durch die Überreste des polychromen Fußbodenmosaiks und der in Muster gelegten Steinfliesen, durch die Fragmente von Mosaiken und Wandinkrustation und schließlich durch die Reste von Glasmosaiken in den Apsiden gewonnen werden. Die Fenster waren aus Glas und die Altarschranken aus verziertem Marmor. Im frühen 7. Jh. wurden weitreichende bauliche Veränderungen vorgenommen, wovon die einschneidenste sicherlich die Konstruktion eines monumentalen, von Westen kommenden Eingangs zum Atrium war. Dies schloß den Bau einer grossen Treppe aus Richtung des nun nicht mehr genutzten Bades ein (Abb. 96); die Stufen begannen auf einem weiter westlich liegenden Fußboden, der sich über die Exedramauer des Bades zog. Zahlreiche Sitze des ebenfalls aufgegebenen Odeons wurden zu ihrer Konstruktion benutzt. Der Treppenaufgang führte auf eine neue Terrasse, die eine Reihe frühbyzantinischer Läden im Westen des ursprünglichen Atriums überdeckte. Diese Läden waren im 6. Jh. bereits ein erstes Mal verfüllt worden, um Räume auf einem höheren Niveau zu erhalten; das dazugehörige Straßenniveau war ebenfalls erhöht worden und nun verschwand alles unter der neuen Terrasse. Dieses stetige Anwachsen des Siedlungsniveaus während der byzantinischen Periode spiegelt das ebenso stetige Steigen des Grundwasserspiegels wider. Zu diesem Zeitpunkt waren das ursprüngliche Forum und die damit verbundenen Gebäude auf niedrigerem Niveau nicht mehr nutzbar. Ein Grund für das Ansteigen des Wasserpegels könnte in der unzureichenden Wartung des römischen Abwassersystems liegen. Auch die zunehmende Entwicklung der großen Gärten im Westen des Wadis, mit ummauerten Abgrenzungen, Alluvialablagerungen und eingeschränktem Wasserabfluß könnte dazu beigetragen haben.

Im späten 5. Jh. wurde die Ostkirche außerhalb des eigentlichen Stadtgebietes auf einer erhöhten Position am Hang des Jebel Abu al-Khas gebaut (Abb. 97). Der Aufgang führte über eine monumentale, von Westen heranführende Treppe und nach Westen ging auch der Blick in das Jordantal. Wie die umgebaute Kirche in der Stadtmitte und auch die Westkirche hat die Ostkirche ein von Kolonnaden umgebenes Atrium und einen dreiapsidialen Abschluß. Mosaikböden sind anscheinend nicht vorhanden gewesen, aber die Oberflächen waren mit Marmor und Lehm verkleidet und in den Apsiden und Schiffen fanden sich dreifarbige *opus sectile*-Böden. Die Wände waren im unteren Bereich mit dünnen Marmorplatten inkrustiert, während der obere Bereich verputzt und mit nicht-figürlichen Motiven bemalt war (Abb. 98). Die Halbkuppeln der Apsiden waren mit feinen Glasmosaiken ausgestattet. Im Norden der Kirche liegt eine bislang nicht ausgegrabene Kolonnade, die wohl zu einem Nebengebäude gehörte. Zu diesem Zeitpunkt füllte sich der gesamte Bereich

Abb. 103 Blick nach Westen auf die mamlukische Moschee auf Khirbet Fahl (13.–16. Jh.). Das Grabungshaus ist in der Mitte links zu erkennen, dahinter sind die roten Flächen der tabaqat erkennbar. Die Kreuzung des Jordantals mit dem Esdraelon-Tal ist am Horizont sichtbar.

zwischen der Ostkirche und dem Haupthügel mit Bauten.

Auch die Westkirche liegt außerhalb des eigentlichen Stadtgebietes am Beginn der *tabaqat* westlich des Haupthügels. Aussehen wie Einrichtung ähneln den beiden anderen Kirchen. Das Hauptschiff hatte einen Mosaikboden, während die anderen Böden mit *opus sectile* ausgelegt waren. Oberhalb der Marmorverkleidung der unteren Wandteile scheinen die Mauern der Westkirche mit schlichten, weißen Mosaiken und nicht mit Verputz dekoriert gewesen zu sein. Die Dachstühle aller Kirchen bestanden aus Holz, sie waren mit Dachziegeln (Mönch und Nonne) belegt; höchstwahrscheinlich befand sich über dem Hauptschiff ein Lichtgaden. Das Baudatum der Westkirche ist nicht mit Sicherheit festzulegen, wird aber auf das 2. Viertel des 6. Jhs. geschätzt. Der Bau könnte Teil von Kaiser Justinians großangelegtem Kirchenbauprogramm für das Heilige Land gewesen sein.

Die Lage aller drei Neubauten zeigt, daß der Platz in dieser ständig wachsenden Stadt sehr begrenzt war. Im 5. und 6. Jh. erreichte Pella die größte Ausdehnung seiner Geschichte; die Stadt breitete sich über beide Hügel aus und war über die natürlichen geographischen Grenzen hinausgewachsen. Selbst der steile, nördliche Abhang von Tell al-Husn, der normalerweise den Gräbern vorbehalten war, wurde mit byzantinischen Häusern besiedelt, die z. T. in Höhlen hineingebaut worden waren und durch Räume vor dem Höhleneingang erweitert wurden. Es gibt keine Anzeichen für eine Stadtmauer, und die große Zahl von unbefestigten Einzelfarmen und ähnlichen Anlagen in der Umgebung der Stadt deuten auf ein Gefühl der Sicherheit und die Möglichkeit ungestörter Entwicklung. Im 2. Viertel des 6. Jhs. wurde das östliche Wohngebiet (auf dem Haupthügel) weiter urbanisiert, was die planmäßige Anlage von Straßen, Läden und Häusern beinhaltete. Die Mauern wurden sehr solide mit tiefen Fundamenten, die bis in die hellenistischen Schichten hinabreichen, gebaut, so daß alle Belege für die Besiedlung in den dazwischenliegenden Perioden entfernt wurden. Die Häuser waren zweistöckig, der untere Stock wurde aus Stein, der obere aus Lehmziegeln und *pisé* gebaut und sie standen dort für fast 200 Jahre, bis sie vom Erdbeben in der Mitte des 8. Jhs. zerstört wurden (Abb. 99). Weniger repräsentative Gebäude finden sich auch auf Tell al-Husn, wo monumentale Architekturfragmente des vermuteten Tempels und religiösen Bezirks zum Bau benutzt wurden. Auf der Hügelkuppe befindet sich ein großes Gebäude, das an eine frührömische Struktur angebaut wurde. Die Räume haben standardisierte Maße, öffnen sich auf einen zentral gelegenen Hof und haben alle eine mit Fenstern versehene Zwischenwand, welche die Räume in ein Drittel zu zwei Dritteln unterteilt (Abb. 100). Identisch aussehende Einrichtungen sind auch in der Unterstadt des 8. Jhs. gefunden worden, wo sie eindeutig als Futterkrippen identifiziert werden konnten; auch im Negev und im Hauran finden sich Ställe mit ähnlichen Einbauten. Die Ställe befinden sich also an einem unzugänglichen Platz (auf dem steilen Tell al-Husn), dessen hauptsächlicher Wert in der strategischen Lage und den Möglichkeiten als Beobachtungsposten bestand. Dies läßt vermuten, daß es sich bei der Besatzung der vermutlichen Festung um eine kleine berittene Einheit mit Polizeifunktion handelte. Pella bietet zu dieser Zeit das Bild einer Stadt, die dicht besiedelt ist und urbanen Charakter hat, mit intensiven regionalen Beziehungen und internationalen Kontakten rund um das Mittelmeer (Abb. 101). Feine irdene Gefäße wurden aus Nordafrika, Zypern und Anatolien genauso importiert wie aus den wesentlich näher liegenden Produktionsstätten in Gerasa oder Skythopolis. Wein aus Gaza, Syrien und anderen levantinischen Quellen erreichte die Stadt in den jeweils typischen Amphoren. In den letzten Jahren durchgeführte Oberflächenuntersuchungen haben gezeigt, daß auch im Hinterland von Pella Wein produziert wurde. Zahlreiche kleine Weinpressen sind Zeugnisse lokaler Industrie, die über die Gegend verstreut sind. Dies könnte auch die Häufigkeit der grauen, weißbemalten, beutelförmigen Amphoren erklären, die sich überall in Pella finden lassen.

In der spätbyzantinischen Periode, also im späten 6. und frühen 7. Jh., deuten sowohl der Zustand der Wohnviertel als auch der Kirchen einen gewissen Niedergang der Stadt an. Erneute Umbauten zeigen, daß nun auch Tiere in den Häusern gehalten werden, wo die Innenhöfe zugunsten der Räume vergrößert wurden. Die Bevölkerungszahl scheint zurückgegangen zu sein. Die Levante wurde in byzantinischer Zeit immer wieder von der Pest heimgesucht, die ihre Auswirkungen wohl auch in Pella hatte: Zahlreiche bereits existierende spätrömische und frühbyzantinische Gräber wurden zu diesem Zeitpunkt erneut belegt und zwar so, daß die Verstorbenen überall hineingelegt wurden, wo sich irgendwie Platz bot.

Der persische Eroberungszug von 610–614 trug wahrscheinlich weiter zum allgemeinen Niedergang bei, wenn auch kaum archäologische Belege aus dieser Zeit vorliegen. Der Vormarsch der islamischen Armee traf jedenfalls auf eher ungeordnete Verhältnisse und wenig Widerstand (siehe Beitrag Walmsley). Eine der entscheidenden Schlachten fand nahe bei Pella statt und ging als die Schlacht von Fihl in die Geschichte ein. Generell scheint sich von der byzantinischen zur islamischen Periode nur wenig zu ändern; es gab keine plötzliche Konvertierung der Bevölkerung zum moslemischen Glauben, sondern einen langsamen Niedergang der Stadt, der vielleicht durch Katastrophen wie das Erdbeben von 659 beschleunigt wurde. Zerstörungen im östlichen Wohnviertel, die von diesem Erdbeben herrührten, blieben unrepariert. Die Überlebenden siedelten also z. T. zwischen Ruinen. Auch die Kirchen wurden in Mitleidenschaft gezogen, und die Ausbesserungen blieben Stückwerk: So scheint die Ostkirche kein Dach mehr über dem Mittelschiff gehabt zu haben, und viele Ausschmückungen des Innenraums gingen verloren. Es gibt aber keinerlei Anzeichen, daß die Kirchen in Moscheen umgewandelt wurden. Die kleine Festung auf dem Tell al-Husn wurde erst in einen Wohnbereich umstrukturiert, was sehr wohl mit der islamischen Eroberung zusammengehangen haben könnte, und dann vollkommen verlassen. Nach dem Erdbeben von 659 gibt es auf dem Tell al-Husn keine erwähnenswerte Siedlungstätigkeit mehr.

Das islamische Pella

Das omajjadische Pella wurde durch ein Erdbeben in der Mitte des 8. Jhs. fast vollständig zerstört. Es kam so plötzlich, daß sich nicht einmal die Katzen aus den zusammenbrechenden Häusern retten konnten. Diese Katastrophe blieb als Momentaufnahme erhalten, die erst die Archäologen 1200 Jahre später wieder aufdecken konnten (Abb. 102).

Die wenigen Überlebenden bauten eine neue, abbasidische Siedlung im Wadi Khandak, nördlich des bisherigen Haupthügels von Pella. Kleinere Aktivitäten auf dem Haupthügel sind durch wenige Gruben dort belegt. Aus mamlukischer und frühosmanischer Zeit (13.–16. Jh.) sind hauptsächlich eine kleine Moschee (Abb. 103), ein langbenutzter Friedhof und einige dörfliche Häuser bekannt. Diese Siedlung war klein und unbedeutend und erinnerte somit kaum mehr an die blühende städtische Kommune der römisch-byzantinischen Zeit und die glänzenden Tage, als Pella noch eine der Dekapolis-Städte war.

Gideon Foerster
Yoram Tsafir

Skythopolis – Vorposten der Dekapolis

Einleitung

Die Ausgrabungen der Hebräischen Universität in Beit Shean (Skythopolis) begannen 1980–81 in Kooperation mit dem Israelischen Antikendienst. Die Arbeiten wurden 1986, wieder in Zusammenarbeit mit dem Antikendienst, erneut aufgenommen und setzen sich bis heute fort. Jedes Jahr wird etwa vier Monate im Feld gearbeitet und die Aufarbeitung des Materials sowie die Vorbereitungen der Publikation beanspruchen die restliche Zeit.

Das Untersuchungsgebiet liegt hauptsächlich im Nordosten des Stadtzentrums und ist durch säulengerahmte Straßen und öffentliche Gebäude aus römischer und byzantinischer Zeit gekennzeichnet. Am Ende der byzantinischen und in der arabischen Periode gab es in diesem Gebiet auch Wohngebäude und Werkstätten. Der untersuchte Bereich erstreckt sich entlang des südlichen und nördlichen Hang des Nahal 'Amal und über den Sattel zwischen Nahal 'Amal und Nahal Harod (Abb. 104). Weiter südlich und westlich liegen die benachbarten Ausgrabungsareale des Antikendienstes. Auch das römische Amphitheater und seine Umgebung auf einem Hügel südlich des Stadtzentrums wurden von uns ausgegraben. Diese beiden Bereiche wollen wir im folgenden vorstellen, wobei das Stadt-

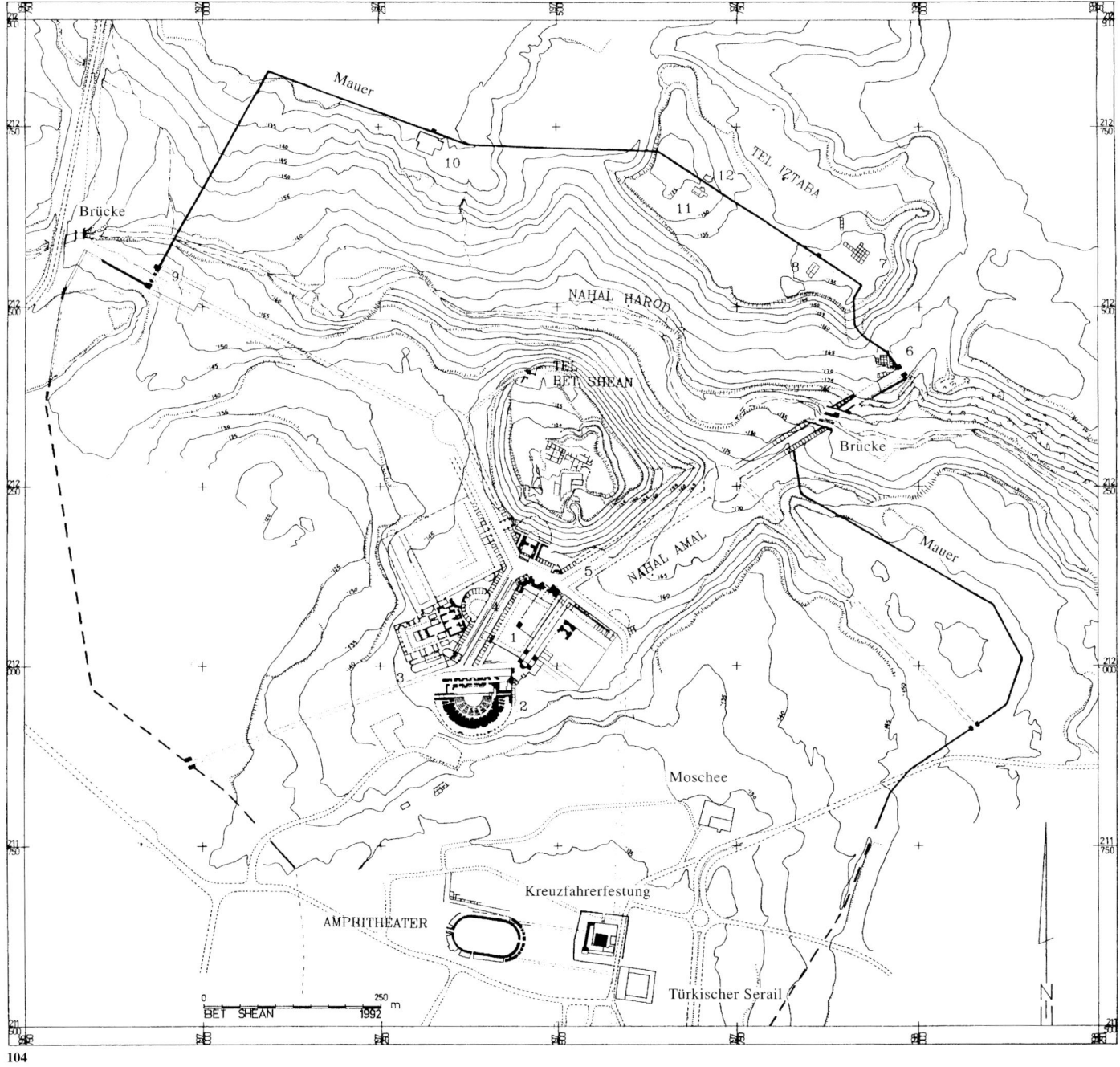

104

Skythopolis – Vorposten der Dekapolis

zentrum in seiner baulichen Entwicklung chronologisch behandelt wird.

Das Stadtzentrum im Tal des Nahal 'Amal und auf dem nordöstlichen Hang des Tell Beit Shean

Die hellenistische und frührömische Periode (bis zum 1. Jh. n. Chr.)

Im Bereich der Grabungen der Hebräischen Universität fanden sich nur sporadisch Funde (wenig Keramik, steinerne Webgewichte und ein Keilschriftbrief auf einem Tonzylinder) aus der Zeit vor dem 1. Jh. n. Chr. Diese wesentlich früheren Funde stammen hauptsächlich aus dem Abraum der Grabungen der Universität von Pennsylvania in den 20er und 30er Jahren des 20. Jhs. Aus der hellenistischen Periode, als Beit Shean eine *polis* war, und Nysa-Skythopolis hieß, wurde nur Keramik aber kein Zeichen einer festen Siedlung gefunden. Die hellenistische Siedlung befand sich vielmehr nur auf dem Tell selbst und auf dem benachbarten Tell Istaba, nördlich des Nahal Harod (Abb. 104,7). Noch wagten es die Einwohner nicht, in den niedriger liegenden Gebieten zu siedeln, die sich kaum verteidigen ließen.

Aus dem 1. Jh. n. Chr. konnten dann aber verschiedene Strukturen, vor allem öffentliche Gebäude, gefunden werden. Diese Gebäude im Tal südwestlich des Tells (Abb. 105) belegen das Vertrauen der Einwohner in den Willen und die Fähigkeit Roms, sie zu verteidigen. 63 v. Chr. eroberte Pompejus Judäa und übernahm Beit Shean von den hasmonäischen Eroberern.[1] Mit dieser Übernahme begann für Skythopolis ein neuer Abschnitt seiner Geschichte und wenige Jahre später wurde die Stadt von Gabinius, dem Prokurator Syriens, zur *polis* erklärt. Skythopolis war die einzige Stadt der Dekapolis, die westlich des Jordan lag und außerdem, laut Josephus, die bekannteste und größte der Dekapolis-Städte. Aus den Grabungen selbst können aber nur wenige Aussagen zur späthellenistischen Stadt getroffen werden. Auch über die frührömische Stadt (Zeit des 2. Tempels in Judäa) können bisher nur vorläufige Angaben gemacht werden.

Josephus berichtet aus dem Jahre 66 n. Chr., zu Beginn des ersten großen Aufstandes, daß sich ein Teil der großen jüdischen Gemeinde loyal zu Rom verhielt und von seinen griechischen Nachbarn Schutz forderte. Diese gewährten den Schutz zuerst auch, um sich dann jedoch gegen sie zu wenden und die gesamte Gemeinde niederzumetzeln. Nach Josephus möglicherweise übertriebenen Angaben handelte es sich um 13 000 Menschen.

Im ersten Jahrhundert waren die Gebäude in Beit Shean aus Basalt, der vor Ort reichlich vorkommt oder aus *nari*, einem weichen, lokalen Kalkstein errichtet; dieser mußte mit Putz (*stucco*) überzogen werden, der manchmal bemalt oder modelliert war. Das wichtigste Bauwerk dieser Periode aus unserer Grabung ist die Basilika, das bedeutendste öffentliche Gebäude einer römischen Stadt (Abb. 106,19). Die Basilika lag mit ihren 70 m Länge und 30 m Breite nördlich und par-

Abb. 104 Karte mit dem gesamten Stadtgebiet von Beit Shean: 1. Stadtzentrum; 2. Theater; 3. Westbad; 4. Palladiusstraße; 5. Talstraße; 6. Nordosttor und byzantinischer Bazar; 7. Hellenistisches Viertel am Tell Istaba; 8. Hellenistisches Gebäude; 9. Nordwesttor; 10. Kloster der Herrin Maria; 11. Kirche des Märtyrers; 12. Andreaskirche.

Abb. 105 Das alte Beit Shean (Blick nach Nordwesten) mit dem Stadtzentrum in der Mitte. Links ist das Theater, rechts der Tell erkennbar; zwischen beiden verläuft die Palladiusstraße.

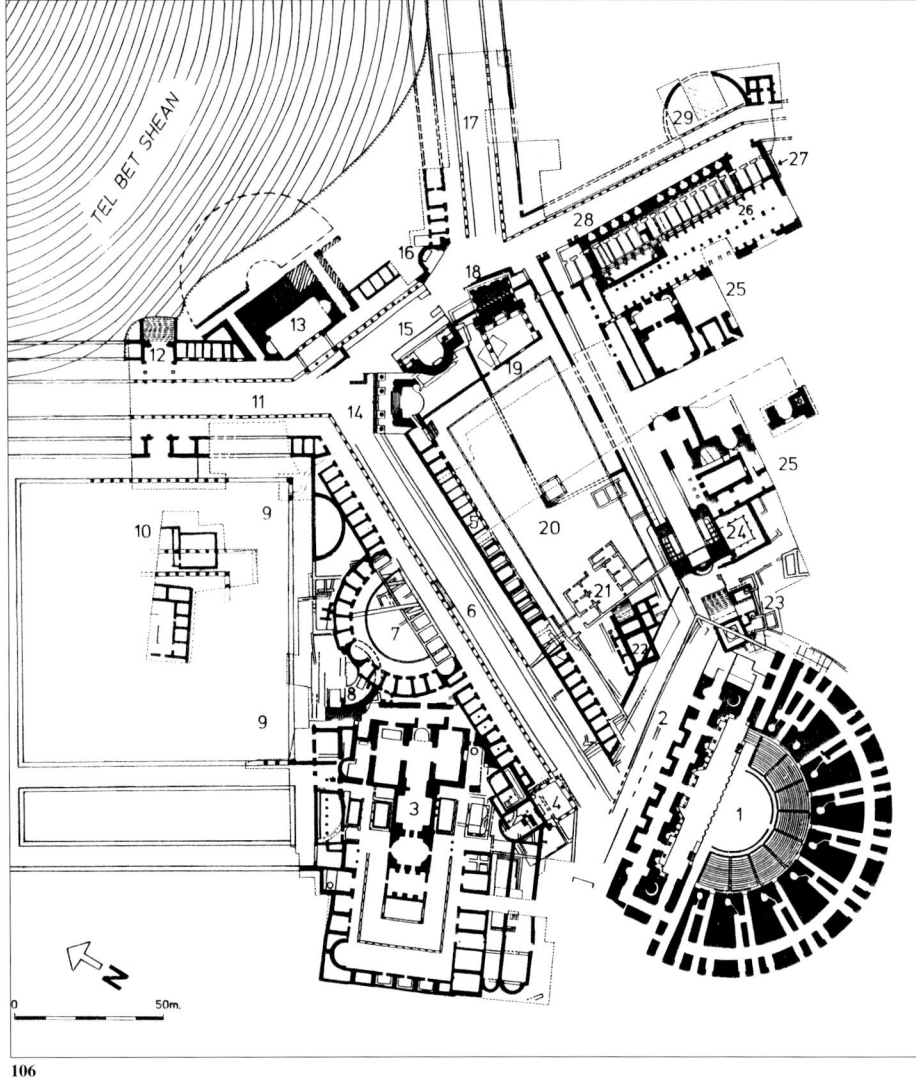

Das 2. und 3. Jh. n. Chr. – Die Hauptphase städtischer Entwicklung

Geschichte

Die Blütezeit Beit Sheans begann wahrscheinlich mit der Regierungszeit Hadrians (117–138 n. Chr.) und war besonders lebhaft unter den Kaisern Antoninus Pius (138–161 n. Chr.) und Mark Aurel (161–180 n. Chr.), nachdem sich das Land von den Unruhen der Bar Kochba-Revolte erholt hatte. In dieser Zeit brachte die *pax romana* Frieden und Wohlstand über das Land, was sich mit dem hohen Standard der städtischen Gebäude belegen läßt. Skythopolis zeigt diese Urbanisierung am deutlichsten. Im Laufe der Jahre hatte sich eine neue jüdische Gemeinde entwickelt, welche durch die Weisung des Patriarchen, sie von allen Opfern und Abgaben freizustellen, um so mit ihren Nachbarn konkurrieren

Abb. 106   Plan von Skythopolis:
1. *Theater*
2. *Portikus vor dem Theater*
3. *Westbad*
4. *Propylon an der Palladiusstraße*
5. *Läden der römischen Periode*
6. *Palladiusstraße*
7. *Sigma (halbrunder Platz)*
8. *Odeion*
9. *Kolonnaden und vermutlicher römischer Temenos*
10. *Byzantinisches öffentliches Gebäude über abgebauten römischen Kolonnaden*
11. *Nordstraße*
12. *Torgebäude und Treppe zum Tell*
13. *Propylon zwischen dem Tempelplatz und dem Tell*
14. *Tempel mit runder Cella*
15. *Nymphäum*
16. *Monument des Antonius*
17. *Talstraße*
18. *Zentrales Monument*
19. *Römische Basilika mit Portiken der byzantinischen Agora darüber*
20. *Byzantinische Agora*
21. *Omajjadische Keramikwerkstatt*
22. *Römischer Tempel*
23. *Römisches Kultgebäude*
24. *Öffentliche Latrinen*
25. *Ostbad*
26. *Römische Stoa, später Silvanushalle*
27. *Römisches Becken (mit omajjadischen Läden darüber)*
28. *Silvanusstraße*
29. *Halbrunder Platz*

Abb. 107   Der Blick nach Südwesten zeigt das Stadtzentrum von Skythopolis. Links vorne ist die Silvanusstraße mit der römischen Stoa erkennbar, dahinter das Gelände der Basilika. Am rechten Bildrand ist gerade noch die Palladiusstraße sichtbar.

allel zum Nahal 'Amal (Abb. 107). Die Außenmauern waren, zumindest im unteren Teil, aus Basalt gebaut, während der obere Teil wohl aus dem leichteren *nari* gebildet war. In der Basilika trafen sich die Einwohner der Stadt, um Geschäfte zu tätigen, juristische und andere Fragen des öffentlichen Lebens zu regeln und Versammlungen abzuhalten. Die Säulen im Inneren der Basilika bestanden aus verputzten Kalksteintrommeln und ionischen Kapitellen. Das Hauptschiff war groß und geräumig, während die Seitenschiffe sowohl schmaler als auch niedriger waren. Über den Seitenschiffen, von den Säulen abgestützt, lag ein zweiter Stock mit Galerie. Wegen der Lage in der Nähe des Flußbettes mußten die Fundamente der südlichen Außenmauer sehr tief gelegt werden. Während die nördliche Mauer auf dem gewachsenen Felsen steht, der dafür abgearbeitet wurde, steht die südliche Mauer auf einem Kellergeschoß, das in mehrere Räume unterteilt wurde, die rechtwinklig zur Basilika lagen. Die Decken dieser Räume bestan-

den wahrscheinlich aus Holzbalken, die gleichzeitig den Boden der Basilika bildeten. Südlich des Gebäudes und entlang des Flusses verlief eine 12 m breite Straße (Talstraße), von der aus eine Reihe von Läden durch Bogeneingänge betreten werden konnte.

Südlich des Basilika befand sich außerdem ein älteres rechteckiges Becken von ca. 1 m Tiefe, das entweder nur dekorativen Zwecken diente oder als Schwimmbecken des Ostbades aus dem 1. Jh. n. Chr. fungierte. Unter dem Bürgersteig der Talstraße fanden sich Reste (bemalte Wände, Rohre und Ziegel) eines weiteren Bades aus dem frühen 1. Jh. n. Chr. Auch unter Tempel und Nymphäum blieben die Überreste älterer Bauwerke und Straßen erhalten. Einiges deutet daraufhin, daß der Tempel selbst bis in das 1. Jh. n. Chr. zurückgeht.

Zusätzliche Information aus dieser Zeit ist von den Grabungen des israelischen Antikendienstes bekannt, die sich hauptsächlich auf die erste Phase des Theaters beziehen.

Skythopolis – Vorposten der Dekapolis

zu können, weiter gefördert wurde. Die Samaritaner, eine größere Gemeinde in Beit Shean, scheinen sich zur gleichen Zeit hier zu etablieren. Es kann davon ausgegangen werden, daß viele der Einwohner von Skythopolis aramäisch sprechende Syrer waren, auch wenn sie sich selbst als Griechen bezeichneten. In einer Inschrift auf der Basis einer Statue, errichtet zu Ehren des Kaisers Mark Aurel, vermerkten die Einwohner, daß ihre Stadt Nysa-Skythopolis eine der griechischen Städte von *Coele-Syria* war. Und so ist der griechische Charakter der Architektur Skythopolis' auch ganz unverkennbar.

Wegen des unebenen Terrains zeigt die städtische Anlage Beit Sheans deutliche Unterschiede zu den anderen Städten des römischen Ostens. Der Tell Beit Shean, als Akropolis im Stadtzentrum (Abb. 105), die steilen Hänge des Nahal Harod nördlich davon und das Tal des Nahal 'Amal im Süden verhindern alle eine orthogonale Stadtplanung mit sich rechtwinklig schneidenden Hauptstraßen (Dekumanus und Cardo) und identisch geschnittenen Vierteln, den *insulae*. Wie auch in anderen Städten der Region, so in Samaria (Sebaste) und Philadelphia (Amman), diktierte die Topographie Lage und Verlauf der Straßen. In einigen flacheren Gebieten der Stadt konnte der orthogonale Plan allerdings durchgehalten werden (Abb. 106). In jeder anderen Beziehung – den aufwendigen und ästhetisch ansprechenden Gebäuden, den geradlinigen, mit Kolonnaden versehenen und gut gepflasterten Straßen, den großartigen Monumenten und den Statuen an öffentlichen Plätzen – ist Beit Shean ein typisches Beispiel römischer Stadtentwicklung. Die Bautätigkeit setzt sich bis in das 3. Jh. n. Chr. fort, wenn sich die Entwicklung auch während der großen Krise des römisches Reiches (ca. 235–284 n. Chr.) verlangsamt zu haben scheint. Weihinschriften lassen vermuten, daß viele der Bauvorhaben durch Privatleute finanziert wurden, die auf diese Weise sozialen Respekt und politische Bewunderung vom Rat und den Einwohnern der Stadt erlangen konnten.

Diese Periode ist durch den Gebrauch eines harten Kalksteins charakterisiert, der aus Steinbrüchen von den Hängen des Berges Gilboa, 6–7 km südwestlich der Stadt, kam. Dieser harte Stein konnte präzise zugeschnitten und fein bearbeitet werden, so daß er sich für Quader, Säulen und architektonische Dekoration eignete. Ein besonders gelungenes Beispiel ist die monolithische Säule vom Tempelprostylos, die etwa 9,5 m hoch und 25 t schwer ist. Die Steinmetzarbeiten sind alle von sehr guter Qualität, und Abbruch, Transport, Zuarbeitung und Verzierung der Steine stellten eine bedeutende Einkommensquelle für die Bewohner Beit Sheans dar.

Talstraße, Zentrales Monument und Basilika

Die Talstraße entlang des Flusses führte vom nordöstlichen Tor und über die Brücke am Nahal Harod (Abb. 104) zu einer Kreuzung mit zwei anderen Straßen östlich der Basilika. Heute sind ca. 150 m dieser Straße, vom Stadtzentrum nach Nordosten, freigelegt (Abb. 108), wenn die Länge bis zur Brücke auch 410 m, bis zum jenseits liegenden Tor sogar 560 m betrug. Die Straße war mit schweren Basaltsteinen gepflastert und hatte auf beiden Seiten Bürgersteige. Die Gesamtbreite betrug 24 m (davon 8 m Breite für die Fahrstrecke) und beide Seiten waren mit zusammen über 200 monolithischen Säulen gesäumt. Die Säulen standen auf einem Sockel und einer Basis und trugen korinthische Kapitele, so daß sie sich insgesamt 6,9 m über den Bürgersteig er-

107

hoben (Abb. 108). Teile des Gehsteigs waren nicht überdacht, aber der größte Teil trug ein Dach. Entlang der Bürgersteige lagen Läden, deren Front zur Straße ging. Nur in wenigen Fällen waren die Läden und der dazugehörige Gehsteig noch erhalten, vielmehr lagen die Säulen in Folge des Erdbebens in der Mitte des 8. Jhs. auf der Straße.

Die Straße führt zu einem kleinen Platz in der Stadtmitte (Abb. 108), der von einem Gebäude, bestehend aus Säulen auf einer trapezioiden Plattform, überragt wird. Das Podium ist ca. 13,8 m lang, 11,8–12,5 m breit und 3,95 m hoch; es ist im Kern aus Basalt und mit Kalksteinplatten verblendet, und zeigt am oberen und unteren Rand Modellierungen. Treppenstufen führen auf das Podium und zahlreiche Marmorreste lassen das Aussehen des Oberbaus dieses Zentralen Monuments erahnen: Eine Kolonnade mit Bögen. Einige der Säulen waren aus grünem Cipollino von Euböa gefertigt, während die anderen aus grauweißem Marmor vom Marmarameer bestanden (Prokonessos). Die Säulen standen auf dekorierten Marmorsockeln und trugen korinthische Kapitele, an den Dachecken befanden sich *Akroterien* und außerdem wurden verzierte Marmorbögen und Friese mit bevölkerten Ranken gefunden. Die ganze Struktur erhob sich ca. 15 m über den Platz und war wahrscheinlich noch mit Statuen ausgestattet. Für Fußgänger war dieses Bauwerk von weither sichtbar. Bereits nach Durchschreiten des Stadttores und nach Überqueren der Brücke über Nahal Harod konnte man das Monument wahrnehmen (Abb. 104).

Die Basilika stand schon an ihrem Platz, als das Zentrale Monument gebaut wurde und sie mußte dafür um etwa 5 m verkürzt werden. In ihre nordöstliche Mauer wurde eine Apsis eingebaut, die mit farbigem Marmor ausgekleidet war (Abb. 109). Eine Plattform in der Mitte der Apsis sollte wahrscheinlich Platz für eine Statue bieten, ähnliche Vorkehrungen sind aus dem Nymphäum und dem Monument des Antonius bekannt (s. u.). Seitlich wurden zwei große Eingänge zu den Seitenschiffen angelegt. Der ganze nordwestliche Teil der Basilika wurde aus hartem Kalkstein gebaut, während der anschließende ältere Teil (aus dem 1. Jh. n. Chr.) aus Basalt und weichem, lokalem Kalkstein errichtet worden war. Die Straße südlich der Basilika wurde vollständig mit Tonnengewölben aus Basalt überbaut (rechtwinklig zur Richtung der Basilika), und die Gewölbe wurden an der Oberseite aufgefüllt, so daß auf ihnen das Ostbad errichtet werden konnte (s. u.). Die Straße wurde also in einen überdachten «Bazar» umgewandelt, der entlang der Basilika bis zum Theater lief. Ein bedeutsamer Fund dieser Periode aus der Basilika ist ein hexagonaler Kalksteinaltar, dessen oberer Teil nicht erhalten ist. Die Seiten sind mit je einer reliefierten Maske des Dionysos und Pan verziert (Abb. 110), außerdem sind eine Panflöte und der Stock eines Schäfers erkennbar, sowie zwei Stäbe (*thyrsoi*) die in Kiefernzapfen enden – klassische Symbole des Dionysos (Abb. 111). Unter der

Abb. 108 Blick vom Nordosten auf die Talstraße; im Hintergrund ist das Zentrale Monument, rechts das Monument des Antonius sichtbar.

Abb. 109 Blick auf die Südwestseite des Zentralen Monuments mit der Nische der Basilika in der Rückwand. Im Vordergrund sind die Portiken der byzantinischen Agora; im Hintergrund links das Monument des Antonius erkennbar.

Abb. 110 Ein Altar des Dionysos. Eine Maske und eine Weihinschrift von 142 n. Chr. sind erhalten.

Abb. 111 Die anderen Seiten desselben Altars zeigen die Maske des Pan und gekreuzte Thyrsoi.

Skythopolis – Vorposten der Dekapolis

Dionysosmaske befindet sich folgende Inschrift: «Mit gutem Glück. Seleukos, Sohn des Ariston, weiht (diesen Altar) dem Gott, dem Herrn Dionysos, dem Gründer, im Jahre 205» (141/142 n. Chr.). Die Altarinschrift belegt, ebenso wie die zahlreichen Darstellungen auf Münzen, Statuen und Reliefs, den Glauben der Bewohner, daß ihre Stadt von Dionysos gegründet worden war, wie es auch von den römischen Schriftstellern Plinius und Solinus überliefert worden ist.

Die südliche Straße, Stoa, Dekoratives Becken und Ostbad

Vom Zentralen Monument verläuft eine basaltgepflasterte Straße bis zum Steilhang im Süden der Stadt, wobei das südöstliche Ende bisher noch nicht erfaßt wurde. Da die meisten Basaltsteine sekundär wiederverwendet wurden, konnten nur wenige Steine des römischen Straßenpflasters, einen Meter unter dem des frühen 6. Jh. (Silvanusstraße) liegend, gefunden werden. Die großen Abwasserkanäle unter diesem Pflaster waren aber noch gut zu erkennen. Auch diese Straße hatte an der Nordseite eine Kolonnade, an der Südseite aber eine breite und hohe Basaltmauer, in die kleine Läden hineingebaut waren. Die Gewölbedächer der Läden trugen einen zwei Meter über der Straße liegenden Gehsteig, der seinerseits am Zierbecken vor der Stoa entlangführte.

Südwestlich der Straße befanden sich also auf einem erhöhten Gelände ein öffentliches Bad und eine große Stoa von 56 m Länge und fast 15 m Breite (Abb. 112). Vor der Stoa lag ein etwas kürzeres und halb so breites Becken mit 0,7 m Tiefe, in dessen Wasser sich die Stoa gespiegelt haben muß. Wasser spielte eine wichtige Rolle in der römischen Urbanisierung Beit Sheans. Skythopolis ist eine der wenigen Siedlungen ohne Wasserreservoirs oder Zisternen, stattdessen wurde das Wasser durch Aquädukte in die Stadt gebracht. Die Entwässerung erfolgte mittels eines ausgeklügelten Abwassersystems in das Nahal Harod. In den heißen Sommertagen, wie sie so typisch für das Klima im Jordantal sind, muß das offene Becken im Schatten der Stoa ein wahres Labsal gewesen sein. Das Becken war mit einer Art durchscheinendem Marmor aus Steinbrüchen östlich des Jordan verkleidet. Der Zugang erfolgte wahrscheinlich über große Treppen von der Straße nördlich und südlich des Beckens (s. u.). Die monolithischen Säulen der Stoa waren ca. 7 m hoch, trugen ionische Kapitelle und blieben über lange Zeit bis in die Mitte des 8. Jhs. stehen, als sie in einem Erdbeben zusammenbrachen. Sie wurden 1992 wieder aufgebaut (Abb. 112). Kolonnade und Rückwand der Stoa trugen wohl ein Giebeldach aus Holzbalken und Tonziegeln.

Die Basaltrückwand der Stoa diente gleichzeitig als Außenmauer des Ostbades. Der westliche Flügel des Bades wird vom Israelischen Antikendienst ausgegraben (s. u.), während hier die Beschreibung des Ostflügels folgt. Beide Teile sind weit voneinander entfernt, so daß noch kein gemeinsamer Plan existiert. Der ausgegrabene Gebäudeteil besteht aus einer quadratischen Struktur, die innen kreisrund ist (14,8 m Durchmesser) und Nischen hat (Abb. 113). Wahrscheinlich handelte es sich ursprünglich um ein Frigidarium mit einem Becken in der Mitte, das im 4. Jh. n. Chr. in ein Caldarium umgewandelt wurde. Unter dem Bo-

110

111

den wurden die mit runden Ziegeln konstruierten Hypokausten gefunden. Weder die Ausdehnung des Bades noch das Zusam-menspiel mit Stoa und Zierbecken sind endgültig bekannt. Viele Statuen und Statuenfragmente aus Marmor, teilweise bemalt, fanden sich *in situ* und standen wahrscheinlich in den Hallen der Thermen oder in der Stoa. Unter anderem waren das eine lebensgroße Statue des Dionysos (Abb. 114), eine unbekleidete Aphrodite, abgestützt durch eine auf einem Delphin reitende Cupidofigur (das Motiv der Medici-Venus), eine kopflose, überlebensgroße Statue eines Kaisers mit Panzer (wahrscheinlich einer der Antoninen), die Büste eines Rüstung tra-

Abb. 112   Blick auf die Silvanusstraße mit der teilweise wiederaufgebauten römischen Stoa (rechts) und dem davorliegenden Wasserbecken. Im Hintergrund ist die teilweise wieder aufgebaute Fassade eines omajjadischen Ladens zu erkennen.

Abb. 113   Nordöstlicher Flügel des Ostbades aus dem 4. bis 8. Jh. n. Chr.

Abb. 114   Eine Statue des Dionysos. Teile des Gesichts waren zerstört worden, bevor die Statue unter der Silvanusstraße begraben wurde.

Abb. 115   Kopflose Statue einer Nymphe, die in einen Wasserspeier umgewandelt worden war. Als solcher wurde sie in der Hypokausten-Anlage des Ostbades gefunden.

genden weiteren Kaisers, eine Nymphe (Abb. 115), die Göttin Athena und weitere.

Monument des Antonius, Nymphäum und nordöstliche Stoa

Von dem Platz vor dem Zentralen Monument, führt eine Straße über den Sattel, der die Wasserscheide zwischen Nahal 'Amal und Nahal Harod bildet, nach Nordwesten (Abb. 116). Zwei der wichtigsten Gebäude der Stadt standen an der Südwestseite dieser Straße: Nymphäum und Tempel. Nördlich dieser Straße beginnt der Hang des eigentlichen Tells, welcher die Topographie an dieser Stelle bestimmt. An der Kreuzung zwischen Talstraße und dieser nordwestlichen Straße erhob sich das Monument des Antonius, eine zweiflügelige Anlage aus poliertem Kalkstein mit einer zentralen Exedra (Abb. 108). In der Mitte des Runds steht eine Plattform, die wahrscheinlich eine Statue trug. Im westlichen Flügel fand sich eine Inschrift, welche Antonius, Sohn des Antonius erwähnt; wenn die Lesung korrekt ist, wurde sein Titel mit «der Veteran» angegeben. Wahrscheinlich handelt es sich um den Stifter des Baus. Der obere Teil des Gebäudes bestand wohl aus einer reich geschmückten Säulenstellung, so daß dieser Bau hauptsächlich dekorative bzw. verkleidende Funktion hatte und den dort beginnenden Felsen des Tells, in den seine Rückseite hinein gebaut ist, verdeckte. Zwischen dem Monument des Antonius und dem Propylon führte eine basaltgepflasterte Straße mit Kolonnaden auf den Tell zu. In byzantinischer Zeit wurde die ganze Gegend vielfältig umgestaltet, und in dieser und der folgenden Periode wurde die zum Tell führende Straße oft repariert, auch wenn sie wahrscheinlich ursprünglich eine römische Anlage ist.

Das Nymphäum – die Identifikation erfolgte sowohl aufgrund des Plans und der Ausstattung, als auch wegen einer Weihinschrift von ca. 400 n. Chr. – hatte eine schlichte Rückwand und eine reich dekorierte Front (Abb. 117). Die Inschrift spricht von einem Neubau, aber alles deutet daraufhin, daß es nur der Wiederaufbau eines Vorgängerbaus aus dem 2. Jh. n. Chr. war, der vielleicht bereits die gleiche Funktion hatte. Die Überreste des Nymphäums umfassen eine zweiflügelige Fassade mit einer zentralen Exedra von 8,8 m Durchmesser in deren Mitte sich eine Plattform erhebt. Der Fundamentbau war aus Basalt, der mit Marmor- und Kalksteinplatten verkleidet war und als oberste Schicht harte Kalksteinquader trug, auf denen die eigentliche Fassade aufsaß. Diese bestand aus der rückwärtigen Mauer mit Nischen, *aedicula* und zwei übereinander stehenden Reihen korinthischer Säulen, ähnlich der *scaenae frons* eines römischen Theaters (Abb. 118). Insgesamt erhob sich das Monument 13,25 m über das Straßenniveau. Die zwei Säulenreihen in der Rundung und die zwei doppelt so hohen Säulen vor den Seitenflügeln müssen der Fassade ein elegantes und ansprechendes Äußeres gegeben haben.

Die Exedra und die davorliegende rechteckige Fläche enthielten beide ein Becken. Das Bassin im Halbrund lag höher und war auf der östlichen Seite durch eine Steinbalustrade von 0,52 m Höhe begrenzt, die aus gleichmäßig behauenen Quadern aus lokalem Kalkstein hergestellt war. Auch das untere, flache Becken war auf drei Seiten durch

114

115

eine niedrige Steinbalustrade eingefaßt, die eine vorkragende, abgerundete Kante hatte, die wiederum ein Kymation trug. Wahrscheinlich floß das Wasser aus dem oberen Becken über die Balustrade in das untere Becken und von dort in den städtischen Abwasserkanal (bisher gibt es keine Hinweise auf die Wasserzuleitung). Die großartige Architektur zusammen mit den kühlenden Wasserspielen bot sicherlich die angemessene Umgebung für eine erholsame Pause. Das Nymphäum brach wie viele andere Bauten im großen Erdbeben in der Mitte des 8. Jhs. zusammen und sein Wiederaufbau wird im Moment geplant.

Der Tempel

Der Tempel stand bereits, als das Nymphäum gebaut wurde. Das jetzt freiliegende Gebäude stammt aus dem 2. Jh. n. Chr. und wurde wahrscheinlich durch die christlichen Herrscher am Ende des 4. Jhs. zerstört. Die ursprüngliche Konstruktion des Gebäudes geht aber auf das 1. Jh. n. Chr. zurück, wenn wir auch keinerlei Information über Plan und Aussehen dieses Ursprungsbaus haben. Der Tempel steht auf einer Unterkonstruktion von Basaltgewölben, die durch eine Wendeltreppe mit dem Tempel verbunden sind und dessen mittleres in einer südöstlich ausgerichteten Apsis endet. Es ist zu vermuten, daß die Gewölbe in dem Kult, über den wir nur wenig wissen, eine Rolle gespielt haben. Die zentrale Lage und die Pracht des Tempels lassen ferner vermuten, daß es sich um einen Tempel des Dionysos, des Patrons und traditionellen Gründers der Stadt, handelt. Wahrscheinlich diente der Tempel auch dem Kult der Nysa, der Amme des Dionysos, die nach römischer Auffassung in Skythopolis begraben und als Göttin verehrt wurde.

Der Naos des Tempels scheint eine Apsis besessen zu haben (Abb. 106,14). Der prostyle Bau ist über 20 m breit, an einer Front standen vier außerordentlich hohe, monolithische Säulen mit korinthischen Kapitellen, die wahrscheinlich einen Giebel trugen. Die Säulen wiegen je 25 t und sind mit 9,5 m Höhe und 1,3 m Durchmesser die größten in Israel gefundenen. Die Spitze des Giebel erhob sich ca. 14 m über den Vorplatz und kann mit dem Rundtempel in Heliopolis (Baalbek), dem Tempel der Venus, verglichen werden. Die wunderschöne, zum Tempel führende Kalksteintreppe (Abb. 119) wurde später von den Christen zerstört, während die eigentliche Tempelfassade als dekoratives Bauwerk ohne Bezug zum nichtchristlichen Kult unversehrt blieb.

Während die Priester den Tempel betreten durften, versammelten sich die einfachen Gläubigen auf dem Platz vor dem Tempel. Vor der Treppe befand sich ein Statuensockel mit einer griechischen Inschrift: »Mit gutem Glück. Die Einwohner der Stadt Nysa-Skythopolis, heilige Stadt und Stadt der Zuflucht, eine der griechischen Städte von Coele Syria, weihten (diesen Tempel zu Ehren des) Kaisers Mark Aurel Antoninus Augustus, durch den Kurator (der ernannte) Theodorus, Sohn des Titus«. Es dürfte sich bei dem erwähnten Kaiser also um Mark Aurel gehandelt haben (161–180 n. Chr.).[2] Auf dem Tempelvorplatz standen auch zwei kleine Altäre, Belege für den Kaiserkult, dem alle Einwohner des Reiches verpflichtet waren.

Das Propylon und die Straße vom Tempel zum Tell

Auf der nördlichen Seite des Tempelvorplatzes befinden sich die Überreste eines dreitorigen Eingangs und davor ein auf-

116

Skythopolis – Vorposten der Dekapolis

wendig gestaltetes Propylon mit Säulen zwischen den Anten und einer Treppe (Abb. 106,13. 120). Auf der rückwärtigen Seite des Eingangs ist ein mit regelmäßigen Basaltsteinen gepflasterter, freier Platz zu lokalisieren, in dessen Nordwestmauer eine halbrunde Nische eingebaut war, die eventuell ein Gegenüber in der Südostmauer hatte. Diese ganze Struktur diente wahrscheinlich als Vestibül zum «heiligen Weg» vom Tempel am Fuße des Tells zum Tempel auf der Kuppe des Tells. Ein Altar, der in sekundärem Kontext bei dem Zentralen Monument gefunden wurde, war dem *Zeus Akraios* (Zeus des Gipfels oder der Akropolis) gewidmet und bezog sich unzweifelhaft auf den auf dem Tell gelegenen Tempel[3]. Die Schwellen dieses Tors zeigten nur geringfügige Nutzungsspuren, so daß angenommen werden kann, daß dieses Tor nur zu speziellen Gelegenheiten wie religiösen Prozessionen benutzt wurde, während der gewöhnliche Eingang wohl an einem Weg nördlich des Propylon lag. Noch weiter nördlich befinden sich die Reste eines weiteren – ähnlichen – Durchgangs mit Säulen zwischen Anten, Pfeilern, Türangeln und anderen Architekturteilen. Hinter diesem Tor erhoben sich die Reste einer Treppe in Richtung Tell, die eventuell das Stadtzentrum mit der Akropolis verband.

Nordstraße und Monumentale Kolonnade

Vom Tempelvorplatz nach Norden verläuft eine Straße, die mit Basaltsteinen im Fischgrätmuster mit einer Reihe erhöhter Steine in der Mitte gepflastert war. Eine ähnliche Konstruktionsweise ist von der Silvanusstraße aus dem 6. Jh. n. Chr. (und z. T. auch von der Palladiusstraße aus dem 4. Jh. n. Chr.) bekannt; die Datierung der Nordstraße in die römische Periode ist aber unzweifelhaft. Die Straße überquert den Sattel, der die Wasserscheide zwischen Nahal 'Amal und Nahal Harod bildet (Abb. 104) und traf dann auf eine andere Straße, die von Nordwesten, aus der Richtung Megiddo/Legio kam. Die mit korinthischen Kapitellen bekrönten Säulen der Kolonnaden waren insgesamt fast 7 m hoch und stürzten erst im Erdbeben von 749 um, das auch die Straße insgesamt zerstörte (Abb. 121).

Etwa 20 m westlich dieser Straße fand sich die erste von zwei Kolonnaden, die ehemals ein rechteckiges Gelände umgaben. Es waren mindestens 14 Säulen, die aus Kalksteintrommeln bestehend, eine über 75 m lange Kolonnade bildeten. Da das Gebiet sehr flach ist, kann angenommen werden, daß es sich um einen Tempel oder ein Forum mit Basilika gehandelt haben könnte, jedenfalls aber eines der bedeutendsten und wichtigsten Gebäude des römischen Skythopolis. Diese Kolonnaden waren mit der Nordstraße durch ein großartiges, dreiteiliges Tor verbunden, das in Ruinen liegt.

Die 2. Hälfte des 4. Jhs. n. Chr.

Zwischen dem 3. und frühen 4. Jh. n. Chr. wurden in der Stadt zahlreiche Veränderungen vorgenommen. In der 2. Hälfte des 4. Jhs. n. Chr. nehmen diese Veränderungen aber so zu, daß es angemessen erscheint, diese Zeit unabhängig zu betrachten. Am Ende des 4. Jhs. n. Chr. wurde das Bekenntnis zum Christentum obligatorisch. Dies bedeutete nicht nur den Niedergang des Heidentums und seiner Tempel, sondern brachte mit der Grün-

Abb. 116 Der Blick nach Südwesten zeigt das Stadtzentrum mit dem Tell im Vordergrund. Rechts des Tells beginnt die Palladiusstraße, die vom Tempel entlang des halbrunden Platzes (sigma) zum Theater führt. Von links nach rechts verläuft eine Straße vorbei am Nymphäum entlang des Tempels weiter nach Norden.

Abb. 117 Auf dem Luftbild sind das Zentrale Monument (links), das Nymphäum (in der Mitte) und der Tempel (rechts) zu erkennen.

Abb. 118 Die Teile der Architekturdekoration aus dem oberen Bereich des Nymphäums liegen so, wie sie im Erdbeben von 749 gefallen sind.

119

120

die Stadt bereits unter christlicher Herrschaft stand. Der Gouverneur und die städtische Elite wollten aber dennoch ihre Bewunderung für alte Traditionen zeigen (s. u.). Dieses Nymphäum ist eines der letzten, das in der ganzen römischen Welt nach diesem Plan gebaut wurde. Artemidorus ließ auch die reich verzierten Eingänge zu beiden Seiten der römischen Stoa bauen, über die das Ostbad betreten werden konnte. Eine Mosaik-Inschrift beim südlichen Eingang beschreibt dies. Es ist aber auch möglich, daß in den Tagen des Artemidorus oder seiner Nachfolger weitere Umbauten am Ostbad vorgenommen wurden (sie könnten aber auch früher sein): so der Anbau eines neuen Frigidariums[4] und die Umgestaltung des alten Frigidariums in ein Caldarium. Einer der interessantesten Funde aus der Zeit des Artemidorus ist der mit einer Inschrift versehene Sockel einer Statue der Kaiserin Eudoxia, der Frau des Kaisers Arcadius, die vom Jahre 400 bis zu ihrem Tode den Titel «Augusta» trug. Diese Inschrift ist in einer Sprache geschrieben, die durch den Stil Homers geprägt ist und so auch die Bewunderung des Gouverneurs und der städtischen Aristokratie für den Wert der alten Literatur und Kunst belegt. Diese Bewunderung des klassischen Erbes behinderte aber keineswegs den Triumph des christlichen Glaubens, dem Gouverneur und Einwohner angehörten. Das Wasser für das Nymphäum wurde über ein Aquädukt geleitet, das durch den Tempel führte und auf diese Weise belegt, daß der Tempel um 400 n. Chr. nicht mehr genutzt wurde. Die Fassade des Tempels überlebte aber das Ende des heidnischen Kultes und verschönerte weiterhin die Straße. Wie in dieser Region zu jenen Zeiten üblich, errichteten die Christen keine religiösen Gebäude auf dem Gelände älterer, heidnischer Kulte, da diese als unrein angesehen wurden.

Eine von Säulen gerahmte Straße wurde von uns, nach dem Gouverneur (*hegemon*), der die Kolonnaden erbaut hatte, Palladiusstraße genannt. Sie verband Theater und Tempel (Abb. 116. 120). Der nordöstliche Teil der Straße wurde von der Hebräischen Universität ausgegraben und scheint sich von dem südwestlichen Teilstück, das vom israelischen Antikendienst ausgegraben wurde, zu unterscheiden. Die Arbeiten in unserem Abschnitt haben gezeigt, daß die Straße dort nur auf der nördlichen Seite eine mit Mosaikboden ausgelegten Portikus und Läden besaß; ältere Gebäude waren vorher entfernt worden. Im südwestlichen Bereich hatte die Straße auf beiden Seiten Ladenreihen. Die südliche Zeile

dung der Kirchen auch neue Elemente in das urbane Leben. Beit Shean, wie auch viele andere Städte in der Region, erlebte einen Zuwachs an Bevölkerung und ökonomischer Bedeutung.

Seine Wirtschaft beruhte zuallererst auf der Produktion feinen Leinens, das verschiedensten Angaben zufolge zu den besten Stoffen der Welt gehört haben soll. Das Preisedikt des Kaisers Diokletian erlaubte Höchstpreise für Leinentextilien aus Skythopolis. Ein weiterer Anstoß für die zunehmende Urbanisierung Beit Sheans war das Erdbeben von 363 n. Chr., das die Stadt schwer traf und zahlreiche Gebäude beschädigte. Ein syrisches Manuskript, das die Orte aufzählt, die durch dieses Erdbeben betroffen waren, nennt

auch Beit Shean als teilweise zerstört. Diese Beschädigungen waren offensichtlich der Anstoß für eine umfassende Renovierung und Rekonstruktion der Stadt.

Viele dieser Restaurierungen sind mit dem Namen des Artemidorus, des Gouverneurs der Provinz *Palaestina*, verbunden, der in drei Inschriften der Stadt erwähnt ist. Eine Inschrift auf dem Architrav des Nymphäums besagt, daß Artemidorus das Gebäude neu errichtete: «In den Tagen des *archon* (Gouverneurs), des *peribleptos* (berühmten) und außerordentlich vornehm *comes* (Fürsten) Flavius Artemidorus, alle Arbeit (für den Neubau) des Nymphäums wurde von den Fundamenten getan». Diese Inschrift war mit Kreuzen dekoriert, was belegt, daß

war auf einer unteren Flucht von Läden gebaut, deren Eingänge in die entgegengesetzte Richtung orientiert waren und wahrscheinlich an einer älteren Straße oder Stoa lagen. Es ist eindeutig, daß die Palladiusstraße eine bedeutende Handelsstraße war, die das rege kommerzielle Leben Beit Sheans in dieser Periode widerspiegelt. Die Kolonnaden wurden rekonstruiert. Mosaikböden in einfachen Schwarzweißmustern fanden sich auch auf den Gehsteigen der Talstraße.

Zusammen mit den Tempeln am Fuße und auf der Kuppe des Tells wurde auch das Propylon aufgelassen und zu Beginn des 4. Jhs. in ein Kleinindustrie- und Gewerbegebiet umgewandelt. Kleine Becken blockierten die Durchgänge des Propylons und das Gebiet füllte sich mit Trögen, Wasserbecken, Kanälen und Tonrohren. Dies zeigt die Tendenz, die öffentlichen Plätze und Gebäude zugunsten ökonomisch orientierter Privatgebäude aufzugeben.

Das Gelände rund um die Basilika wurde vollständig umstrukturiert und das Gebäude selbst nicht mehr benutzt (eventuell in Folge des Erdbebens von 363). Über lange Jahre hinweg bis zum Ende des 5. Jhs. wurden die Steine der nördlichen und westlichen Mauer, die Fundamente der Stylobate und die Trennwände im Unterbau abgebaut und wiederbenutzt und nur die übrigen Fundamente blieben stehen. Offensichtlich hielt es niemand für notwendig, das Bauwerk wieder aufzubauen, was nur bedeuten kann, daß es seinen Status als städtische Institution verloren hatte. Jetzt hatten die Läden die kommerzielle Rolle der Basilika übernommen und die Kirchen erfüllten die soziale Funktion als öffentliche Versammlungsräume.

Das 5. und die 1. Hälfte des 6. Jhs.

Im 5. Jh. wuchsen die Bevölkerung und Ausdehnung Beit Sheans immer weiter und erreichten in der 1. Hälfte des 6. Jhs.

Abb. 119   Die Treppe des Dionysos-Tempels.

Abb. 120   Die Palladiusstraße mit dem Sigma auf halber Höhe rechts. Der überdachte Bereich rechts hinten gehört zum Westbad. Die Kolonnade ist rekonstruiert. Im Vordergrund rechts sind die Überreste des Torgebäudes zum Tell zu sehen.

Abb. 121   Auch die Nordstraße wurde in islamischer Zeit teilweise mit Gebäuden überbaut, deren Überreste hier zu sehen sind.

einen Höhepunkt. Neue, dicht bebaute Vorstädte wurden errichtet und mit der Stadt durch gepflasterte Straßen verbunden (s. u.: das Amphitheater). Das Gebiet innerhalb der Mauern betrug etwa 1500 dunam, aber es wurden auch viele Reste außerhalb der Mauern gefunden, so daß die Bevölkerung auf etwa 30 000–40 000 geschätzt wird. Um das Jahr 400 wurde die Provinz *Palaestina Secunda* geschaffen, die das Jesreel Tal, unteres Galiläa, nördliches Gilead und den Golan umfaßte und dessen Hauptstadt Skythopolis (*metropolis*) war. Gouverneur und Provinzregierung hatten ihren Sitz hier und dies war für den Ausbau der Stadt von ausschlaggebender Bedeutung. Eine Untersuchung der Weihinschriften zeigt, daß es unter den Kaisern Anastasius (491–518), Justin I. (518–527) und Justinian (527–565) zu intensiven Bautätigkeiten kam. Dabei ist es durchaus überraschend, daß die wahre Blütezeit der Stadt in die Regierungszeit des Kaisers Anastasius fiel und nicht in die Justinians, der im allgemeinen als der größte Bauherr der byzantinischen Periode bekannt ist. Teilweise könnte dies durch zwei bedeutende Ereignisse erklärt werden, die unter Justinian eintraten: Die Pest und die samaritanische Rebellion. Im Winter 541/542 brach im gesamten Osten eine verheerende Pest-

122

epidemie aus, und es ist sehr wahrscheinlich, daß auch Skythopolis davon betroffen war, wenn dies auch nicht belegt ist. Im Jahre 529 gab es während der samaritanischen Revolte gegen die byzantinische Herrschaft Unruhen in der Stadt (s. u., die Silvanusstraße).[5]

Aus vielen Quellen ist zwar bekannt, daß sich die Prokuratoren mit Hilfe staatlicher Mittel am Ausbau der Stadt beteiligten; im Gegensatz zu der vorhergehenden römischen Periode gibt es aber kaum noch Weihinschriften, welche die Stiftungen der Bürger erwähnen. Vielmehr scheinen die Bürger nun vorzugsweise Mittel an religiöse Einrichtungen wie Kirchen, Klöster und Synagogen und nicht mehr an städtische Institutionen zu vergeben.

Die Bevölkerungszunahme führte nicht nur zu einer räumlichen Vergrößerung der Stadt, sondern hatte auch eine dichtere Besiedlung innerhalb des Stadtgebietes zur Folge. Dies und die Tatsache, daß zunehmend öffentlicher Raum für ganz praktische ökonomische Belange genutzt wurde, hat Spuren in Beit Sheans städtischer Planung hinterlassen. Zahlreiche Anlagen wie die Talstraße (und Umgebung) wurden aber weiter benutzt ohne entscheidend verändert zu werden. So wurden z. B. die Mosaikböden der Palladiusstraße durch Marmorfliesen ersetzt und zahlreiche Läden erhielten neue Mosaikböden. Die wichtigsten Veränderungen werden im Folgenden beschrieben.

Das Gebiet der Basilika und der Agora

Wahrscheinlich begann die Umstrukturierung des Geländes der ehemaligen Basilika um das Jahr 500: Raubgräben wurden verfüllt und die sog. «Agora» – im Unterschied zum römischen Forum – wurde begonnen, für deren Konstruktion Spolien verwendet wurden. Der westliche Teil wurde vom israelischen Antikendienst[6], der östliche Teil (Kolonnaden und Basilika-Bereich) von der hebräischen Universität ausgegraben. Eine griechischsprachige Inschrift belegt, daß die Umbauten unter dem Gouverneur Romytalkes, einem *scholasticus* (Rechtsgelehrten), durchgeführt wurden. Die Kolonnaden wurden zuerst mit Mosaiken, kurz danach aber mit bitumenhaltigem Tonstein (*oilshale*) ausgelegt. Von der wahrscheinlich kommerziellen Zwecken dienenden Agora führten Stufen auf die nördlich liegende Palladiusstraße.

Das Gebiet um Nymphäum, Propylon und nördliche Kolonnadenstraße

Am Tellhang wurden die römischen Gebäude inklusive ihrer Fundamente abgetragen und ein größeres Gebiet wurde eingeebnet, um eine große Fläche für Neubebauung zu erhalten. Dort wurden dann bescheidene Wohngebäude und Werkstätten errichtet. Ähnlich der Entwicklung im Bereich des Propylon (siehe oben) wurde die monumentale Kolonnade westlich der Nordstraße abgebaut und statt dessen wurden Werkstätten sowie eine öffentliche Latrine erbaut. Die parallele Kolonnade weiter westlich (jenseits des sog. Forums) blieb jedoch unverändert. Die Läden an der Nordstraße wurden verändert und umgebaut, blieben aber in ihrer generellen Form bestehen (Abb. 121).

Das Gebiet der römischen Stoa, des Bades, der neuen Basilika und der Silvanusstraße

Am Beginn des 6. Jhs. wurden im Bereich südlich des Zentralen Monuments drastische Veränderungen durchgeführt, die den Wertewechsel in der Baupolitik der byzantinischen Zeit deutlich machen: Im Gegensatz zu der reich dekorierten und monumentalen Architektur der vorhergehenden Perioden wurde nun ein an praktischen Belangen und ökonomischen Überlegungen ausgerichteter Ansatz bevorzugt. Das Gelände, das in römischer Zeit eine der luxuriösesten Ausstattungen hatte, diente nun als Gewerbestraße. Auch dieses neue Projekt ist in Plan und Ausführung bemerkenswert, aber in seiner Qualität und dem ästhetischen Niveau nicht mit den römischen Vorgängerbauten vergleichbar.

Die Bodenfliesen des Beckens vor der Stoa wurden entfernt und das ganze Becken mit Asche und Kalkabfall gefüllt. Eine griechische Inschrift aus dem Schutt der Arkaden oberhalb des Beckens erwähnt den Bau einer Basilika in der Zeit des Gouverneurs Entrichios, die aus Mitteln des Kaisers Anastasius finanziert wurde. Es scheint, daß diese Halle über der alten Stoa und dem Becken erbaut wurde, und wenn sie auch groß und schön war, so erreichte sie doch nicht deren Qualität. Die Initiatoren dieses Bauprojektes um 525[7] waren Sallustius und Silvanus, Rechtsgelehrte aus einer Familie von Rechtsgelehrten und städtischen Senatoren. Das Leben dieser Familie und besonders das des Silvanus ist aus den Berichten des Cyril von Skythopolis, dem Biographen der judäischen Wüstenmönche, und des Historikers Prokopius von Caesarea bekannt. Diese Familie von Samaritanern erfreute sich des kaiserlichen Wohlwollens – sehr zum Verdruß der christlichen Bevölkerung. Diese lynchte Silvanus während der samaritanischen Rebellion im Jahre 529. An ihn erinnert unsere Silvanusstraße. Diese östlich

Abb. 122 Die Silvanusstraße mit der rekonstruierten Fassade eines omajjadischen Ladens. Die auf der Straße liegenden Teile der Fassade und die Säulenfragmente zeigen die Auswirkungen des Erdbebens.

Abb. 123 Ein Bronzekrug aus omajjadischer Zeit.

Abb. 124 Fragmente einer Bronzestatue, die zum Einschmelzen gesammelt und in einer Werkstatt an der Talstraße gefunden wurden.

Skythopolis – Vorposten der Dekapolis

der neuen Basilika, oberhalb des älteren römischen Weges, verlaufende Straße, wurde im Fischgratmuster gepflastert und ist ca. 9 m breit, wird aber nach Süden hin schmaler. Die Straße verlief vom Stadtzentrum zu den Höhen südlich der Stadt, wo die neuen Stadtviertel rund um das Amphitheater lagen (s. u.). Die Gehsteige trugen Arkaden aus Marmorsäulen mit korinthischen Kapitellen, wovon heute einige rekonstruiert sind, während andere im Zustand nach dem Erdbeben von 749 erhalten wurden (Abb. 107. 122).

Südwestlich dieses Bereichs fanden ebenfalls Änderungen statt, so verfiel das Ostbad und einige der Statuen wie die der Aphrodite (kapitolinischer Typus mit Farbresten) und einer Nymphe fanden sich zwischen den Hypokausten (Abb. 115) des Caldariums.

Vom Ende der byzantinischen zum Ende der omajjadischen Periode von Skythopolis zu Beisan/Beit Shean

Am Beginn des 7. und vielleicht schon am Ende des 6. Jhs. sind wiederum große Veränderungen in der Stadt zu beobachten. Wir sehen einen Rückgang der Instandhaltung und Pflege des Stadtbildes, so wurden weder das Abwassersystem gewartet noch die öffentlichen Bereiche gepflegt. Wenn auch weiterhin persönlicher Reichtum belegt ist, so änderten sich doch die Prioritäten der Stadtbewohner und mit dem Zerfall der Zentralgewalt, eventuell in Folge des Krieges gegen die Sassaniden, ging auch ein nachlassendes Interesse der Einwohner am öffentlichen Bild ihrer Stadt einher.

Die Einnahme der Stadt durch moslemische Truppen scheint ohne Zerstörung abgelaufen zu sein, und ein großer Teil der Bevölkerung blieb mindestens bis in die Mitte des 8. Jhs. n. Chr. christlichem Glauben verpflichtet. Durch die Neueinteilung der Provinzen verlor Beit Shean seinen Hauptstadtcharakter. In der omajjadischen Periode (661–750) geht der urbane Charakter der Stadt verloren, indem viele Straßen mit Läden und Wohngebäuden überbaut und öffentliche Gebäude nicht mehr erhalten werden, aber gleichzeitig gibt es auch überraschende Bauprojekte. Eine Inschrift aus Glasmosaik berichtet von einem Bau, der vom Kalifen Abdallah Hischam angeordnet und vom örtlichen Gouverneur ausgeführt worden war. Das Gebäude wurde im Bereich der früheren Stoa und des Wasserbeckens angelegt.

Die Läden an der Silvanusstraße wurden durch das Erdbeben von 749 zerstört und zeigen mit ihren reichhaltigen Funden an Keramik- und Glasgefäßen, Metallobjekten (Abb. 123), Schmuck, Flaschen mit Quecksilber für die Vergoldung sowie Silber- und Goldmünzen, daß die Händler der Stadt durchaus wohlhabend waren (Abb. 124).

Als das Erdbeben in der Mitte des 8. Jhs. die Stadt zerstörte, war aus Skythopolis bereits Beisan geworden, eine Stadt die immer noch hoch aufragende Monumente aufwies, die aber Seite an Seite mit schäbigen Basalthütten und engen Gassen standen. Am 18. Januar 749 wurde Beisan dann durch ein verheerendes Erdbeben weitgehend zerstört.

Vom 8. bis zum 14. Jh.

Viele Einwohner, die dem erwähnten Erdbeben entkommen waren, kamen zurück, um wieder in den Ruinen der Stadt zu leben. Diese Siedlung konzentriert sich um das Bett des Nahal 'Amal. Die klare Trennung der Schuttschichten er-

123

124

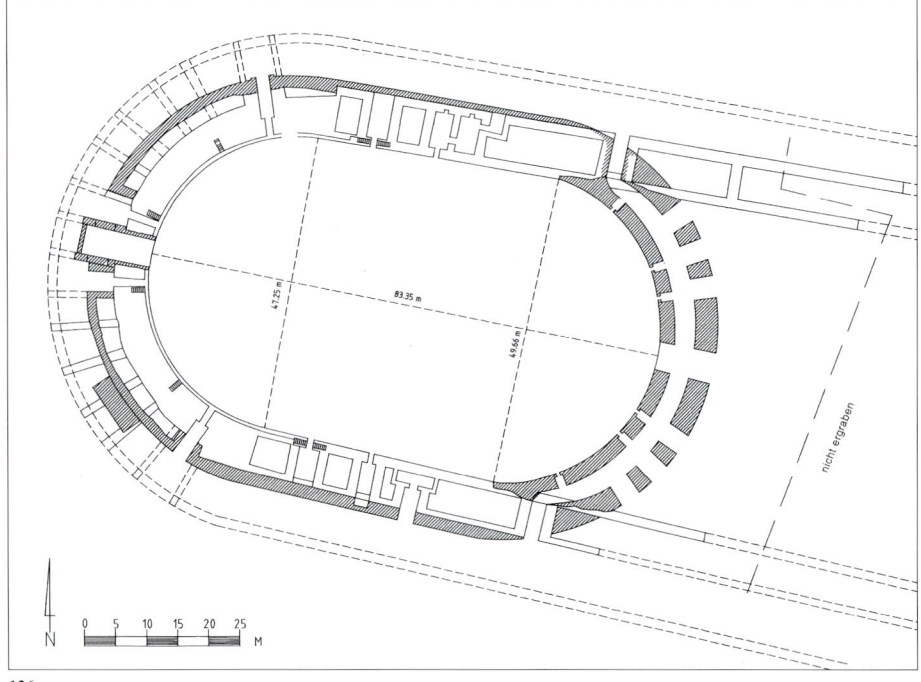

Moschee errichtet. Eine bereits früher gefundene Inschrift besagt weiter, daß der Gouverneur von Syrien 753 ein bedeutendes Gebäude errichten ließ, das aber nicht lokalisiert werden konnte. Die Siedlung bleibt in fatimidischer Zeit klein und wächst auch in mamlukischer Zeit nicht weiter. In osmanischer Zeit gibt es nur wenige Gebäude, die meisten liegen im Bereich der Kreuzfahrerburg.

Das Gebiet des römischen Hippodroms und des Amphitheaters aus dem 4. Jh.

Die hebräische Universität arbeitete auch auf den Höhen südlich des zentralen Tals am römischen Hippodrom, im Amphitheater und im benachbarten Wohngebiet aus gleicher Zeit. Die ältesten Funde möglichte uns eindeutige archäologische Erkenntnisse, so z. B. daß die hellfarbige «Khirbet Mefjer»-Keramik vor der abassidischen Zeit unbekannt war, während die erste glasierte Keramik bereits in omajjadischer Zeit in die Stadt gekommen war. Elemente älterer Gebäude wurden als Spolien in die neuen, eher einfachen Häuser integriert. Die ganze Siedlung hat nun eher dörflichen Charakter. Über der römischen Basilika wurde als einziges öffentliches Gebäude eine kleine

Abb. 125 Der Blick auf das Amphitheater (von Osten) zeigt im Vordergrund den Ostflügel der restaurierten Bogengänge und den Haupteingang zur Arena.

Abb. 126 Rekonstruierter Grundriß des Hippodroms (einfache Linie) und jüngeren Amphitheaters (diagonal gestrichelt). Die unterbrochenen Linien geben hypothetische Rekonstruktionen wieder.

von dort sind Keramikscherben aus der Frühen Bronzezeit I und diese liegen direkt unter den byzantinischen Gebäuden. In der frührömischen Zeit lag dieses Gebiet folglich außerhalb des Siedlungsgeländes und so gibt es keine Gebäude aus der Zeit vor dem Hippodrom. Im 19. Jh. war das Amphitheater noch sichtbar, aber zu Beginn der Ausgrabungen war es komplett überlagert, so daß wir es neu «entdecken» konnten.

Das Amphitheater aus dem 4. Jh.

Es handelt sich um eine ellipsenförmige Anlage von 102 m x 67 m Größe; das Ostende ist etwas breiter als das Westende gestaltet (Abb. 125). Die Tribünen waren hauptsächlich aus Basalt erbaut, aber die Innenmauern und Sitze bestanden aus Kalksteinen aus den Steinbrüchen am Berg Gilboa und gaben dem Gebäude ein beeindruckendes Aussehen.

Die Arena ist 82 m x 47 m groß, hatte einen Boden aus gestampfter Erde und wurde von einer 3,2 m hohen Mauer aus vier Reihen sorgfältig bearbeiteter Kalksteine mit einem krönenden Gesims umgeben. Nur im Westen sind drei Sitzreihen mit einer Lage niedriger Steine auf der untersten Reihe erhalten, die als Fußstützen dienten. Das Gesims zeigt quadratische Löcher, die wahrscheinlich ein hölzernes Geländer hielten, um so Unfälle zu verhindern. Vor den Sitzreihen ermöglichte ein schmaler Zwischenraum Bewegung und wahrscheinlich gab es ähnliche Passagen auch im oberen Bereich der *cavea*. Oberer und unterer Bereich waren durch Gänge mit Stufen verbunden, und es gab insgesamt wohl 10–12 Sitzreihen, was bei einer Breite von 70 cm und einer Höhe von 45 cm 5000–7000 Sitze ergibt. In der Mitte der Nord- und Südseite befanden sich Plattformen, auf denen die Sitze für den Spielleiter, den Ansager und das Orchester (Norden) sowie für die Ehrengäste (im Süden mit der Sonne im Rücken) gewesen sein werden. Betreten wurde das Theater durch verschiedene *vomitoria*.

Außen waren die Mauern weiß verputzt, und an einigen Stellen ließen sich Freskoreste – meist in rot – erkennen; nur ein Motiv war gut genug erhalten, um als Baum erkennbar zu sein. Vielleicht war er Teil einer Jagdszene. In der Arenamauer fanden sich kleine Räume unterschiedlicher Funktion, die zu verschiedenen Zeiten eingebaut wurden; im Nordteil lagen zwei größere Räume.

Der Boden fällt nach Osten leicht ab und im Westen ist das Gebäude in den gewachsenen Felsen eingetieft. Von dort gibt es somit keinen Eingang; der innere Eingang im Westen ist nur ausgeführt, um eine architektonische Symmetrie zum östlichen Eingang zu erreichen. Dort befand sich der Haupteingang, der aus einem durchgehenden Gewölbe mit anderen rechtwinklig anschließenden Gewölben bestand (Abb. 125).

Die Ausgrabungen haben gezeigt, daß sich an gleicher Stelle zuvor ein Hippodrom für Wagen- und Pferderennen befand. Seine genaue Länge ist unbekannt, aber es ist wahrscheinlich, daß es zwei- bis dreimal so lang wie das Amphitheater war. Das Hippodrom war in römischer Zeit (wohl im 2. Jh. n. Chr.) erbaut worden, und wurde im 4. Jh. in ein Amphitheater umgebaut. Ob dies auf eine Änderung im Publikumsgeschmack oder auf finanzielle Probleme beim Betrieb des sehr viel größeren Hippodroms zurückging, ist unklar. Der westliche Teil des Hippodroms wurde für das Amphitheater benutzt, aber der östliche Teil wurde verkürzt, so daß hier ein Teil der *cavea* neu gebaut werden mußte (Abb. 126). Das Fassungsvermögen der *cavea* wurde teilweise durch weiter außen verlaufende Parallelmauern vergrößert, während alle nicht verwendeten Mauern des Hippodroms fast vollständig abgebaut wurden. Die Verwandlung eines Hippodroms in ein Amphitheater wie in Beit Shean beschrieben, wurde anhand von Beispielen in anderen Orten wie Neapolis (Nablus) in Palästina, Gerasa und Aphrodisias in Kleinasien rekonstruiert.

Es ist sehr unwahrscheinlich, daß im 4. Jh. – nach dem Sieg des Christentums – römische Gladiatorenkämpfe (*ludi*) in unserem Amphitheater stattfanden. Dagegen wurden Jagdspiele (*venatio*), in denen Gladiatoren mit Raubtieren oder Raubtiere gegeneinander kämpften, genau wie sportliche Wettkämpfe und andere Aufführungen von den Christen wohl eher akzeptiert. Das Amphitheater wurde wahrscheinlich bis in die zweite Hälfte des 6. Jhs. benutzt.

Später wurden in der Arena omajjadische Keramiköfen errichtet, bevor das Theater durch Erdbeben teilweise zerstört wurde. Nach der Mitte des 8. Jhs. und in mamlukischer Zeit wurden die unterirdischen Gewölbe teilweise bewohnt, wie ein Hortfund mamlukischer Silbermünzen zeigte. Viele der Steine des Theaters wurden durch die Zeiten für andere Gebäude entfernt, ganz besonders während der Kreuzfahrerzeit, als viele Quader und Sitze für die ca. 300 m entfernte Kreuzfahrerburg verwendet wurden. Das Amphitheater wird im Moment teilweise wieder aufgebaut.

Straße und byzantinisches Wohnquartier nördlich des Amphitheaters

Nördlich des Amphitheaters entwickelte sich im 5. Jh. eine neue Vorstadt, die somit Teil der Stadtentwicklung in diesem und dem folgenden Jahrhundert war. Auch hier fand sich eine Straße aus Basaltsteinen, die im Fischgrätmuster mit einer leicht erhöhten Mittellinie gelegt worden waren. Die Ähnlichkeit zur im Jahre 515 identisch gepflasterten Silvanusstraße läßt vermuten, daß es sich bei dieser Straße um eine Fortsetzung derselben handelt; beide bildeten somit die Hauptverbindung zwischen der Stadt und den südlichen Vororten. Nur wenige Gebäude entlang dieser Straße wurden ausgegraben, so die Reste einer älteren Halle, vielleicht der Empfangsraum eines städtischen Würdenträgers.

Die Straße wird dann nördlich des Amphitheaters etwas breiter und ist mit parallel liegenden Basaltsteinen gepflastert. In das Pflaster sind zwei Inschriften eingelassen, wobei die Buchstaben der längeren mit Blei ausgegossen wurden. Die Inschrift besagt: «In den Tagen des Flavius Orestes, des großartigsten *comes* und *archon*, wurde die bemerkenswerte Arbeit am Pflaster und am neuen Wassersystem unter der Aufsicht des Sylvinus, Sohn des Marinus, des ehrenwerten *comes* und *protos*, im Jahre 15 der *indictio*, dem Jahr 585 ausgeführt.» Ein Abgleich mit der Zeitrechnung der Stadt ergibt so das Jahr 522.

Da die alten Wasserrohre durch Ablagerungen verstopft waren, wurden diese gleichzeitig erneuert. Auch Läden und andere Gebäude wurden auf beiden Seiten der Straße und über dem verlassenen Amphitheater gebaut. Später existierte eine ländliche Siedlung in diesem Bereich und Funde bis in die Mandatszeit wurden hier getätigt.

Mohammed Najjar

Rabbath Ammon – Philadelphia – Amman

Lage und Forschungsgeschichte

Rabbath, Rabbah, Rabbat bene Ammon, Königliche Stadt, Stadt des Wassers, Astarte, Philadelphia of *Koile Syria*, Amman, all dies sind Namen derselben Stadt.

Städte, die so viele Namen erhielten, haben meist nicht nur ein langes, sondern auch ein ereignisreiches Leben hinter sich; denn diese vielen Namen reflektieren in den meisten Fällen auch das vielfältige Leben einer Stadt und ihrer Bewohner (Abb. 127). Und so sind die Namen einer Stadt auch eine mögliche Quelle, um ihre Geschichte zu studieren.

Amman wurde wie so viele andere Städte der Region von U. J. Seetzen und J. L. Burckhart besucht, spätere gründlichere Untersuchungen wurden von C. R. Conder für den *Palestine Exploration Fund* und H. C. Butler für die *Princeton University* durchgeführt. Im Rahmen von Butlers Arbeiten wurden auch die ersten Pläne der Stadt aufgenommen und Photographien hergestellt, die uns heute wertvollen Aufschluß über die antiken vielfach überbauten Gebäude geben (Abb. 132).

Die Geschichte der Stadt Amman

Die frühesten kulturellen Hinterlassenschaften, die innerhalb Groß-Ammans gefunden wurden, gehen bis in das Ältere und Mittlere Paläolithikum zurück (250 000–100 000 v. Chr.). Die Steinwerkzeuge, die in Umm Uthina im Westen Ammans gefunden wurden, datieren in diesen Zeitraum und gehörten Jägern und Sammlern. Aus dem Mousterien wurden Werkzeuge im Wadi Qattar östlich von Amman entdeckt. Dort waren sie von umherziehenden Jägern hergestellt worden, während diese auf das Wild warteten. Keine dieser Fundstätten zeigte architektonische Reste. Die folgenden Perioden sind durch Spuren aus dem Epi-Paläolithikum (18 000–9500 v. Chr.) und dem vorkeramischen Neolithikum B dokumentiert. Einer der bekanntesten Orte dieser vorkeramischen Zeit ist 'Ain Ghazal, das etwas nördlich des heutigen Zentrums von Amman und am gleichen Flußlauf lag. 'Ain Ghazal war etwa von 8500–6800 v. Chr. besiedelt und war mit 15 ha nicht nur sehr groß, sondern zeigte auch beachtliche architektonische und kulturgeschichtliche Überreste (Treppen, Straßen, verputzte Wände und Fußböden, die berühmten unterlebensgroßen Statuen [Abb. 129] etc.). Aus dem Chalkolithikum sind Siedlungsreste wiederum aus Wadi Qattar und vom Fuße der Zitadelle bekannt. In der Bronzezeit war es wieder die Zitadelle, die besiedelt und befestigt war (die untere Terrasse seit der FBZ I); Gräber wurden allerdings auch in vielen anderen Stadtteilen gefunden.

Während das Reich der Ammoniter bereits in der Bibel auftaucht, wird dort über Amman selbst wenig berichtet, auch zeitgleiche ägyptische Quellen schweigen. Die Stadt findet erst wieder Erwähnung in den neuassyrischen Texten, wo Salmanassar III. und Tiglat Pilesar III. (8. und 7. Jh. v. Chr.) ihre Abgaben aufzählen. Die dort erwähnte Stadt hieß Rabbat und der Distrikt Rabbatammana. Eisenzeitliche Reste wurden aber auch in den Gra-

127

128

bungen unter dem römischen Forum in der Unterstadt sowie auf der unteren Terrasse der Zitadelle entdeckt. Aus babylonischer und persischer Zeit haben wir zu wenig archäologisches Material, um die Geschichte der Stadt zu rekonstruieren. Besonders schwierig wird die Situation durch den geringen Unterschied der materiellen Kultur zwischen der Eisenzeit und der persischen Periode (mit Ausnahme einiger Prestigegüter).

Das klassische Amman

Die Geschichte

Als Alexander 323 v. Chr. seine Expedition nach Syrien und Ägypten startete, wollte er nicht nur die Unabhängigkeit Griechenlands sichern, sondern auch die Verbindungswege zu noch weiter gesteckten Eroberungszielen sichern. Nach Alexanders Tod zerfiel sein östliches Reich in einen ägyptischen Teil unter Ptolemäus I. Soter (Regierungszeit: 305–282 v. Chr.) und einen babylonisch-syrischen Teil unter Seleukos I. Nikator (311–281 v. Chr.). Seleukos dehnte seinen ursprünglich auf Babylonien beschränkten Einfluß auf Syrien aus und eroberte für kurze Zeit auch das Land von Ammon. Überhaupt lag das Gebiet der Dekapolis-Städte genau zwischen den beiden Blöcken der Seleukiden und Ptolemäer, so daß sie häufig Ziel von Eroberungen waren und unter verschiedene Einflußsphären gerieten. Ptolemäus II. (282–246 v. Chr.) eroberte die Stadt zurück und gab ihr den Namen Philadelphia sowie die Rechte einer *polis*. Die Stadt gehörte zur Provinz Syrien, deren Bedeutung durch die Zahl der verwaltenden Beamten deutlich wird. Während des 3. syrischen Krieges (221–217 v. Chr.) fiel die Stadt dann wieder für kurze Zeit an die Seleukiden unter Antiochos III., nachdem ein Gefangener die Lage des unterirdischen Tunnels, der unter der Stadtmauer entlang verlief und der Wasserver-

129

130

Abb. 127 Ansicht der Zitadelle von Amman mit der modernen Stadt im Hintergrund (im Nordwesten).

Abb. 128 Die hellenistische Anlage Iraq el-Amir.

Abb. 129 Kopf einer neolithischen Figur aus 'Ain Ghazal.

Abb. 130 Relief einer Raubkatze, wie sie auf den Ecken des «Palastes» von Iraq el-Amir zu finden sind.

sorgung diente, verraten hatte, so daß den Verteidigern der Stadt die Wasserzufuhr abgeschnitten werden konnte. Bereits 217 v. Chr. wurde die Stadt wieder ptolemäisch, allerdings nur bis zum 4. syrischen Krieg, in dem sie 200 v. Chr. von den siegreichen Seleukiden an die mit ihnen verbündeten arabischen Stämme

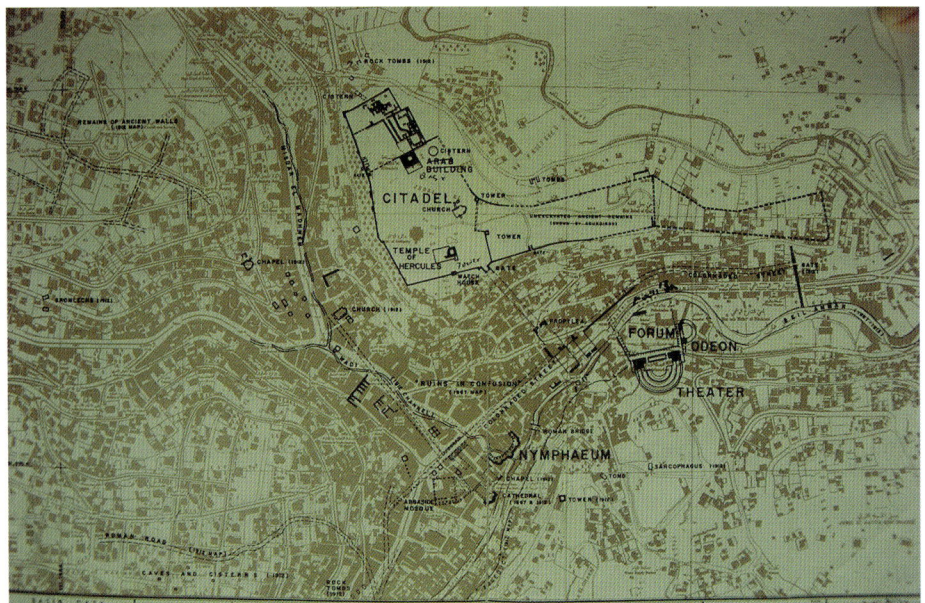

131

132

(«Birta») doch in der Zitadelle von Amman lokalisiert werden könnte.[1]

Die Bibel berichtet uns über die Situation während des Makkabäischen Krieges (165–160 v. Chr.)[2] und beschreibt, daß Amman selbst keine größeren Zerstörungen erlitt, obwohl umliegende Gebiete stark in Mitleidenschaft gezogen wurden. Der nabatäische Einfluß hatte sich unterdessen immer weiter nach Norden bis Damaskus ausgedehnt, so daß die Nabatäer Philadelphia wahrscheinlich gegen die frühen Makkabäer und später auch gegen Alexander Jannäus (103–76 v. Chr.) halten konnten. Erwähnt werden die «Tyrannen» Zenon Cotylas und sein Sohn Theodoros. Die von F. Zayadine in das 2. Jh. v. Chr. datierten Befestigungsmauern der unteren Terrasse auf der Zitadelle könnten mit diesen unsicheren Zuständen zusammenhängen. Für diese Zeitspanne haben wir aber nur sehr wenige archäologische Belege (s. u.).

Im Jahre 64 v. Chr. konnte Pompejus die Provinz Antiochien dem Römischen Reich einverleiben und beendete damit endgültig die Herrschaft der Seleukiden. Die gesamte Verwaltungsstruktur wurde neu geordnet und die Provinz Syrien umfaßte nun Städte, die vorher nabatäisch oder auch hasmonäisch gewesen waren. Diese Neuordnung war von entscheidender Bedeutung für die zukünftige Geschichte der Stadt Philadelphia. Die Stadt war eines der Gründungsmitglieder des Zehnerbundes «Dekapolis» (der allerdings oft mehr als zehn Städte umfaßte), der von den Römern ins Leben gerufen bzw. wiederbelebt wurde. Die Wiederherstellung der Unabhängigkeit dieser Städte brachte sie zu neuer Blüte, was durch Münzinschriften, die den Beginn einer neuen Ära verkünden und damit im kalendarischen System belegt ist. Auch in Philadelphia war das Jahr 64/63 v. Chr. das Jahr, nach dem alle folgenden Ereignisse datiert wurden. Die schriftlichen Quellen zwischen 63 v. Chr. und 75 n. Chr. sagen uns aber leider nicht viel über die Geschichte der Stadt.

übergeben wurde. Bei diesen Stämmen kann es sich durchaus um Nabatäer gehandelt haben, für die Philadelphia, an mehreren Handelsrouten gelegen, sehr wichtig war. Nicht nur die Route direkt aus dem Süden, die vom Hejaz über Petra ging, sondern auch eine zweite eher östlich gelegene Route über Wadi Sirhan und Azraq könnte durch Philadelphia geführt haben.

Für eine kurze Zeit war die westliche Ammanitis unter der Kontrolle des Hyrcanus, nach Josephus ein Abkömmling der Familie des Tobias, der nach Transjordanien floh, weil er mit seiner Familie in Streitigkeiten über die Steuereinnahmen in Jerusalem geraten war. Von ihm stammt wahrscheinlich das bedeutendste hellenistische Bauwerk dieser Zeit in der Umgebung Ammans, die Anlage in Iraq al-Amir. Aus dem in Fayyum (Ägypten) gefundenen Zenon-Archiv (Mitte des 3. Jhs. v. Chr.) ist bekannt, daß der Distrikt um Philadelphia den Namen Ammanitis trug. In diesem Archiv sind zahlreiche Geschäftsvorgänge und Verträge erwähnt, die in der «Birta der Ammanitis» geschlossen wurden. Dieser Ort wurde lange Zeit in Iraq el-Amir (21 km westlich der Zitadelle von Amman) vermutet (Abb. 128. 130), da dort aber keine archäologischen Reste aus der Mitte des 3. Jhs. v. Chr. gefunden wurden, geht man unterdessen davon aus, daß dieser Ort

Abb. 131 Plan der modernen Stadt Amman mit unterliegender Rekonstruktion verschiedener Elemente des römischen Amman: Straße, Theater etc. (Hadidi 1978).

Abb. 132 Eine Ansicht des Theaters vom Beginn des 20. Jhs., links das Odeion.

Abb. 133 Blick von Norden auf das rekonstruierte Theater und Odeion.

Abb. 134 Plan des römischen Philadelphia mit Ober- und Unterstadt (Northedge 1992).

Das bedeutsame Recht, Münzen zu prägen, wurde der Stadt spätestens unter Titus (79–81 n. Chr.) verliehen; die frühesten Münzprägungen aus Philadelphia stammen aus dem späten 1. und frühen 2. Jh. n. Chr. Unter Trajan (89–117 n. Chr.) fanden einschneidende Veränderungen in der Provinzeinteilung statt: Er vereinnahmte 106 n. Chr. das nabatäische Reich und formte die neue Provinz Arabia, in die Philadelphia (und Gerasa) eingegliedert wurden.[3] Mit diesem Verlust der Autonomie gingen aber auch Vorteile einher, denn die nun einsetzende *pax romana* war der Beginn einer friedlichen und stabilen Zeit, die der Region große ökonomische Möglichkeiten bot. Die Eroberung des Nabatäerreiches beendete auch dessen Monopol über zahlreiche Handelswege im Landesinneren, was so lange und so erfolgreich bestanden hatte, und öffnete so für Philadelphia neue Möglichkeiten der Entwicklung. Von der Konstruktion der *Via Nova Trajana*, der großen neuen Straße zwischen der Provinzhauptstadt Bostra und Aqaba (dort 111/112 n. Chr. beendet), profitierten vor allem auch die daran liegenden Städte wie Gerasa und Philadelphia (an einem Abzweig). Die meisten antiken Bauwerke der Stadt stammen aus antoninischer Zeit.

Die Unterstadt

Die Zitadelle in Amman war seit langer Zeit bebaut; das Tal um den *Seil* am Fuße derselben wurde in hellenistischer Zeit ebenfalls besiedelt, obwohl wir davon nur wenige Reste (in der Hauptsache Keramik und Münzen) haben. In römischer Zeit wurde dann in größerem Maße gebaut und erst im 2. Jh. n. Chr. können wir davon ausgehen, daß sich das Stadtzentrum in die Unterstadt verlagert hatte.

Die strukturierenden Elemente der Unterstadt waren die römischen Straßen (Abb. 131. 134), der NW–SO verlaufende Cardo (parallel zur Mauer auf der Akropolis), der in seiner Ausrichtung der modernen King Hussein Straße entspricht, und der NO–SW verlaufende Decumanus Maximus (etwa entlang der Haschemi Straße), der östlich des Forums entlang des Flußufers führte. Kleine Stücke des Cardo wurden nördlich des Gebäudes der Zentralbank freigelegt und

133

134

zeigten Kolonnaden mit korinthischen Kapitellen an einer 10 m breiten Straße. Entlang des Decumanus, der außerhalb der Stadt zur Via Nova wurde, wurden ebenfalls korinthische Kapitelle gefunden und Säulen in zwei unterschiedlichen Größen. Die wichtigsten römischen Gebäude lagen entlang dieser beiden Straßen.

Die durch den jordanischen Antikendienst durchgeführten Untersuchungen haben gezeigt, daß das Gebiet des Forums und der vorbeiführenden Straße als erstes aufgeschüttet und eingeebnet worden war. Dies war in erster Linie geschehen, um das Gelände so zu erhöhen, daß die Überschwemmungen der Regenzeit es nicht mehr erreichen konnten, aber auch, um eine größere ebene Fläche zu schaffen. Die Terrassierung ruhte auf Gewölben mit unregelmäßigem Querschnitt von 1,70–2,50 m Breite. Der Fund von Tonrohren zeigt, daß der Entwässerung des Forums große Aufmerksamkeit gewidmet wurde. Der Flußlauf oder *Seil* bestimmte das Aussehen und die Ausrichtung der Stadtplanung, da sich alle Gebäude und Straßen nach ihm richteten. Wahrscheinlich war auch der Fluß selbst zum Teil mit Tonnengewölben überbaut, was ihn sowohl sauber hielt als auch vermehrt Platz schaffte.

Das Forum lag südlich des *Seil* und war auf der Nordseite durch eine Brücke mit dem Decumanus verbunden. Es befand sich auf der trapezoiden Fläche (ca. 8000 m²), die zwischen Theater, Odeon und dem Flußverlauf lag.[4] Auf der West-, Süd- und Ostseite war es von Portiken umgeben (Abb. 132). Die Südportikus liegt ca. 3 m nördlich des großen Theaters. Das älteste, eindeutig datierbare Gebäude am Forum ist dieses römische Theater, das einer dort gefundenen Inschrift nach 151 n. Chr. unter der Regierung von Antoninus Pius (138–161 n. Chr.) erbaut worden war. Die Konstruktion der Ränge in den Berghang nutzt die topographischen Gegebenheiten geschickt aus und seine 33 Reihen konnten rund 6000 Zuschauern Platz bieten (Abb. 133). Nordöstlich des Theaters befand sich das kleine, nur teilweise überdachte Odeion mit einer Zuschauerkapazität von 600 Personen.[5] Beide Gebäude bilden zusammen mit dem Forum eine architektonische Einheit. Stratigraphische Hinweise deuten auch auf eine gleichzeitige Entstehung von Odeion und Forum. Wahrscheinlich dienten sowohl Theater als auch Odeion nicht nur kulturellen Zwecken, sondern auch zu Versammlungen für die politische Verwaltung der Stadt. Am Forum wurde in der Regierungszeit des Kaisers Commodus (167–192 n. Chr.) eine dreischiffige Portikus errichtet, welche die Inschrift «Errichtet von der Stadt Philadelphia im Jahre 189 n. Chr.» trug. Ein Bad und eine vierschiffige Portikus lagen nahe beim Forum.

Wenige 100 m weiter westlich befinden sich die Überreste eines der wohl eindrucksvollsten Gebäudes der Unterstadt, des Nymphäums (Abb. 134). Es handelt sich um ein zweistöckiges Gebäude, das wie ein halbes Oktagon geformt und 68 m lang ist. Es konnte vom Decumanus über

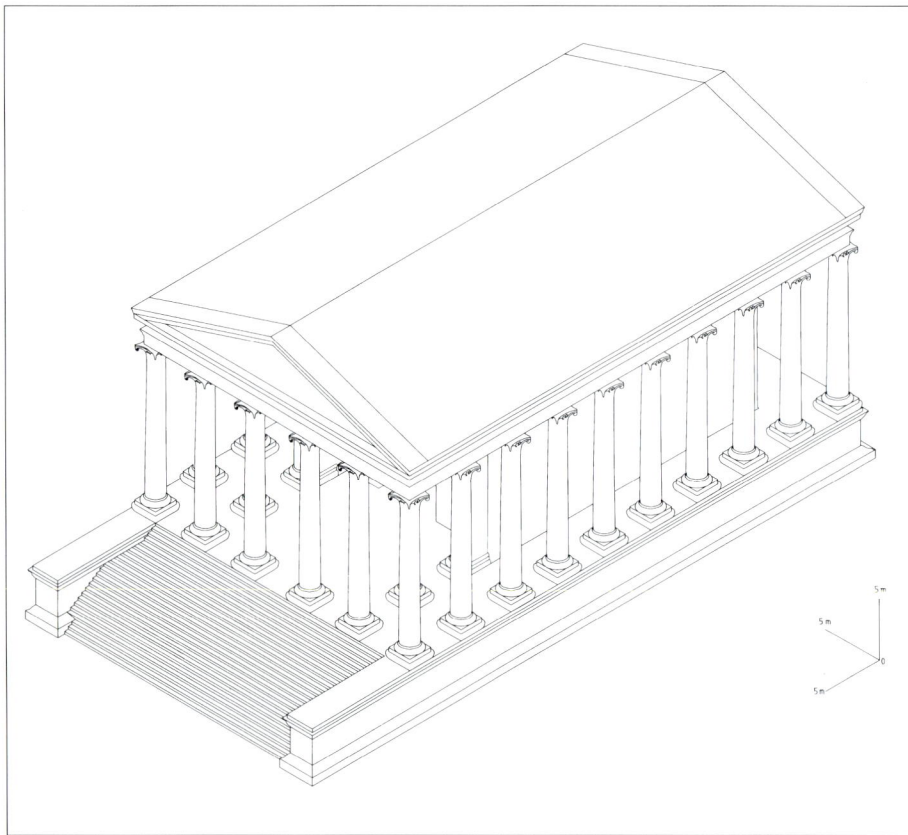

Abb. 135 Blick von Nordwesten auf das Tempelpodest.

Abb. 136 Rekonstruktionszeichnung des Tempels (Kanellopoulos 1994).

Abb. 137 Ansicht des Tempels mit wiederaufgebauten Säulen.

Abb. 138 Rekonstruktion der Fassade (Kanellopoulos 1994).

137

138

einen kleinen Vorplatz betreten werden. Die Fassade war mit Säulen, Rücksprüngen und Nischen gegliedert und die gerade erst beendeten Ausgrabungen haben zwei Köpfe von Nymphen erbracht, denen dieses Gebäude auch gewidmet war.

Es erscheint zweifelhaft, daß die Unterstadt während der römischen Periode gänzlich von einer Stadtmauer umgeben war. Historische Quellen erwähnen im 4. Jh. Repressionen gegen Christen, von denen auch Philadelphia betroffen war. Ein in Philadelphia hingerichteter Märtyrer war der Heilige Elianus, der seinen Laden am Gerasa-Tor hatte. Er wurde verhaftet und nahe am Madaba-Tor hingerichtet. So wissen wir also von mindestens zwei Stadttoren zu diesem Zeitpunkt. Alte Pläne aus dem 19. Jh.[6] zeigen noch ein weiteres Tor am östlichen Ende des Decumanus. Es ist aber wahrscheinlich, daß es sich bei allen drei Toren um freistehende Strukturen handelte, die generell die Grenzen der Stadt anzeigten und nicht unbedingt in eine Stadtmauer inkorporiert waren.

Erst Zitadelle – dann Akropolis – heute Qal'a

Auf der Akropolis befanden sich in römischer Zeit neben anderen Gebäuden vor allem zwei große Tempel. Der hier zuerst erwähnte Herkulestempel und der weiter nördlich liegende zweite Tempel.

Die Unterstadt war mit der Oberstadt durch eine monumentale Treppe verbunden. Nördlich des Flusses und westlich des Forum befand sich das große Süd-Propylon, das wohl in gleicher Entfernung zwischen Theater und dem Torbau auf der Akropolis stand. Von dem dreitorigen Propylon, das reich mit Säulchen, Nischen, Pilastern und Friesen verziert war, sind im modernen Ammaner Straßengewirr keine Reste mehr zu finden.[7] Hinter diesem Propylon führte die Treppe dann nach oben zur Stadtmauer, welche die Akropolis vollständig umgab. Die Kombination von Propylon, monumentaler Treppe und Tempel erinnert unmittelbar an das Artemision in Jerasch.

Die Akropolis lag auf der schon seit langem besiedelten Zitadelle (modern Jebel al-Qal'a), die sich L-förmig nach Norden zieht. Die Zitadelle besteht aus drei Terrassen; die untere Terrasse liegt am südlichen Ende, die obere Terrasse am nördlichen Ende der Langseite, dazwischen die mittlere (Abb. 134). Die Mauer um die Zitadelle ist in Teilen sicher älter, in der Hauptsache aber stammt sie aus dem 2. Jh. n. Chr. und wurde erst in omajjadischer Zeit wieder gründlich erneuert. Die erste römische Mauer war wahrscheinlich nur als – wenn auch beein-

Abb. 139 Fragment einer Kolossalstatue.

Abb. 140 Ein Turm der Stadtmauer auf der Zitadelle mit byzantinisch-islamischen Ausbesserungen.

Abb. 141 Luftaufnahme der Zitadelle vom Anfang der 90er Jahre. Links oben der omajjadische Palast, links unten der Tempel des Herkules.

Abb. 142 Ansicht des omajjadischen Gouverneurspalastes auf der Zitadelle in Amman (Zustand 1996).

druckende – Umfassung des nördlichen Tempels geplant. Erst etwas später wurde die Gesamtanlage mit einer Mauer umbaut; diese dürfte generell 3,2 m breit und außen in Läufer-Binder-Technik gesetzt gewesen sein, während Kern und Innenseite weniger sorgfältig gearbeitet waren.

Am oberen Ende der zuvor erwähnten Treppe befand sich das südöstliche Tor des Temenos (Tor C), dessen äußere, unregelmäßig halbrunde Form auf die Zwickelposition zwischen der Temenosmauer des großen Tempels und der ankommenden Treppe zurückgeht. Durch eine über 4 m breite Schwelle gelangte man in den Torraum, und von dort über einen Stylobat, der in einer Linie mit der Temenosmauer lag, in den eigentlichen Hof. Vom 122 x 73 m messenden Temenos sind nur wenige Teile der Außenmauer erhalten, die überhaupt erst nach der kürzlich erfolgten Grabung erkennbar wurden.[8] Im Westen erhob sich das Temenos etwa 7,5 m über das umgebende Gelände. Der Boden des Temenoshofes war leicht geneigt, da die natürliche Form des Hügels nur unvollkommen durch Terrassierungen ausgeglichen wurde. Diese Tatsache sowie die vielen wenig sorgfältig ausgeführten Details und zum Teil gar nicht beendeten Bauteile deuten auf finanzielle Schwierigkeiten bei der Fertigstellung des Bauwerks.

Der vom Erdbeben fast vollständig zerstörte Tempel selbst stand auf einer künstlichen Plattform, die sich etwa 2 m über die Umgebung erhob und um eine Felsnase herum gebaut worden war (Abb. 135). Die höchste Stelle dieses Felsens lag im Pronaos und ist von Bartoccini als «*sacred rock of the Ammonites*» beschrieben worden.[9] Die ausgedehnten Grabungen rund um den Tempel erbrachten neben älteren Benutzungsspuren auch Teile der Baudekoration und die Weihinschrift vom Architrav, die den Tempel in die Zeit des Marc Aurel (161–180 n. Chr.) datiert. Die Inschrift lautete «Dem Wohlergehen der Kaiser Marcus Aurelius Antoninus und Lucius Aurelius Verus gemeinsam mit denen ... weihte er das Heiligtum dem Gott ... und errichtete den Tempel? ... Im Namen des Geminius Marcianus Legat des gerechten Kaisers. Im Jahre ...».[10] Geminius Marcianus, der Legat der Provinz Arabia von 161–166 n. Chr., ist auch aus anderen Inschriften bekannt.

Der Peripteraltempel läßt sich nur mit Mühe in seinen Einzelheiten rekonstruieren; er war 43 x 26,5 m groß und hatte neun oder zehn Säulen an den Längsseiten und sechs Säulen an den Breitseiten[11] (Abb. 136). Die knapp 14 m hohen Säulen und der Giebel des Tempels

141

142

sind von weit her sichtbar gewesen (und die wiederaufgerichteten Säulen sind es heute auch wieder; Abb. 137). Zahlreiche sorgfältig überlegte Details müssen dem Tempel ein außerordentlich beeindruckendes Äußeres verliehen haben (Abb. 138), so wurden die Proportionen von Temenos und Tempel aufeinander abgestimmt, um den Tempel selbst noch mächtiger erscheinen zu lassen.

Ein Besucher der Akropolis, vom Forum der Unterstadt kommend, mußte also den Temenos des Herkules-Tempels durchqueren und gelangte durch ein Tor in der Nordseite der Temenosmauer zum Dekumanus Maximus auf der Akropolis. Dies erklärt auch die weit nach Westen verschobene Lage des Tempels innerhalb des Temenos.

Die – auch hier vertretene – Dedikation des Tempels an Herkules ist nicht eindeutig belegt. Eine ammonitische Inschrift, die 1960 auf der Zitadelle gefunden wurde, bezieht sich auf den alten ammonitischen Gott Melkom/Melkart, mit dem Herkules später gleichgesetzt wurde. Eine übergroße Statue des Halbgottes Herkules (in den arabischen Quellen auch als Goliath bezeichnet) soll beim Tempel gestanden haben. Es ist daher sehr wahrscheinlich, daß die Fragmente einer Kolossalstatue (Abb. 139), die auf dem Gelände der Zitadelle gefunden wurden und heute vor dem Museum ausgestellt sind, Teile dieser Statue waren.[12] Von verschiedenen Münzen und aus einer Inschrift, die in der Kirche des heiligen Georg auf dem Jebel al-Waibdeh, der weniger als einen Kilometer entfernt ist, als Spolie aufgefunden wurde, wissen wir außerdem von Festspielen, die dem Herkules gewidmet waren und im Herakleion stattfanden. Solange aber keine Inschrift den Tempel auf der Zitadelle eindeutig dem Herkules zuordnet, kann die Benennung nur vorläufig sein.[13]

Das Erdbeben von 749/50 zerstörte den Tempel weitgehend, und die Überreste wurden für andere, spätere Bauwerke auf der Zitadelle benutzt (Abb. 140).

Über den Decumanus auf der Akropolis gelangte man auf die obere Terrasse der Zitadelle, wo sich der nördliche Tempel befand, der durch verschiedene Erdbeben noch vollständiger zerstört und dann in byzantinischer und islamischer Zeit überbaut wurde (Abb. 141). Seine Ausmaße sind nicht endgültig geklärt. Wenige Reste des Temenosfußbodens und der Temenosmauern sind heute noch in den Außenmauern des Mittelteils des omajjadischen Gouverneurspalastes (siehe Beitrag Walmsley) zu erkennen. Der ursprüngliche Eingang zum Temenos wurde im Bereich der omajjadischen Empfangshalle lokalisiert (Abb. 142). Der eigentliche Tempel lag eventuell noch weiter nördlich, denn unter der omajjadischen Residenz wurden die Fundamente eines großen Gebäudes gefunden. Der Tempel hätte sich somit unter dem nördlichsten Drittel des islamischen Bauwerks befunden, während der Temenos seinen mittleren und Teile des südlich anschließenden Bereichs einnahm. Der römische Tempel könnte in das späte 1. oder wahrscheinlicher in das 2. Jh. n. Chr. datieren.

Eine weitere Göttin, die im römischen Philadelphia verehrt wurde, war die Stadtgöttin oder Tyche; mit welcher anderen Gottheit sie in Philadelphia verbunden war, ist bisher noch unbekannt. Der Kult einer Stadtgöttin könnte sehr viel älter sein als der Kult der römischen Tyche, da uns spätantike Quellen vorliegen, die den Namen der Stadt mit Astarte angeben, bevor sie zu Philadelphia wurde. Es gibt zahlreiche Belege für den Kult der Astarte (oder Aschtar) aus der Umgebung von Amman, und es ist sehr wahrscheinlich, daß diese Verehrung in der römischen Zeit unter dem Namen Asteria fortgesetzt wurde. In der römischen Mythologie tritt die Astarte häufig gemeinsam mit Herkules auf, so daß wir mit einiger Wahrscheinlichkeit annehmen können, daß Astarte oder Asteria die Tyche von Philadelphia war; so wie Artemis mit der Tyche von Gerasa gleichgesetzt wurde. Ein Kopf der Tyche, der wohl aus dem Bereich des nördlichen Tempels

stammt, ist heute im Archäologischen Museum ausgestellt (Abb. 143).

Der Beginn der 2. Hälfte des 3. Jhs. n. Chr. markiert den Beginn einer langen Periode der ökonomischen und sozialen Unsicherheit im römischen Reich. Zahlreiche geplante Bauvorhaben wurden gar nicht erst begonnen oder nicht fortgesetzt und die vorhandenen Bauten zeigen deutliche Zeichen von Vernachlässigung und fehlender Instandsetzung. Der Tempel des Herkules auf der mittleren Terrasse wurde nach dieser Zeit wahrscheinlich nicht mehr genutzt. Die untere Terrasse der Zitadelle gehörte nicht mehr zum eigentlichen Siedlungsgebiet, denn dort befand sich in dieser Zeit eine Nekropole.

Das christliche Philadelphia

Schriftliche Informationen aus dieser Zeit liegen uns vor allem über die Bischöfe vor, so kennen wir einige Bischöfe aus den Konzilsunterlagen: Bischof Cyrion von Philadelphia war sowohl auf dem Konzil von Nicäa (325 n. Chr.) als auch auf dem von Antiochia (341 n. Chr.), während Bischof Eulogios auf dem Konzil von Chalcedon (451 n. Chr.) war. Im Jahre 649 wurde ein Brief des Papstes Martin I. an den Bischof Johannes von Philadelphia gerichtet. Archäologische Reste aus dieser Zeit sind unterdessen ebenfalls reichhaltig vorhanden. So sind mindestens 16 Kirchengebäude aus Amman bekannt, alleine fünf davon innerhalb des antiken Stadtkerns, wie z. B. die sog. Kathedrale südwestlich des Nymphäums, von der angenommen wird, daß dort der Sitz des Bischofs von Philadelphia war (Abb. 144). Die anderen Kirchen wurden in den Vorstädten, besonders im Süden und Westen der Stadt, gefunden. Die Weihinschriften dieser Gebäude nennen die Namen weiterer Bischöfe der Stadt aus spätbyzantinischer und frühislamischer Zeit. So kennen wir die Namen der Bischöfe Thomas, Theodosius, Polyeucte und Georg aus Gebäuden in Swafiyya, Yadude, Jebel al-Waibdeh oder Khirbet Uthman/al-Khilda. Die Kirchen in Khirbet al-Khilda und Quwaysma wurden in der omajjadischen Periode zwischen 687 und 717 gebaut.

145

Auf der Zitadelle fanden sich ebenfalls zahlreiche Belege byzantinischer Siedlungstätigkeit, so liegt nordöstlich des Herkules-Tempels eine Kirche, die römische Säulen und Kapitelle wiederbenutzte (Abb. 145). Die basilikale Kirche war 20 m lang und 12 m breit und besaß Eingänge auf drei Seiten. Der Boden des Mittelschiffs war mit geometrischen Mosaiken ausgelegt, die in das 6. Jh. n. Chr. datieren, während der Kirchenbau selbst wahrscheinlich schon ein Jahrhundert früher errichtet worden war. Gegenüber der Kirche fanden sich auch zahlreiche kleine, dicht gesetzte Häuser. Weiter nördlich auf der oberen Terrasse wurde eine Ölpresse neben einer Zisterne ausgegraben. Die Zisterne hatte einen Durchmesser von 16 m und eine Tiefe von 6 m (sie wurde gerade im Rahmen der Arbeiten der spanischen Mission restauriert).

Amman wurde 634 von Yazid ibn Abi Sufyan erobert und trat damit in eine neue Phase ein, die sich für die Stadt als durchaus vorteilhaft erwies (siehe Beitrag Walmsley). Von der abassidischen Zeit an und erst recht unter den Fatimiden, Ajjubiden und Mamluken wurde aus der blühenden Metropole am Rande der Wüste allerdings ein wenig beachtetes Dorf ohne strategische Bedeutung, das am Ende des 15. Jhs. vollkommen aus den Quellen verschwindet. Unter der osmanischen Verwaltung siedelte sich 1878 eine kleine tscherkessische Gruppe am Fluß an. Aber erst 1921 trat Amman in die Weltgeschichte zurück als es Hauptstadt des Emirats von Transjordanien wurde. Heute ist es wieder eine bedeutende Großstadt.

Abb. 143 Kopf der Tyche von Amman (gefunden auf dem Hügel nahe der Zitadelle).

Abb. 144 Die Stadtvedute von Amman auf dem Mosaik in Umm er-Rasas.

Abb. 145 Byzantinische Kirche auf der Zitadelle mit wiederbenutzten römischen Säulen.

Adolf Hoffmann

Topographie und Stadtgeschichte von Gadara/Umm Qais*

Geographische Situation und strategische Bedeutung, Verkehrswege und ökonomische Grundlagen

Das zerklüftete Tafelland im äußersten Nordwesten des heutigen Jordanien, zwischen den Golanhöhen im Norden und dem ʿAjlûn-Gebirge im Süden, fällt im Westen in steilen Hängen zum Jordangraben ab. Flußtäler und deren Verzweigungen durchschneiden die ca. 150 m über dem Jordan und 365 m über dem Meeresspiegel gelegene Hochebene vor allem in Ost-West-Richtung und öffnen sich dann ihrerseits zum Jordantal (Abb. 146. 147). Die Hochebene zeichnet sich durch ein in dieser Zone gemäßigtes Klima mit ausreichenden Niederschlägen aus, das zusammen mit den zum Teil sehr fruchtbaren Bodenverhältnissen auf den Hochflächen und vereinzelt künstlich angelegten Terrassen agrarwirtschaftliche Nutzung und Tierzucht begünstigt.

Die Haupthandelsroute des Altertums, die für die Region von ganz überragender Bedeutung gewesen ist und zuletzt in der römischen Kaiserzeit zur *Via Nova Traiana* ausgebaut wurde, verlief in diesem Bereich als Karawanenstraße von Süden nach Norden östlich des Berglandes, am Rand der sich nach Osten ausdehnenden Wüste. Einer der wichtigsten Umschlagplätze an dieser über Jahrhunderte von den arabischen Nabatäern kontrollierten Lebensader war Bostra, zeitweise nördliche Hauptstadt des Nabatäerreiches und späteres Mitglied der Dekapolis, das nach Norden und Nordosten mit den Handelszentren Damaskus und Palmyra in engem Kontakt stand. Ein Teil der Waren wurde von Bostra aus auch zu den Mittelmeerhäfen transportiert, von wo aus sie per Schiff zu ihren westlichen Bestimmungsorten vor allem in Griechenland und Italien gelangten. Im Ostjordanland verlief die entsprechende Straße fast genau in Richtung Westen und gabelte sich erst kurz vor dem Jordantal in einen geradlinig weiter zum Jordan und dann über Philoteria und Tiberias am See Genezareth zum Mittelmeerhafen Ptolemais/Akko führenden und einen zweiten Zweig in südwestlicher Richtung. Dieser südliche Weg durchquerte das Jordantal nach Skythopolis/Beth Shean und setzte sich von hier aus nach Caesarea Maritima am Mittelmeer fort. Für diese Ost-West-Verbindung wurden die geographischen Gegebenheiten vor allem im Osten des Jordan derart genutzt, daß große Steigungen, das heißt die Durchquerung von Tälern, die den Warentransport erschwerten, möglichst vermieden wurden; die Straßentrasse folgt heute wie damals vielmehr dem Hügelrücken, der sich zwischen den tief eingeschnittenen Tälern des wasserreichen Yarmuk im Norden und des heute fast trockenen Wadi al-ʾArab im Süden zum Jordantal erstreckt.

Als sozusagen naturgegebener Verkehrsweg muß diese Trasse schon seit alters her große Bedeutung gehabt haben, auch wenn sie erst durch Meilensteine der römischen Kaiserzeit im einzelnen dokumentiert ist. An diesem übergeordneten Verkehrsweg lag und liegt auch heute noch eine Reihe größerer Ortschaften, Adraa/Derʾa, Kapitolias/Beit Ras und schließlich als letzte Station vor dem Jordantal und unmittelbar an der erwähnten Wegegabelung Gadara/Umm Qais.

Das vielleicht schon seit der Eisenzeit genutzte Siedlungsgebiet von Gadara

146

ist durch eine Felskuppe besonders ausgezeichnet, die sich mit 40 m über das Tafelland deutlich hinaushebt und die darüber hinaus durch östlich und westlich der Kuppe sich nahezu tangierende Seitentäler des Yarmuk und des Wadi al-'Arab von ihrer Umgebung isoliert wird (Abb. 148). Daraus ergibt sich für Gadara eine überragende geographische Position, die noch dadurch gesteigert wird, daß, von Osten kommend, an dieser Stelle zum ersten Mal im Nordwesten der See Genezareth mit Tiberias sichtbar wird und im Südwesten Einblick in das Jordantal mit Skythopolis möglich ist. Aber nicht allein diese wichtigen städtischen Zentren des Westjordanlandes erschliessen sich als optische Zielpunkte von Gadaras Stadthügel aus, er bietet außerdem eine weite Rundumsicht sowohl in die umgebenden Täler, als auch bis zu den Hügeln von Kapitolias im Osten, auf das 'Ajlûn-Gebirge im Süden, weit in das Galiläische Bergland im Westen und über die Golanhöhen im Norden, dort bei guter Witterung bis zum Berg Hermon im Libanon.

Die Versorgung des Ortes mit Frischwasser war zunächst durch reich schüttende Quellen in der Umgebung des Ortes gewährleistet und wurde durch zahlreiche, große Regenwasserzisternen ergänzt, die in dem relativ weichen Kalkstein leicht anzulegen waren (zum Aquädukt von Gadara, Abb. 149 Nr. 27, siehe Beitrag Kerner). Nicht zuletzt bietet der unmittelbar am Ort selbst anstehende Kalkstein das notwendige Baumaterial, das durch Basalt an verschiedenen Stellen der nächsten Nachbarschaft ergänzt wird.

Die Gründe zur Anlage einer Stadt liegen also auf der Hand. Es sind dies unter ökonomischen Gesichtspunkten die überaus günstige Anbindung an das überregionale Verkehrsnetz und daraus abgeleitet die Nutzung der den Ort passierenden Handelsströme – auch wenn Gadara dabei nur eine eher nachgeordnete Zwischenstation gewesen sein kann; ferner eine gute agrarwirtschaftliche Basis und andere wichtige natürliche Resourcen.

Daneben werden militärische Aspekte

147

Abb. 146 Gadara/Umm Qais, Blick durch das Yarmuktal nach Nordwesten (in Richtung Tiberias/Tabbariye).

Abb. 147 Blick nach Südwesten durch das Wadi al-'Arab (in Richtung Skythopolis/Beit-Shean).

Abb. 148 Gadara/Umm Qais, Blick von Süden aus dem Wadi al-'Arab auf den «Akropolishügel».

148

wie die natürliche Verteidigungsfähigkeit des Ortes, vor allem aber seine strategische Lage als ein idealer Beobachtungs- und Wachposten eine wichtige Rolle gespielt und dem Ort besondere Aufmerksamkeit gesichert haben. Als wahrscheinlich frühhellenistische Gründung spielte Gadara in den territorialen Auseinandersetzungen zwischen Ptolemäern, zu deren Einflußbereich der Ort zunächst gehörte, und Seleukiden um die Wende vom 3. zum 2. Jh. v. Chr. eine nicht unbedeutende Rolle. Die Nachrichten der Geschichtsschreiber spiegeln dies ebenso deutlich wider wie Gadaras wichtige Stellung im schließlich vergeblichen Widerstand gegen die Ausdehnung des Hasmonäerreiches unter Alexander Jannäus im frühen 1. Jh. v. Chr. oder – erfolgreicher – in den Jüdischen Aufständen anderthalb Jahrhunderte später. Vor allem für die hellenistische Frühzeit sind diese militärischen und wenige andere schriftlich überlieferte Ereignisse bis vor kurzem aber auch die einzigen Daten zu einer Rekonstruktion der Stadtgeschichte gewesen. Nach wie vor liegen Gadaras Anfänge im dunkeln. Ob der Ort zum Beispiel, wie angeblich das benachbarte Pella, eine Makedonengründung ist, kann noch immer nicht beantwortet werden.

Forschungsgeschichte

Deutsche Forschung hat in Gadara eine ungewöhnlich dichte Tradition. Zu Beginn des 19. Jhs. wurde der Ort durch den Reisenden Ulrich Jasper Seetzen wiederentdeckt und als das antike Gadara identifiziert. 1880 publizierte Gottlieb Schumacher, Ingenieur für den Bau der Akko-Damaskus-Bahn, die unterhalb Gadaras durch das Yarmuktal führte, eine genauere Beschreibung des Ortes mit vielen ergänzenden Plänen und Zeichnungen. Seine Beobachtungen und Aufzeichnungen sind nicht nur aus archäologischer Sicht von größtem Interesse, weil manches von dem, was Schumacher gesehen hat, heute verschwunden ist. Auch für die Kenntnis der Entwicklung des heutigen Ortes Umm Qais an der Stelle der antiken Stadt Gadara sind seine Angaben höchst aufschlußreich. Sie zeigen nämlich, daß die spätosmanische Siedlung Umm Qais auf den Ruinen des Siedlungskerns Gadaras zu Beginn des vergangenen Jahrhunderts errichtet worden ist, und daß Schumacher die Hügelkuppe und ihre Ruinen noch uneingeschränkt dokumentieren konnte.

Systematische Untersuchungen begannen in Gadara nach vereinzelten Aktionen der jordanischen Antikenverwaltung 1974 unter der Leitung von Ute Wagner-Lux, die in Amman eine Zweigstelle des in Jerusalem tätigen Deutschen Evangelischen Instituts für die Altertumskunde des Heiligen Landes (DEI) einrichtete, archäologische Ausgrabungen wurden 1976 aufgenommen. 1986 setzten Thomas Weber und 1990 Susanne Kerner als Leiter des DEI in Amman die Forschungen und Grabungsarbeiten in Gadara fort. Seit 1987 ist das Deutsche Archäologische Institut (DAI) daran mit jährlichen Grabungskampagnen beteiligt. Zusätzlich wurden kontinuierlich Untersuchungen u. a. von Ute Wagner-Lux und Karel J. H. Vriezen unternommen. Hinzu kamen die Forschungen Peter C. Bols vom Museum Antiker Plastik im Liebieghaus, Frankfurt a.M., und eines dänischen Teams unter der Leitung von Inge Nielsen und Sven Holm-Nielsen. All diese Aktivitäten haben dazu beigetragen, das Bild des antiken Gadara in den letzten Jahren entscheidend zu verdichten. Gewisse Auswirkungen mögen diese gewachsenen wissenschaftlichen Erkenntnisse auch auf die Entwicklung des Tourismus gehabt haben, der in den letzten Jahren jedenfalls sprunghaft angestiegen ist und stützende Maßnahmen zum

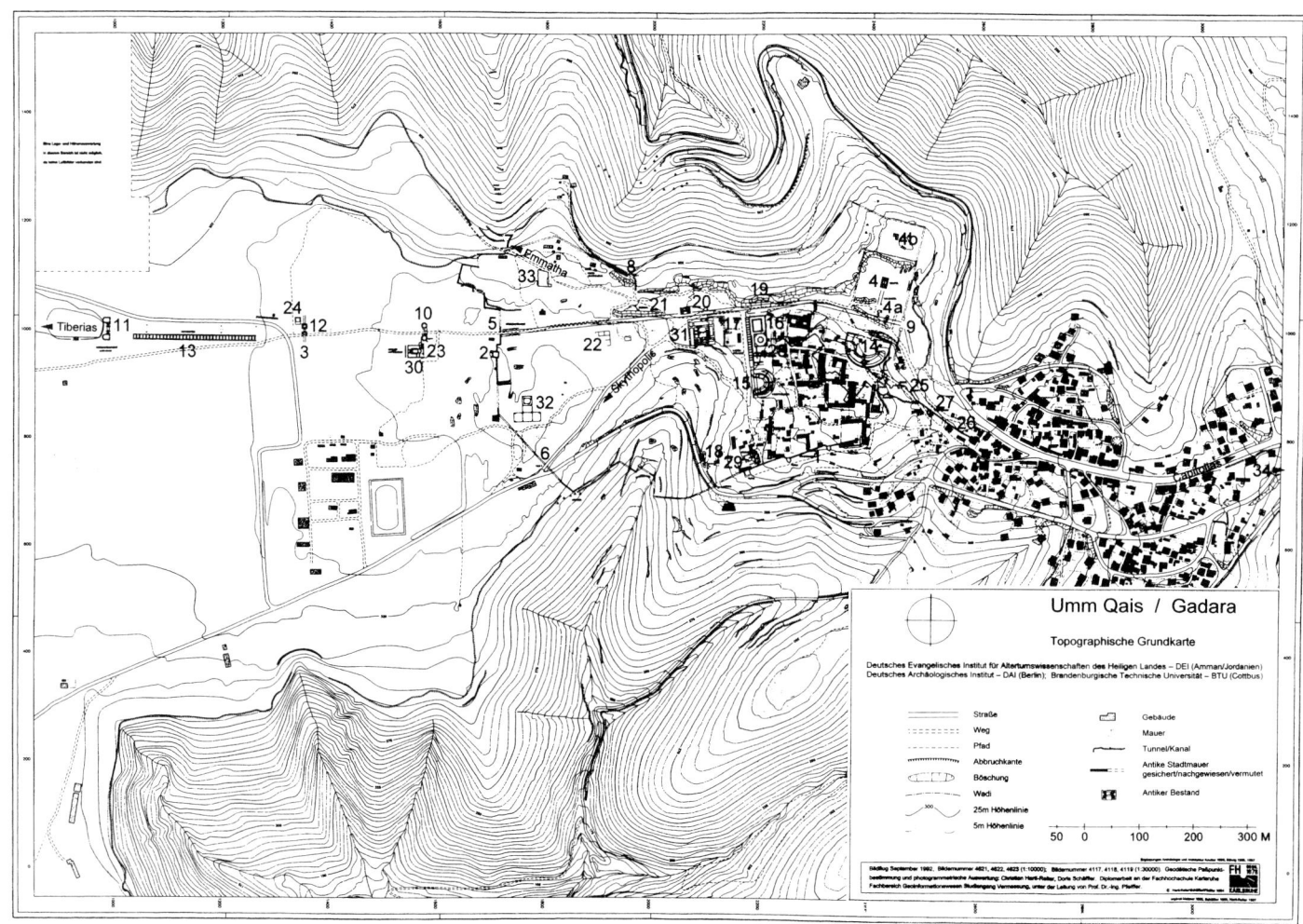

149

Ausbau der entsprechenden Infrastruktur dringend erforderlich macht.

Historische Daten

Die frühesten, noch recht spärlichen archäologischen Zeugnisse zu Gadara stammen aus der 2. Hälfte des 3. Jhs. v. Chr. Als Produkt möglicher urbaner Aktivitäten konnte am Südabhang des Akropolishügels ein ausgedehnter Abfallhaufen untersucht werden, der in dieser Zeit entstanden und bis in das folgende Jahrhundert hinein benutzt worden ist. Hier fanden sich überaus zahlreiche Scherben, die für die von Polybios überlieferte Militärstation unter ptolemäischem Kommando einen bemerkenswert hohen Lebensstandard belegen. Neben vornehmlich lokaler, grober fand sich nämlich eine hohe Zahl importierter feiner Keramik, die aus Ägypten, Griechenland und Italien stammt. Zu den Funden gehören die Reste glasierter und dekorierter Gefäße ebenso wie figürliche Terrakotten und gestempelte Amphorenhenkel, die zum Beispiel intensivere Handelsbeziehungen zu den griechischen Inseln belegen. Zugehörige Architektur konnte dagegen bisher noch nicht zweifelsfrei nachgewiesen werden. Als *«die festeste Stadt» in dieser Gegend* bezeichnet Polybios Gadara, das der Seleukide Antiochos III. in den Kämpfen mit den Ptolemäern belagerte und schließlich einnahm. Diese Nachricht aus dem späten

150

3., beginnenden 2. Jh. v. Chr. ist die bisher früheste historische Quelle, die wir zu Gadara kennen, und sie zeigt vor allem die militärische Bedeutung des Ortes, dessen Verteidigungsfähigkeit besonders hervorgehoben wird. Möglicherweise sprechen gegen einen einfachen Militärposten jedoch die von Polybios verwendete Bezeichnung *Stadt* ebenso wie die geschilderten Funde als Zeugnisse einer anspruchsvollen Alltagskultur. Daß Gadara sich tatsächlich zu einer *polis* entwickelte, wie es bisher nur durch eine späte Quelle des Stephanos von Byzanz überliefert ist, wird allerdings erst durch eine fragmentarische Bauinschrift belegt, die auf 86/85 v. Chr. zu datieren ist und die 1993 vor der südlichen Stadtmauer Gadaras gefunden wurde. Sie bestätigt wohl ferner die Nachricht des Stephanos, daß Gadara in seleukidischer Zeit den Beinamen *Antiochia Seleukia* getragen habe. Der kulturelle Rahmen dieser hellenistischen Stadt, die zunächst unter der Herrschaft der Ptolemäer, die im benachbarten Skythopolis einen bedeutenden und traditionsreichen Stützpunkt besaßen, dann der Seleukiden stand, läßt sich freilich noch nicht näher definieren. Bedeutende Intellektuelle wie der Kyniker Menippos (geboren Anfang des 4. Jhs. v. Chr.), der Lyriker Meleagros (geboren um 140 v. Chr.) oder der Schriftsteller und Philosoph Philodemos (geboren um 110 v. Chr.) stammen zwar aus Gadara, sie sind dort aber kaum tätig geworden und können deshalb das Bild der Situation in der Stadt auch nicht verdichten.

Vornehmlich militärische Ereignisse sind es auch in der Folgezeit, die zu einer Erwähnung Gadaras in den Quellen führen: Im Rahmen der Ausdehnung des Hasmonäerreiches in das Ostjordanland erobert Alexander Jannäus zu Beginn des 1. Jhs. v. Chr. die Stadt nach zehnmonatiger Belagerung – ein Umstand, der die bemerkenswerte Widerstandskraft ihrer Verteidigungswerke demonstriert. Gadara wird danach eine jüdisch dominierte Stadt – ohne daß wir weder jetzt noch zuvor die ethnische Zusammensetzung der Bevölkerung im Einzelnen bestimmen können. Wenige Jahrzehnte später, 64 v. Chr., gelangt die Stadt unter römischen Einfluß, wobei der römische Feldherr Pompejus seinem aus Gadara stammenden Freigelassenen Demetrios zuliebe die Stadt wieder aufgebaut haben soll, doch lassen sich im Ort selbst bisher weder dieses Ereignis noch der mögliche Umfang der vorangegangenen Zerstörungen nachweisen. Eine gewisse Autonomie Gadaras wird in der Folgezeit anhand einer eigenen Münzprägung erkennbar, die 64 v. Chr. mit dem «ersten Jahr von Rom» einsetzt, und sich schon ab 46 v. Chr. durch die Darstellung der Tyche, einem charakteristischen Symbol autonomer Bestrebungen auszeichnet. Der Städtebund der Dekapolis, in dem eine Gruppe unabhängiger Städte Südsyriens zusammengefaßt war und zu dem auch Gadara gehörte, scheint sich allerdings erst im Verlauf des 1. Jhs. n. Chr. konstituiert zu haben. Auch wenn Verwaltungsaufbau und organisatorische Besonderheiten dieser *Dekapolis* im Einzelnen noch nicht näher erforscht sind, deutet doch vieles darauf hin, daß sie ihren Mitgliedern günstige Entwicklungsmöglichkeiten garantierte, und der Zusammenschluß der De-

Abb. 149   Gadara/Umm Qais, Topographischer Plan; 1: Hellenistische Stadtmauer; 2: Kaiserzeitliche Stadtmauer; 3: Spätkaiserzeitliche Stadtmauer; 4: Hellenistisches Heiligtum; 4a: Propylon; 4b: High place?; 5: Tor 1/Frühkaiserzeitliches Westtor; 6: Tor 2; 7: Tor 3; 8: Tor 4; 9: Tor 5/Östliches Stadttor; 10: Tor 6/«Tiberiastor»; 11: Tor 7/Bogenmonument extra muros; 12: Tor 8/Westliches Stadttor; 13: Hippodrom; 14: Nordtheater; 15:Westtheater/Bouleuterion?; 16: Marktbasilika?; 17: Markttempel?; 18: Wohnhäuser; 19: Nymphäum; 20: «Podienmonument»/Altar?; 21: Exedrenbau; 22: Tempel? mit Propylon; 23: Hypogäum; 24: Westnekropole; 25: Ostnekropole mit Exedragrab; 26: Grab der Germani; 27: Aquädukt; 28: Oktogonalkirche; 29: Basilika mit Trikonchos; 30: Fünfschiffige Basilika; 31: Spätantik-byzantinische Thermen; 32: «al Qasr»-Thermen; 33: Herakleides-Thermen; 34: Heiligtum von «el Kabu».

Abb. 150   Gadara, Südmauer mit Bait Melkawi, Ansicht von Südwesten (Zustand 1997).

kapolis hat trotz wechselnder politischer Rahmenbedingungen über einen langen Zeitraum Bestand gehabt.

Die Nachbarschaft zu den jüdischen Provinzen, die Gadara bereits zur Zeit der Hasmonäer eine Fremdherrschaft bescherte, hatte sich schon in vorrömischer Zeit als gefährlich erwiesen, und auch die kurze Regentschaft des Herodes, dem Gadara neben anderen Städten durch Augustus als Lohn für die Unterstützung der Römer bei Pelusium übergeben worden war, scheint nicht durch wohlwollendes Einvernehmen gekennzeichnet gewesen zu sein. Erst mit erneuter Unabhängigkeit und dem Entstehen des Städtebundes der Dekapolis in der frühen Kaiserzeit beginnt für die Stadt eine langanhaltende Periode günstiger Entwicklungsmöglichkeiten.

Neue, auch für Gadara zerstörerische Unruhen brachten die Jüdischen Aufstände mit sich, die Palästina zwischen 66 und 74 n. Chr. erschütterten. Nach diesen Ereignissen jedoch profitierte die Stadt wie das übrige römische Reich von den Segnungen der *pax romana*, prosperierte zunächst als Teil der *Provincia Syria*, dann der *Provincia Judaea* und scheint auch in den Wirren zu Beginn der severischen Zeit auf der richtigen Seite gestanden zu haben, was zu einer neuen Blütezeit mit einem monumentalen Bauprogramm führte. Erst um die Mitte des 3. Jhs. n. Chr. ist nicht zuletzt wohl auf Grund neuer Bedrohung aus dem Osten eine wirtschaftliche Krise erkennbar. Bald darauf zeigen wie an vielen anderen Orten Syriens so auch in Gadara hastig errichtete Befestigungsanlagen, daß man die Gefahr ernst genommen hat.

Der Übergang von der römischen zur byzantinischen Herrschaft erfolgt in Gadara ohne bisher erkennbare größere Einschnitte, es scheint im 4. Jh. n. Chr. sogar eine wirtschaftliche Erholung eingetreten zu sein. Christliche Bestattungen sind schon ab dem 4. Jh. n. Chr. anzutreffen und auch erste großartige Bauwerke als monumentale Zeugnisse des neuen Glaubens entstehen in Gadara ab dieser Zeit. Die vermutliche Machtübernahme durch die moslemischen Omajjaden nach der für die Byzantiner vernichtenden Niederlage am Yarmuk 636 scheint keine allzu großen Veränderungen zur Folge gehabt zu haben. Ein allgemeiner Niedergang der städtischen Kultur ist im wesentlichen wohl auf eine Reihe von Erdbeben zurückzuführen, die Gadara im Laufe des 7./8. Jhs. schwer getroffen haben. In den Jahrhunderten danach reduziert sich jedoch das städtische Gemeinwesen allmählich auf einzelne kleine, eher ländlich geprägte Siedlungen an unterschiedlichen Punkten der antiken Stadt, bis dann im späten 19. Jh. auf dem alten «Akropolishügel» ein neues Dorf entsteht, das als Keimzelle des modernen, schnell wachsenden Ortes Umm Qais gelten kann.

151

152

Monumente der hellenistischen Zeit

Die Stadtmauer der Kuppensiedlung Gadara – Eine seleukidische Festung im ptolemäischen Grenzland

Obwohl G. Schumacher die Befestigungsmauern des Gadarener «Akropolishügels» in einem Plan verzeichnet und auch kurz beschrieben hat, ließen sich, nachdem die Mauerreste weitgehend unter neuzeitlichen Terrassierungen und anderen Bauwerken verschwunden waren, bis vor kurzem weder Angaben über ihre zeitliche Zuordnung oder mögliche Veränderungen bzw. Erweiterungen machen, noch waren irgendwelche Einzelheiten zu Entwurf und Konstruktion bekannt. Seit 1992 konzentriert sich das Grabungsprogramm des Deutschen Archäologischen Instituts unter anderem auf die Erforschung der Stadtmauer, nicht zuletzt um auf diese Weise Informationen zur Frühgeschichte der Stadt, die am ehesten im Bereich des «Akropolishügels» zu erwarten waren, zu gewinnen. Mit einer Reihe von Sondagen konnte der Bestand näher untersucht werden, und es zeigte sich, daß die unter den Aufschüttungen verborgenen Reste der Befestigung teilweise noch bis zu fast 7 m Höhe und mindestens in der gesamten Ausdehnung des Südabschnitts der Mauer erhalten sind (Abb. 149 Nr. 1). Sehr genau respektieren die Häuser des spätosmanischen Umm Qais den Mauerverlauf und die zugehörigen Hof- und Einfassungsmauern ruhen weitgehend exakt auf antiken Unterbauten (Abb. 150). Stellenweise wurde die Mauer aber auch bis in die jüngste Vergangenheit tief hinabreichend als Steinbruch für die in unmittelbarer Nachbarschaft entstandenen Häuser genutzt.

Die an der Südflanke des Hügels untersuchte, ca. 2,2 m dicke Mauer ist durch sägezahnähnliche Rücksprünge in drei nach Osten, zum Hochpunkt hin kleiner werdende Abschnitte (ca. 80 m, 73 m und 62 m) unterteilt. Jeder Rücksprung wird durch einen zusätzlichen Fünfeckturm

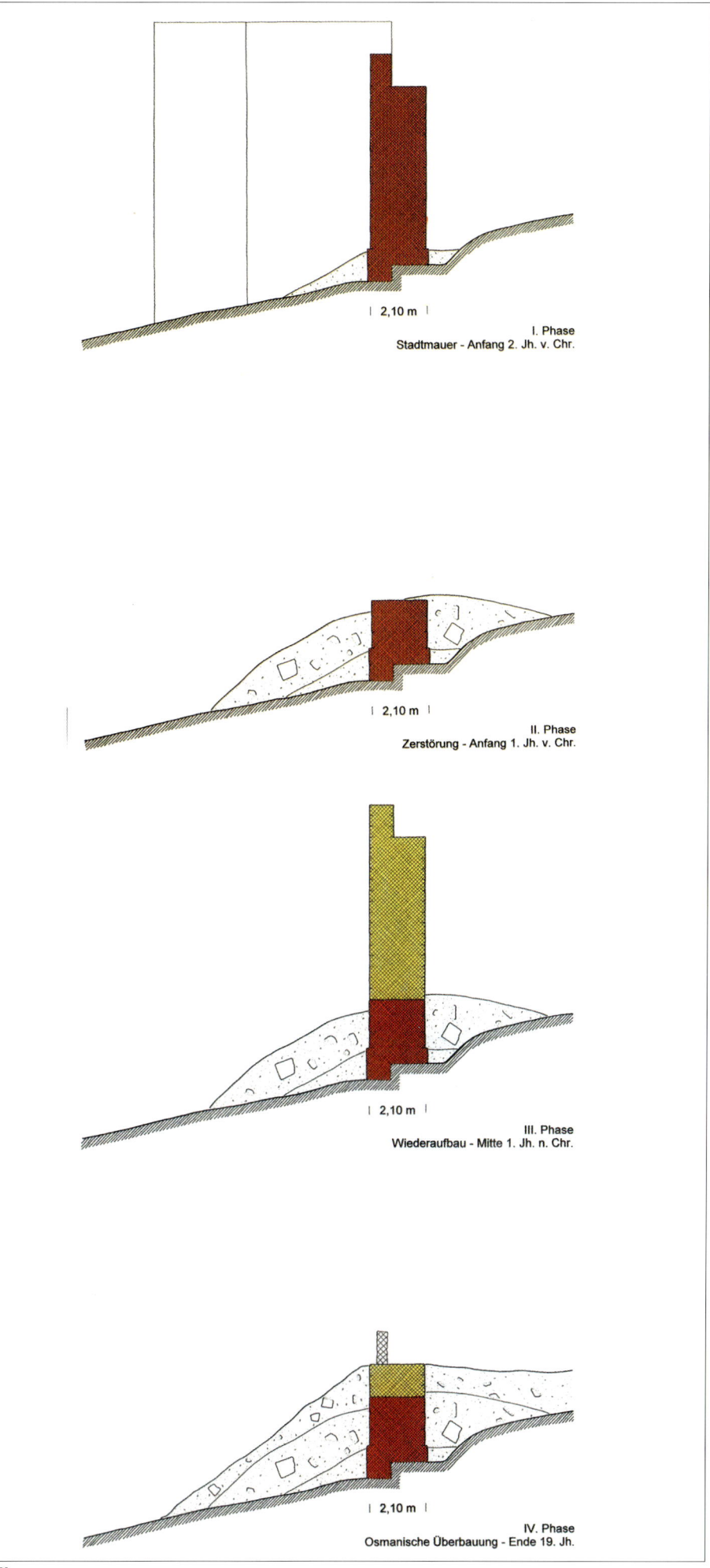

Abb. 151   Südmauer mit 1996 angelegtem Parkplatz (Zustand 1997).

Abb. 152   Gadara, «Akropolishügel», hellenistische Befestigung, hypothetische Rekonstruktion.

Abb. 153   Gadara/Umm Qais, Zustände der Stadtmauer (schematische Darstellung); I: Mauer Anfang 2. Jh. v.Chr.; II: Zerstörung Anfang 1. Jh. v.Chr.; III: Wiederaufbau 2. Hälfte 1. Jh. n.Chr.; IV: osmanische Überbauung Ende 19. Jh. (rot = hellenistisch, gelb = kaiserzeitlich).

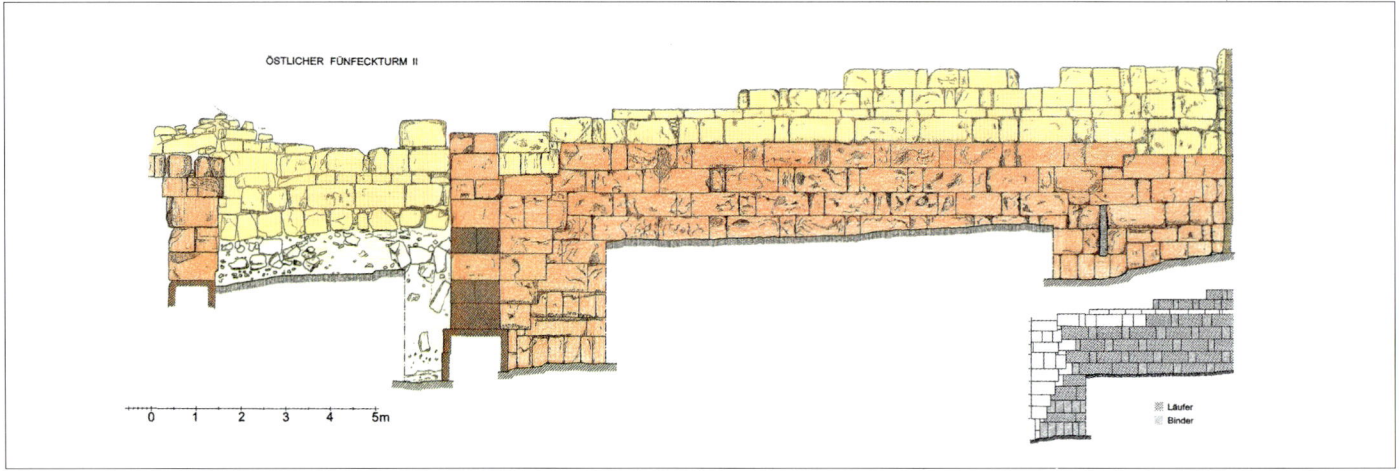

154

155

gesichert, in dessen Schutz Tore und Ausfallpforten angelegt waren (Abb. 151). Nach den Beobachtungen Schumachers und erhaltenen Mauerresten scheint sich dieses System an der Ostseite des Hügels fortgesetzt zu haben. An der Südost- und Südwestecke sicherten große Rechteckturme die Hügelkuppe, und auch die Nordostecke der Hügelkuppe war durch einen in Resten sichtbaren, großen Turm geschützt. Während hier in einem Rücksprung nach Südwesten wahrscheinlich ein Tor folgte, setzte sich die Stadtmauer nach Nordwesten in spitzem Winkel fort. Auch im Norden und Westen kann die Trasse der Mauer anhand der Geländeverhältnisse und charakteristischer Böschungen an der Stelle der ehemaligen Türme gut rekonstruiert werden, so daß sich zwischen den Ecktürmen nahezu umlaufend ein regelmäßiges System von Kurtinen und Türmen ergibt. Nur im Südwesten weicht der Verteidigungsring mit einer speziellen Ausformung davon ab, die einer gegen das Wadi al Faht vorstoßenden Geländezunge folgt.

Stratigraphische Analysen des Fundmaterials vor der südlichen Stadtmauer haben wichtige Aufschlüsse zur Geschichte der Mauer und der Stadt allgemein ergeben: Sie wurde nach den bisherigen Erkenntnissen mit großer Wahrscheinlichkeit im frühen 2. Jh. v. Chr. errichtet und bereits rund 100 Jahre später schon wieder zerstört. Dieser in zwei Schritten erfolgte Vorgang war so radikal, daß von einem planmäßigen Schleifen der Mauern ausgegangen werden muß. Die zerstörte Mauer ist offensichtlich einfach liegengeblieben, und es hat lange gedauert, bis sie wieder aufgerichtet worden ist. Auf dem wohl nur noch als amorphe Böschung erkennbaren Unterbau – auch die ehemaligen Tore waren unter dem Versturz verborgen und nicht mehr in Gebrauch – wurde erst in der 2. Hälfte des 1. Jhs. n. Chr. eine neue Mauer errichtet. Dazu scheint der Verlauf der alten, geschleiften Mauer nur an der Oberfläche bestimmt worden, im übrigen der Versturz aber unangetastet geblieben zu sein.

In Verbindung mit den Quellen lassen sich diese Erkenntnisse allem Anschein nach gut mit den historischen Ereignissen verknüpfen: Unmittelbar nach der Eroberung durch Antiochos III. haben die Seleukiden zu Beginn des 2. Jhs. v. Chr. Gadara mit einer offensichtlich nach fortschrittlichsten Gesichtspunkten angelegten Stadtmauer neu befestigt; denn Spuren dieser Mauer im Osten, Nordosten und auch im Nordwesten des «Akropolishügels» deuten darauf hin, daß die gesamte Kuppe von einer Mauer eingefaßt worden ist (Abb. 152. 153). Möglicherweise ersetzte dieser Mauerring eine ältere Befestigung mit einzeln stehenden Türmen, wie sie zum Beispiel aus frühhellenistischer Zeit in Samaria-Sebaste bekannt geworden ist. Der große Turm unter dem *Bait Melkawi* an der Südostecke der Kuppe könnte – auch wenn weitere Indizien noch fehlen – zu einem solchen Verteidigungswerk ptolemäischer Zeit gehört haben. Deutlich unterscheidet sich das hier erhaltene Mauerwerk mit regelmäßig alternierenden Schichten liegender Läufer beziehungsweise stehender Binder (Abb. 154) von dem der seleukidischen Südmauer. Für die Anlage der neuen Stadtmauer könnte dieser Turm als Ausgangspunkt gedient

Abb. 154   Südmauer, Ostabschnitt, Bauaufnahme (orange = hellenistisches Mauerwerk, gelb = kaiserzeitliches Mauerwerk).

Abb. 155   Gadara, Nordterrasse mit hellenistischem Heiligtum, Blick nach Südwesten auf den «Akropolishügel» (Zustand 1996).

Abb. 156   Gadara, hellenistisches Heiligtum, Gesamtplan, hypothetische Rekonstruktion.

Abb. 157   Hellenistischer Tempel, Ansicht von Norden (Zustand 1997).

haben, jedenfalls ist er als starke Eckbastion wesentlicher Bestandteil auch des seleukidischen Verteidigungssystems.

Wohlüberlegte Planung und sorgfältige Ausführung konnten freilich die Zerstörung zu Beginn des 1. Jhs. v. Chr. nicht verhindern, die sehr wahrscheinlich mit der Eroberung durch den Hasmonäer Alexander Jannäus in Verbindung gebracht werden kann. Immerhin hatte dieser im Zuge der Ausdehnung seines Reiches in das Ostjordanland Gadara zehn Monate lang belagert, und der ausdauernde Widerstand könnte sehr wohl mit der besonderen Qualität der Stadtmauer zu erklären sein. Zusätzliche Erkenntnisse zu den historischen Ereignissen ergeben sich aus der Analyse der Befunde: Nachdem bei der ersten von Flavius Josephus überlieferten Eroberung vielleicht nur Teilbereiche der Stadtmauer zerstört wurden und die Stadt offenbar den Wiederaufbau in Angriff genommen hatte, ließ Alexander die Mauer bei einem zweiten Anlauf zehn Jahre später wohl vollständig zerstören, um nicht erneut Widerstandskräfte erwachsen zu lassen.

Die beiden Bauphasen der Mauer lassen sich unschwer unterscheiden: Der späthellenistische Zerstörungshorizont vor der Mauer, der durch dicht gepackte Kalksteinquader gekennzeichnet war, stimmte mit der Erhaltungshöhe des originalen Mauerwerks überein, die bis zu elf Schichten bzw. etwa 6,5 m beträgt. Das kaiserzeitliche Mauerwerk darüber unterscheidet sich in Struktur und Ausführungsqualität deutlich von dem darunterliegenden aus hellenistischer Zeit. Dessen baukonstruktive Charakteristika mit regelmäßiger Binder-Läufer-Technik zeugen vor allem durch ihren äußerst dichten Fugenschluß von großer handwerklicher Sorgfalt. Das durchgeschichtete Quadermauerwerk aus lokalem Kalkstein ist zusätzlich durch einen sehr harten Gips-Mörtel verbunden. Zwar weist das kaiserzeitliche Mauerwerk der obersten Schichten die gleiche Binder-Läufer-Technik auf, doch sind die in Höhe und Breite etwas kleineren, eher plattenförmigen Quader weniger scharfkantig und ohne Mörtel mit deutlich weniger dichten Fugen gefügt. Vor allem aber ist das Mauerwerk nicht massiv durchgeschichtet, sondern im Innern mit Steinbrocken und Erdreich verfüllt.

Der Stadtplan – fast ein rationaler Entwurf

Über die Organisation der Bebauung innerhalb der Mauern in seleukidischer Zeit ist kaum eine konkrete Aussage zu tref-

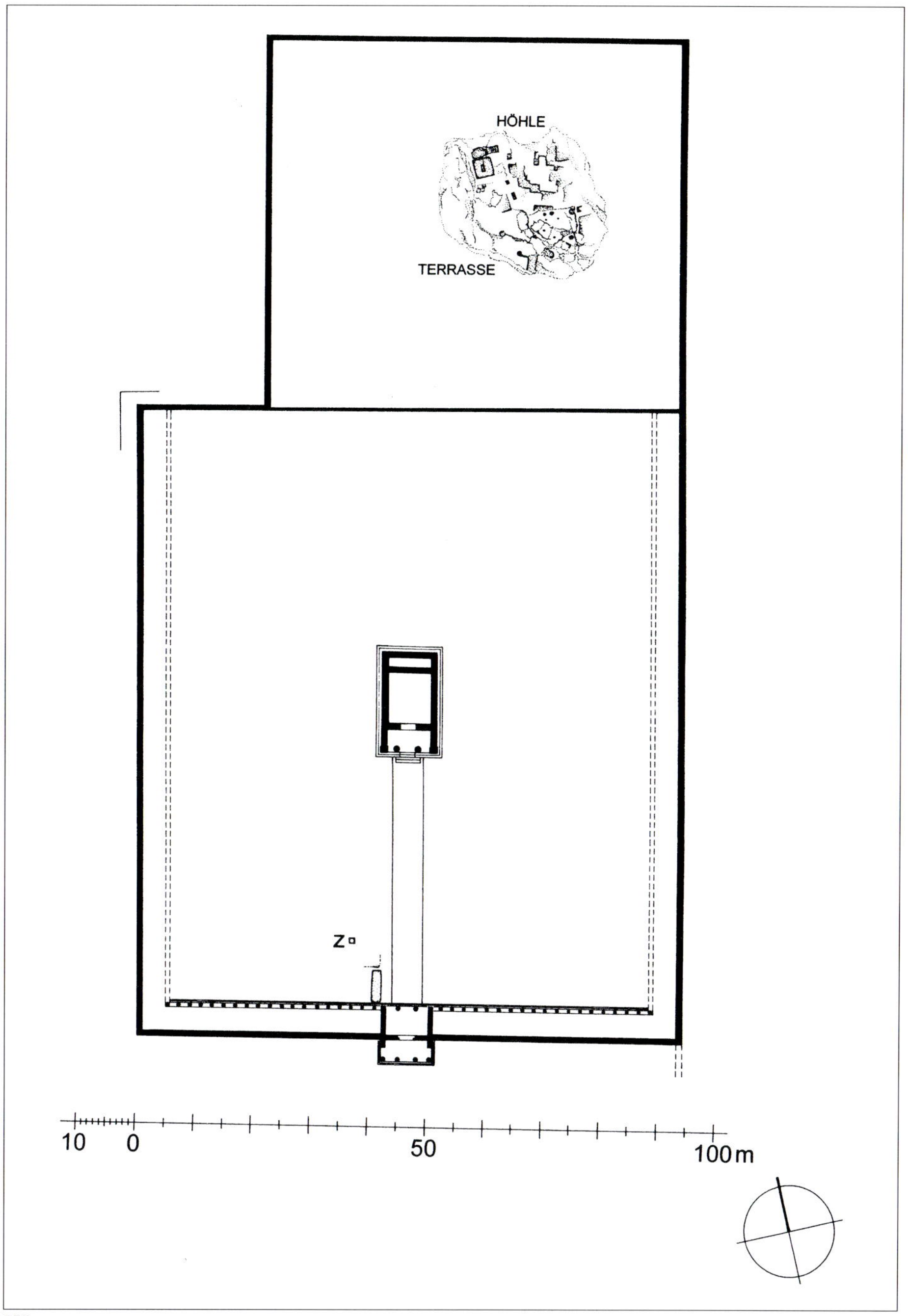

158

Von der Garnison zur Zivilstadt
Das Heiligtum nach griechischem Plan – ein Tempel des Zeus?

Eine großflächige Terrasse im Nordosten des «Akropolishügels», auf der G. Schumacher nur «ruins» angegeben und U. Wagner-Lux knapp beschriebene «*drei heute unterirdische Räume mit gewölbter Decke*» gesehen hat, war archäologischer Erforschung durch das jordanische Militär über viele Jahre entzogen. Erst 1995 konnten hier erstmals Untersuchungen aufgenommen werden, die sehr bald zu einer Identifizierung der Gesamtanlage als ein monumentales Heiligtum der Stadt aus hellenistischer Zeit führten – das erste bekannt gewordene in Gadara überhaupt (Abb. 149 Nr. 4. 155). Das Zentrum eines weitläufigen, von Mauern eingefaßten Platzes (B = ca. 100 m, L = ca. 110 m; Abb. 156) bildete ein langgestreckter, in Nord-Süd-Richtung orientierter Podienbau, offensichtlich ein Tempel, dessen Substruktionen sich gut erhalten haben, während zur aufgehenden Architektur nur spärliche Reste gefunden wurden. Zwei parallele, tonnengewölbte Räume bilden den rückwärtigen, nördlichen (Abb. 157), ein dritter querliegender, ebenfalls tonnengewölbter Raum den vorderen Teil dieses 12 m x 19,5 m großen Gebäudes. Diese Disposition läßt auf eine querrechteckige Vorhalle und eine längsrechteckige Cella schließen, in deren hinterem Bereich sich Stufen einer Treppe als Zugang zum Untergeschoß erhalten haben. Am wahrscheinlichsten wird man in dem Bau einen Antentempel oder einen tetrastylen Prostylos erkennen dürfen, der von Süden über eine vorgelegte Freitreppe zugänglich war.

Die Reste des Podiums mit dem Fußprofil zeigen, daß sich das Platzniveau im Verhältnis zur Antike kaum verändert hat. Das nördliche Ende des Tempels stand unmittelbar auf dem gewachsenen Fels, der innerhalb der Substruktionen in einer steilen Stufe nach Süden abfällt, so daß hier der ebenfalls auf dem Fels ruhende Unterbau wesentlich tiefer gegründet werden mußte. Durch Türen sind die drei Untergeschoßräume (Abb. 158), die wie in anderen Tempeln vielleicht als *aerarium*, als Tresor zur Aufbewahrung kostbarer Güter gedient haben, miteinander verbunden. Zur ursprünglichen Anlage gehört eine im ersten Zustand ca. 6 m

fen. Immerhin deuten Fundamentspuren und vereinzelte Mauerzüge auf eine Ausrichtung der antiken Gebäude nach den Haupthimmelsrichtungen hin, die noch für die Anlage des spätosmanischen Dorfes Gültigkeit hatte. Praktische Erwägungen, nämlich die Nutzung weiterer, heute nur teilweise sichtbarer Fundamentmauern mögen hierfür ausschlaggebend gewesen sein. Zusammen mit der Regelmäßigkeit bei der Anlage der Tore läßt sich daraus wohl auch für die antike Stadt mit einiger Berechtigung auf ein orthogonales, an den Toren ausgerichtetes Straßensystem schließen. Möglicherweise war die ältere Siedlung aus ptolemäischer Zeit, von der es keinerlei Vorstellung gibt, von noch geringerem Umfang, und die seleukidischen Maßnahmen umfaßten vielleicht ein aufeinander abgestimmtes System von Stadterweiterung und Stadtbefestigung. Zu Einzelheiten der seleukidischen Planungen, zu baulichen Veränderungen der hellenistischen Kuppenstadt im Laufe der Jahrhunderte, zu den Auswirkungen der Hasmonäerherrschaft oder den Wiederaufbauarbeiten, die Pompejus zugeschrieben werden, können bisher noch keine Angaben gemacht werden. Hier sind weitere Forschungsarbeiten notwendig.

Bereits in hellenistischer Zeit dehnte sich die Wohnbebauung über den Mauerring nach Südwesten aus. Für eine Erweiterung der Siedlungsfläche bot die Hanglage am Ende des Wadi al Faht die günstigsten Voraussetzungen. Hier konnte S. Kerner die Reste von Privathäusern freilegen (Abb. 149 Nr. 18), die in ihrem ersten Zustand nach Auskunft von Zisternen und feiner Wanddekoration höheren Ansprüchen genügten, ohne daß die Organisation der Häuser im Einzelnen oder das übergreifende städtebauliche Layout geklärt werden konnten. Die Ausrichtung der Bebauung orientiert sich an den innerstädtischen Vorgaben, so daß eine planvolle Maßnahme wahrscheinlich ist.

Abb. 158 Tempel, nordöstlicher Substruktionsraum, Blick von Norden.

Abb. 159 Tempel, Grundriß und Schnitt, hypothetische Rekonstruktion.

breite, nachträglich nach Osten und vielleicht auch nach Westen und dann auf 11 m verbreiterte Straße, die axial auf den Tempel zuführt und nach Norden wie ein Damm etwa 1 m aus dem Platz herausragte. Diese vermutliche *via sacra* ist wie für besonders hohe Lasten mit großen Kalksteinen außerordentlich solide gebaut und bis zu 2 m tief auf den gewachsenen Fels gegründet; am ehesten diente sie ursprünglich als Baustraße, um das Material über einen im Süden ehemals vorhandenen und durch ältere Steinbrüche noch vertieften Geländesattel an den Tempel heranführen zu können.

Die Substruktionen des Tempels sind aus exakt geschnittenen Kalksteinquadern mit feinen Fugen sorgfältig errichtet, und sowohl der Mauerwerksverband mit Bindern und Läufern, als auch die Verwendung von Gips-Kalk-Mörtel ähnelt bei geringfügig anderem Steinformat denen der hellenistischen Stadtmauer. Auch die Qualität des Steinmaterials ist, wie u. a. die sehr starken Verwitterungen zeigen, die gleiche. Weitgehend gelten diese Charakteristika ebenso für die Einfassungsmauer des Tempelplateaus, die zwar stark zerstört ist, und nur an dessen Ostseite eingehender untersucht werden konnte. Allem Anschein nach setzte sich hier die Stadtmauer des «Akropolishügels» in gleicher Technik und Dimensionierung unmittelbar fort. Eine Reihe tonnengewölbter Kammern an der Innenseite der östlichen Mauer, diente wahrscheinlich als Substruktion für 3,8 m tiefe Portiken.

Freilegungen und Sondagen im Bereich des Tempels haben ergeben, daß der Tempel gewaltsam zerstört worden ist, ein Vorgang, bei dem nach Auskunft einer mit Dachziegeln vermischten Ascheschicht das hölzerne Dachwerk abbrannte, und zumindest die Architektur der Vorhalle einstürzte oder eingerissen wurde. Die aus unterschiedlichen Bauteilen zusammengesetzte Zerstörungschicht an der Südostseite des Tempels lag allerdings unterhalb des *Toichobats* bzw. des rückwärtigen Fels- oder an der Südwestseite durch Kalkstein-Quaderplatten gekennzeichneten Platzniveaus. Dieser Umstand ist wohl am ehesten dadurch zu erklären, daß an der Ostseite das Pflaster unmittelbar vor den Verwüstungen entfernt worden war, die abgestürzten, aber nicht weiter verwertbaren Bauteile in dieser flachen Grube liegenblieben und durch eine nachfolgende Planierung – zum Teil in Fallage – konserviert wurden. In dem Zerstörungsschutt fanden sich vor allem Kalkstein-Elemente eines dorischen Gebälks darunter Triglyphen-Metopenblöcke, Geisonblöcke mit Hän-

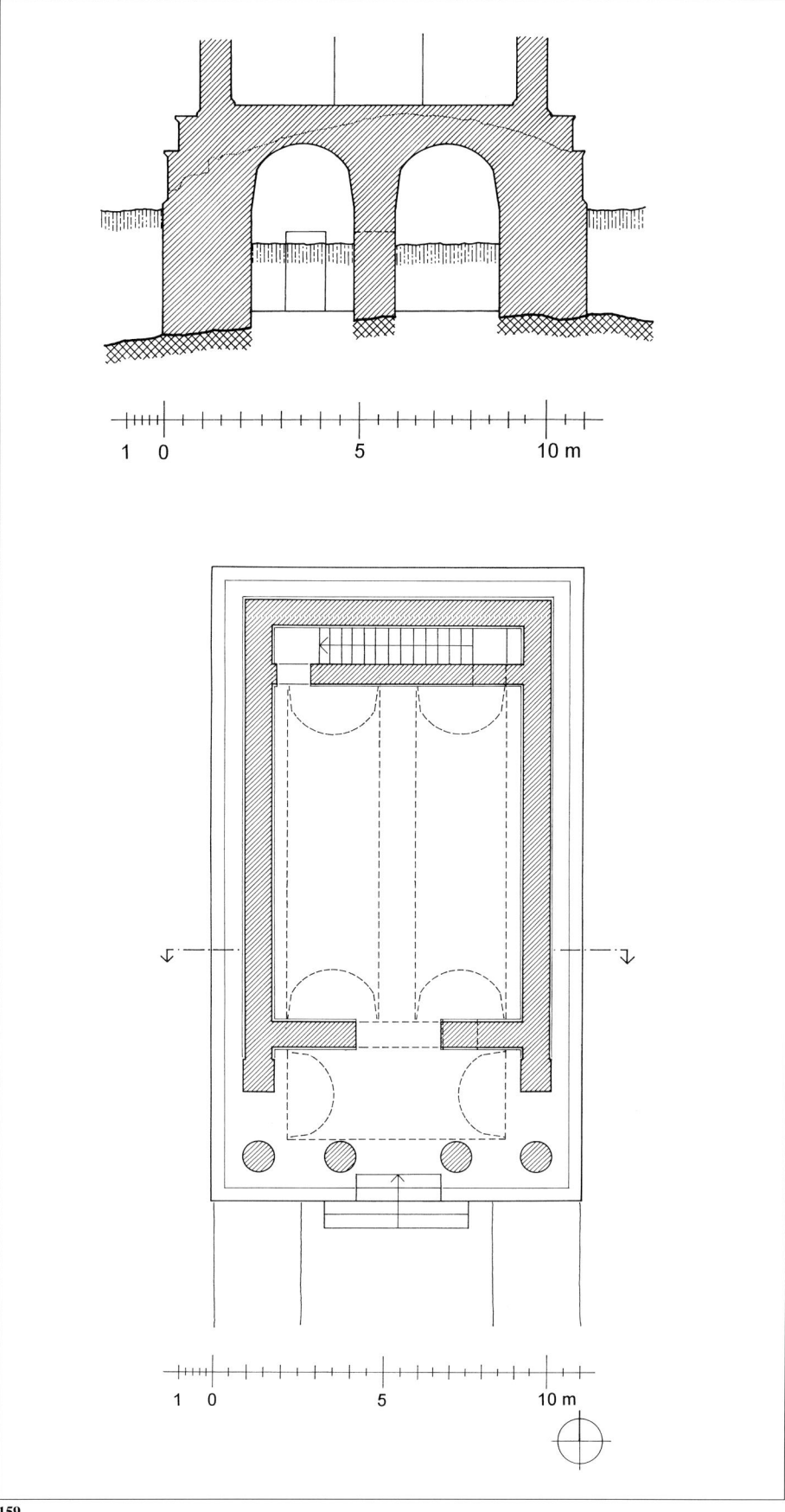

159

geplatten, Löwenkopf-Wasserspeier, ein Giebeleckblock mit Akroterstandfläche, Fragmente einer Gewandstatuette als möglicher Teil eines figürlichen Akroters und eines Akanthusblattfrieses. Dazu gehören ferner, abgesehen von den bereits genannten Ziegelfragmenten in der für Gadara bisher singulären Form eines korinthischen Daches, sehr zahlreiche Stuckfragmente einer weißen, teils farbigen Wanddekoration mit plastischen Spiegelquadern in der Art des sog. Ersten

Pompejanischen Stils sowie zu dorischen Säulen gehörender Kannelurenstuck. Alle angeführten Fragmente scheinen stilistisch eine Einheit zu bilden und liefern die Grundlage für erste Rekonstruktionsversuche (Abb. 159. 160). Nur sehr wenige, kleine Bruchstücke eines korinthischen und eines ionischen Kapitells sowie eines feinen Zahnschnittgesimses weichen nicht nur im dichteren, feinkörnigen, fast sandsteinartigen Material, sondern auch in der Machart von diesen Bauteilen deutlich ab und müssen deshalb wohl einer anderen Bauphase, am ehesten einem Wiederaufbau zugerechnet werden.

45 m südlich des Tempels konnten die Fundamente eines Propylons mit nach Osten und Westen anschließenden Säulenhallen freigelegt werden (Abb. 161). Der ganz aus gut gefügten Kalksteinquadern etwa gleichzeitig mit dem Tempel errichtete Bau wurde in flavischer Zeit vermutlich nach tiefgreifenden Zerstörungen bis auf den Unterbau abgetragen und durch einen modifizierten Neubau aus Basalt ersetzt. – Spuren eines Altars konnten dagegen vor dem Tempel nicht nachgewiesen werden. Möglicherweise jedoch ersetzte der Tempel eine ältere Kultstätte auf der nördlich anschließenden, den Steilabfall zum Yarmuk überragenden und beherrschenden Felskuppe, wo verschiedene Einarbeitungen auf eine intensive Nutzung hinweisen. Sehr wohl könnte dieser ehemals sehr viel stärker exponierte und erst durch den Bau der Tempelterrasse in den Hintergrund gerückte Platz ein altes Höhenheiligtum – ein sog. *high place* (Abb. 149 Nr. 4a. 162) – gewesen sein, das vielleicht seine Aufgabe als Opferstätte auch nach dem Bau des neuen Tempels beibehalten hat. Der Fund eines in eine nördlich unterhalb liegende Höhle abgestürzten, möglicherweise in die beginnende Kaiserzeit zu datierenden Altars scheint diese Annahme zu bestätigen. Ein größerer Teil der Felseinarbeitungen weist dagegen auf die Einrichtung von Öl- und Weinpressen vermutlich in byzantinischer Zeit hin.

Eine ähnlich auf die Landschaft bezogene Position mit spektakulärem Panoramablick zeichnet auch ein östlich der Stadt *extra muros* gelegenes Heiligtum aus (Abb. 149 Nr. 34. 163), das von G. Schumacher als «el Kabu» etwas näher beschrieben worden ist. Ebenfalls exponiert auf einem Hügel gelegen, der durch hohe Stützmauern zu einer künstlichen Plattform erweitert worden war, orientiert sich dieser schmale und langgestreckte Komplex nach Süden auf das Bergland des 'Ajlûn, das Wadi al-'Arab und besonders dessen Ausgang zum Jordantal, während der Sporn des ersten, zum urbanen Heiligtum ausgebauten Kultplatzes nach Norden, auf das Yarmuktal, die Golan-Höhen und besonders nach Nordwesten auf den See Genezareth ausgerichtet ist. Bemerkenswert ist in beiden Fällen die gewiß nicht zufällige, sondern auf übergeordnete Blickbezüge hin gezielt und sorgfältig gewählte landschaftliche Position. Eine erste Analyse der Baudekoration des weitgehend zerstörten, monumentalen Tempels deutet auf eine Entstehung um die Zeitenwende hin, so daß dieses nach Osten weisende Heiligtum in Ergänzung zu dem älteren Stadttempel aus hellenistischer Zeit während oder eher kurz nach der Regentschaft des Herodes errichtet worden sein könnte. Möglicherweise feierte Gadara mit diesem Bau seine wiedergewonnene Freiheit.

Die bisherige Interpretation und stratigraphische Auswertung der aussagekräftigen Grabungsbefunde lassen mit großer Wahrscheinlichkeit folgende Rückschlüsse auf die Baugeschichte des Tempels *intra muros* zu: Die weit unter Platzniveau reichenden Fundamentmauern sind unmittelbar in unterschiedlich ausgerichtete Steinbrüche gesetzt, die der ursprünglichen Geländeneigung folgend nach Norden ansteigen und deren Bruchformate offenbar mit den Dimensionen der Quader von der hellenistischen Stadtmauer übereinstimmen. Schon in der 1. Hälfte des 2. Jhs. v. Chr., nach bisheriger Erkenntnis also unmittelbar nach Fertigstellung der seleukidischen Stadtmauer, sind diese Steinbrüche planmäßig verfüllt worden; der einstige Sattel zwischen «Akropolishügel» und vorgeschobenem Felssporn wurde demnach planiert. Man darf hierin sicher eine groß angelegte städtebauliche Maßnahme erkennen, die aller Wahrscheinlichkeit nach als Vorbereitung zur Anlage des neuen Heiligtums anzusehen ist. Ob dem in Fortsetzung der eigentlich den «Akropolishügel» einfassenden Stadtmauer bereits der Bau der

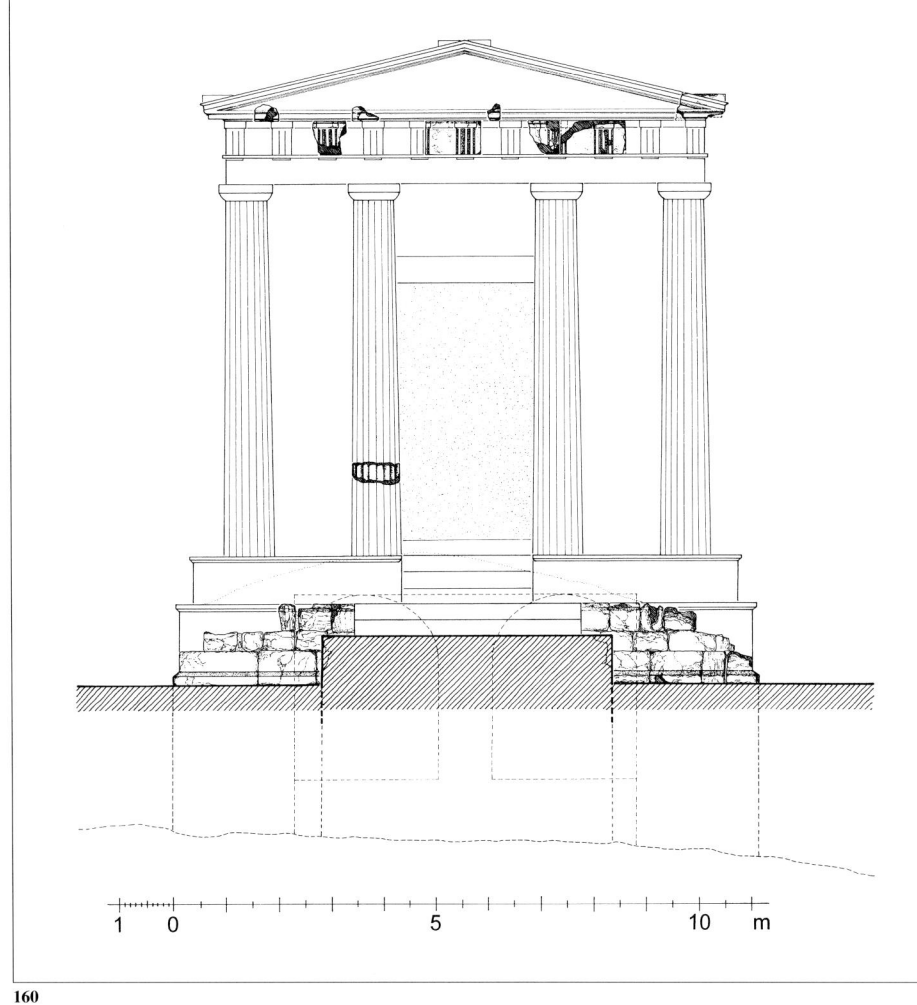

160

Abb. 160 Tempel, Südfassade, hypothetische Rekonstruktion.

Abb. 161 Hellenistisches Heiligtum, Arbeiten am Propylon 1998.

Abb. 162 High place? Blick von Südosten (Zustand 1997).

Peribolosmauer vorangegangen war, mit der das geschützte Stadtareal ja erheblich vergrößert wurde, kann bisher noch nicht entschieden werden. In diese Planierschichten sind jedenfalls die Substruktionsmauern des Podiums eingetieft worden, und die Fertigstellung des Gebäudes zog sich nach Auskunft der abschließend erneuten Planierungen oberhalb der Bauhorizonte bis in das späte 2., vielleicht sogar bis in das beginnende 1. Jh. v. Chr. hin. Auf einer Ausgleichsschicht wurden dann die – zumindest an der Ostseite nachträglich wieder entfernten – Quaderplatten des Platzpflasters verlegt. Der Tempelbau ist folglich vielleicht schon um die Mitte des 2. Jhs. v. Chr. initiiert, aber erst mehrere Jahrzehnte später, d. h. wohl erst kurz vor der Eroberung der Stadt durch Alexander Jannäus fertiggestellt worden.

Wenn man davon ausgeht, daß zwischen Zerstörung und Wiederaufbau des Tempels nicht allzu viel Zeit vergangen sein kann – und die Dimension des Heiligtums sowie seine daraus abzuleitende Bedeutung im städtischen Kontext legen dies nahe – lassen sich aus einer Datierung der Planierung über der Schuttschicht Rückschlüsse auf den Zeitpunkt ziehen, zu dem der Tempel zerstört worden ist. Die Funde deuten auf die 2. Hälfte des 1. Jhs. n. Chr., und im historischen Kontext gesehen könnten die bereits erwähnten Jüdischen Aufstände zwischen 66 und 70/74 n. Chr. der Auslöser für die offensichtlich dramatischen Ereignisse in Gadara gewesen sein. Möglicherweise waren den Überfällen der Juden eilige Schutzmaßnahmen im Umkreis des Tempels vorausgegangen. Eine Stadtmauer existierte ja schon lange nicht mehr, während dagegen die Peribolosmauer sehr wohl noch aufrecht gestanden haben könnte. Die Quaderplatten des herausgerissenen Platzpflasters mögen der schnellen Schließung der Tore gedient haben, um so einerseits das Heiligtum zu schützen, andererseits eine Rückzugsmöglichkeit zu schaffen. Eine Zerstörung des Heiligtums, zumindest der Vorhalle des Tempels, konnten diese Vorkehrungen aber genauso wenig verhindern wie die scheinbar perfekte Stadtmauer der Seleukidenzeit die hasmonäische Eroberung Gadaras aufgehalten hat.

Den auf die Zerstörung folgenden Neubau wieder in dorischer Ordnung zu errichten, entsprach sicher nicht den gewandelten Formvorstellungen der Zeit, so daß es kaum verwundern kann, wenn selbst gut erhaltene Blöcke der dorischen Architektur des ersten Tempels nicht wieder verwendet worden sind, vielmehr durch die Planierung abgedeckt und «be-

161

162

graben» wurden. Der Wiederaufbau im späteren 1. Jh. n. Chr. erfolgte wahrscheinlich in ionischen oder korinthischen Formen.

Inschriften oder ähnliche Funde, die unmittelbar Auskunft zum Kult des Heiligtums geben könnten, sind nicht vorhanden, dennoch gibt es konkrete Anhaltspunkte in dieser Frage. 1974 wurde durch den Inspektor der jordanischen Antikenverwaltung, Herrn Omar Reshaidat, im Schutt von Panzerstellungen auf dem Tempelplateau eine Marmorstatuette gefunden, die einen thronenden Zeus Nikephoros darstellt (Abb. 164). Wie das ionische Kapitell befindet sich die Statuette heute im Museum Umm Qais. Als Kultbild in einem tetrastylen Tempel ist dieselbe Gottheit in gleicher Haltung auf zahlreichen Gadarener Münzen der mittleren Kaiserzeit wiedergegeben. Wenn

man die Anfänge des Tempelbaus mit Antiochos IV. verbindet, der vor der Mitte des 2. Jhs. v. Chr. im Rahmen seiner energischen Hellenisierungspolitik eine Verehrung des Zeus als Staatskult des Seleukidenreiches propagierte und der sich selbst sogar Nikephoros nannte, so liegt die Annahme nahe, daß dieser nach den sichernden Fortifikationsbauten seines Vorgängers, Antiochos III., vielleicht anstelle eines älteren, lokalen Heiligtums (des Balshamin?) auf dem vorgeschobenen Felssporn, den Bau eines monumentalen, dem Zeus geweihten Heiligtums in griechisch-hellenistischer Ausprägung anregte (vgl. Abb. 156). Seine Fertigstellung hätte sich allerdings, wie das aber auch für andere Großprojekte des Antiochos IV. überliefert ist, eine geraume Zeit verzögert. Im Bewußtsein dieser durchaus denkbaren Vorgeschichte erscheint

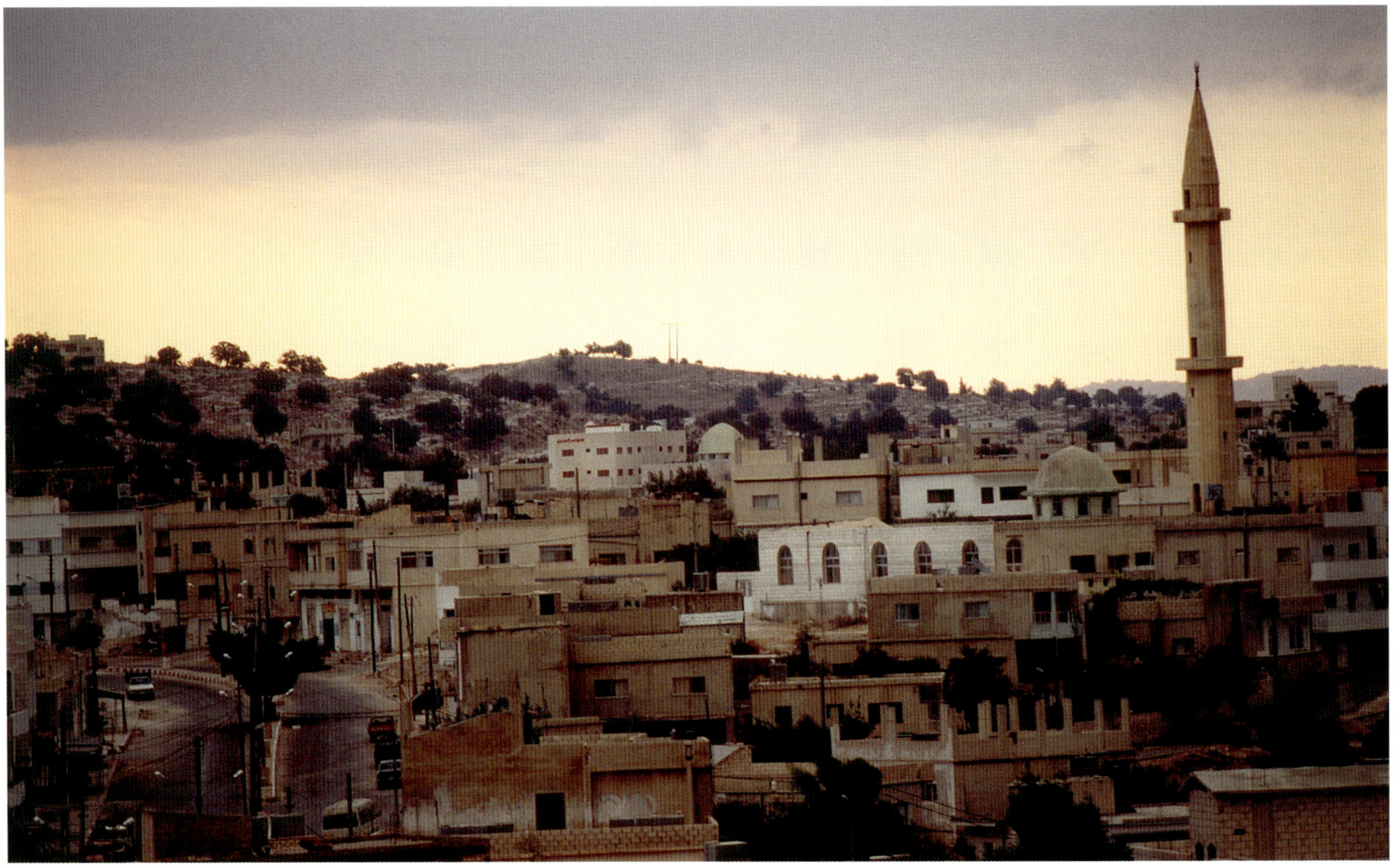

163

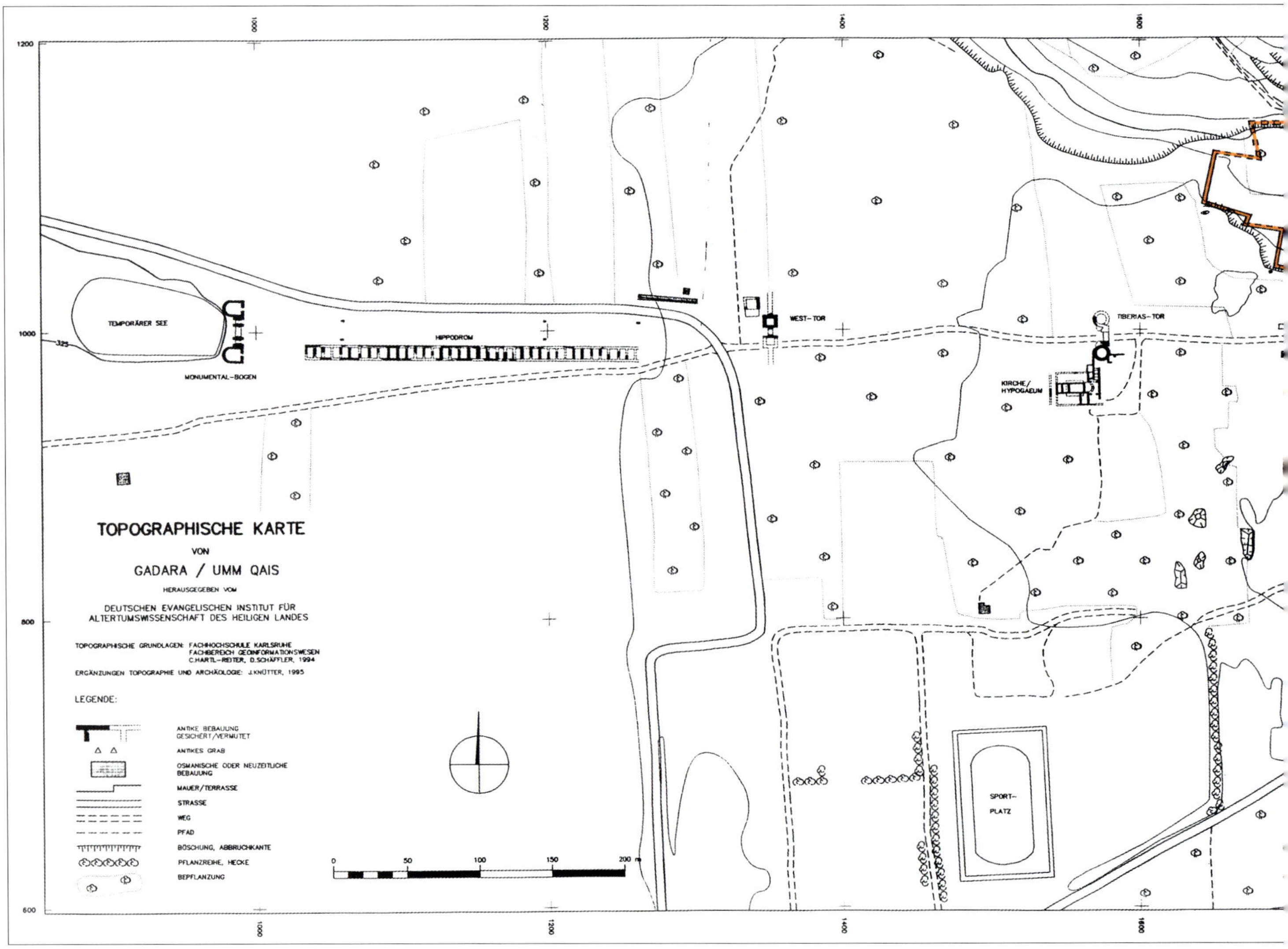
TOPOGRAPHISCHE KARTE
VON
GADARA / UMM QAIS
HERAUSGEGEBEN VOM
DEUTSCHEN EVANGELISCHEN INSTITUT FÜR ALTERTUMSWISSENSCHAFT DES HEILIGEN LANDES
TOPOGRAPHISCHE GRUNDLAGEN: FACHHOCHSCHULE KARLSRUHE FACHBEREICH GEOINFORMATIONSWESEN C.HARTL-REITER, D.SCHÄFFLER, 1994
ERGÄNZUNGEN TOPOGRAPHIE UND ARCHÄOLOGIE: J.KNÜTTER, 1995
LEGENDE:
ANTIKE BEBAUUNG GESICHERT/VERMUTET
ANTIKES GRAB
OSMANISCHE ODER NEUZEITLICHE BEBAUUNG
MAUER/TERRASSE
STRASSE
WEG
PFAD
BÖSCHUNG, ABBRUCHKANTE
PFLANZREIHE, HECKE
BEPFLANZUNG
TEMPORÄRER SEE
MONUMENTAL-BOGEN
HIPPODROM
WEST-TOR
TIBERIAS-TOR
KIRCHE/ HYPOGAEUM
SPORT-PLATZ
0
50
100
150
200 m
1000
1200
1400
1600
800
600

165

Topographie und Stadtgeschichte von Gadara/Umm Qais

auch die Zerstörung des Tempels im 1. Jh. n. Chr. in einem neuen Licht. Antiochos IV. hatte im Zusammenhang der Makkabäeraufstände des 2. Jhs. v. Chr. den Tempel in Jerusalem 170 v. Chr. geplündert und diesen 168 v. Chr. nach einem Verbot des Jahve-Kultes dem Zeus Olympios weihen lassen. Die Erinnerung an diese Vorkommnisse wird durchaus noch präsent gewesen sein, als die ehemals seleukidische Griechenstadt Gadara, die ja sogar den Namen Antiochia Seleukia getragen hatte, während der Jüdischen Aufstände Ziel gewaltsamer Verwüstungen gewesen ist. Die Zerstörung

Abb. 163 Heiligtum von «el Kabu», Ansicht von Westen («el Kabu» liegt in der Mitte des Horizonts).

Abb. 164 Gadara, Museum, Statuette des Zeus Nikephoros.

Abb. 165 Gadara, frühkaiserzeitliche Stadtmauer, Rekonstruktion, Grundriß (rot = hellenistischer Mauerverlauf, orange = kaiserzeitliche Ergänzung).

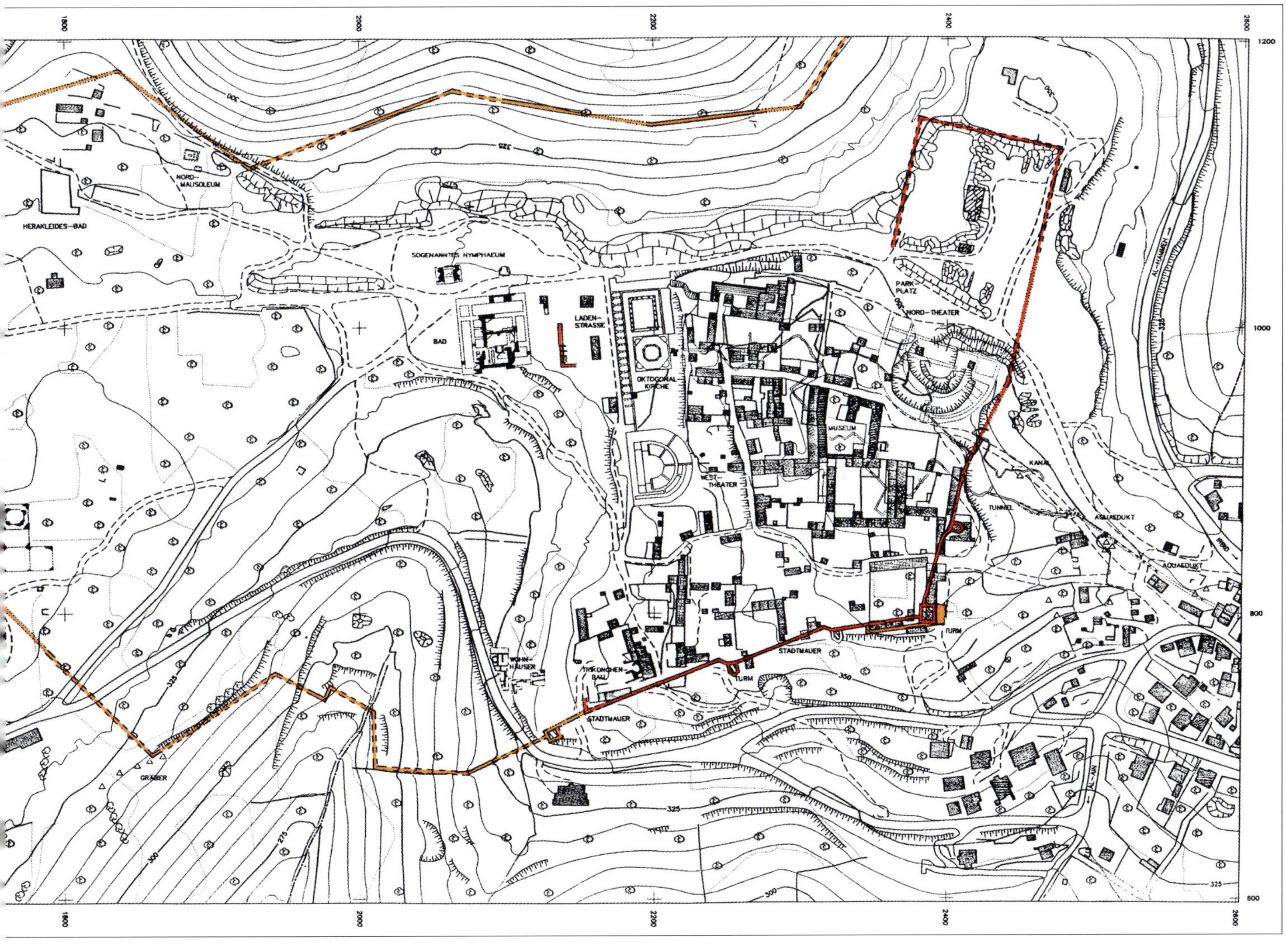

166

des dem Zeus Nikephoros geweihten, vermutlichen Haupttempels von Gadara würde unter diesen Voraussetzungen eine überzeugende Erklärung finden.

Monumente der römischen Kaiserzeit

Die Stadt wächst – eine neue Stadtmauer

Die stratigraphischen Erkenntnisse zum frühkaiserzeitlichen Wiederaufbau der Stadtmauer am Südabhang des «Akropolishügels» lassen sich wahrscheinlich ebenfalls mit den durch Flavius Josephus überlieferten historischen Ereignissen verknüpfen. Eine Bedrohung der Stadt, die nach anderthalb Jahrhunderten eine Neubefestigung Gadaras notwendig gemacht hat, kann in der 2. Hälfte des 1. Jhs. n. Chr. nur von denselben Jüdischen Aufständen ausgegangen sein, die wahrscheinlich schon, wie oben dargelegt, zur Zerstörung des Tempels geführt hatten. Eine gewisse Hast bei der Ausführung sowie die Verwendung von Spolien stützen die These akuter Gefahr ebenso wie der Umstand, daß die Hauptverteidigungsrichtung augenscheinlich nach Westen weist. Von hier waren die Übergriffe der Juden am ehesten zu erwarten, und an dieser Seite mußten deshalb besondere Schutzmaßnahmen getroffen werden.

Mit dieser Mauer sollte jedoch nicht nur der alte Siedlungskern neu befestigt werden (Abb. 165). Mittlerweile hatte sich die Stadt anscheinend erheblich nach Westen ausgedehnt, und auch dieser neue Stadtteil *extra muros* war gegen Überfälle zu sichern. Von der Südwestecke des «Akropolishügels» aus verläuft die neue Mauer über eine Strecke von etwa 1,7 km zunächst weiter nach Westen, durchquert mit ungewöhnlich steilen Abschnitten den Geländeeinschnitt des Wadi al-Faht, knickt dann hügelauf nach Nordwesten ab und bildet auf dem Plateau im Westen der Stadt einen geradlinigen Sperriegel (Abb. 149 Nr. 2). Südlich der großen Ost-West-Straße gab eine massive Turmbastion zusätzlichen Schutz (Abb. 166) und nördlich der Straße ist darüber hinaus eine Talsenke zu einem ebenfalls bastionartig nach Westen vorstoßenden Verlauf der Mauer genutzt. Von der sich nach Tiberias in Galiläa fortsetzenden Ost-West-Durchgangsstraße aus hat man offenbar die gefährlichste Bedrohung erwartet. Regelmäßig angelegte Türme in der Art der seleukidischen Mauer allerdings sind hier so wenig wie im übrigen Verlauf der Mauer nachzuweisen. Im Norden folgt die Mauer am Steilabhang zum Yarmuktal mit leicht gewinkelten Fluchten den Höhenlinien der Abbruchkante und schließt dann im Nordosten an den Geländesporn mit der Tempelterrasse an.

Bautechnisch entspricht die Erweiterungsmauer im wesentlichen den im Zusammenhang mit der Aufhöhung der hellenistischen Mauer beschriebenen Charakteristika: Plattenähnliche, vielleicht in großer Zahl im Steinbruch vorgefertigte und nicht immer mit besonderer Sorgfalt zugerichtete Kalksteinquader wurden ohne exakte Fugenanpassung in nahezu mörtelloser Binder-Läufer-Technik vor allem in den untersten Mauerpartien häufig durchgeschichtet. Zum Teil wurden Quader aber auch nur für die Fronten verwendet, während sich dann im Innern Brocken aus Kalkstein in unterschiedlicher Größe finden, vereinzelt auch Kalksteinspolien, darunter vor allem dorische oder dorisierende Bauteile. Sie könnten von abgerissenen Grabbauten im städtischen, jetzt ummauerten Vorfeld stammen.

Abb. 166   Frühkaiserzeitliche Stadtmauer, Bastion südlich des Westtores (Tor 1), Blick von Nordosten (Zustand 1995).

Abb. 167   Gadara, Osttor, Ansicht von Südwesten (Zustand 1997).

Abb. 168   Gadara, «Tiberiastor» und Vorhalle des Hypogäums von Norden (Zustand 1993).

Topographie und Stadtgeschichte von Gadara/Umm Qais

Die Torbauten – Architektur für Fortifikation und Repräsentation Stadttore des 1. Jhs. n. Chr.

Wie in einem Demonstrationsprogramm zu den historischen Ereignissen werden die einzelnen Schritte der Stadtentwicklung an ihren Torbauten ablesbar. Wo die neue, kaiserzeitliche Stadtmauer die ostwestlich verlaufende Hauptstraße der Stadt quert, wird ein Torbau (Tor 1, Abb. 149 Nr. 5), der an dieser Stelle zweifelsfrei existiert haben muß, nur durch wenige Quader und Bettungsspuren der Schwelle dokumentiert. Sie zeigen, daß es sich um einen einfachen, wohl rein fortifikatorisch bestimmten Durchgang, vielleicht ohne besonderen Repräsentationsanspruch gehandelt haben muß. Ein weiteres Stadttor muß sich auch im Südwesten befunden haben, wo noch heute die Straße in Richtung des südlichen Jordantales führt (Tor 2, Abb. 149 Nr. 6). Als Fortsetzung nach Skythopolis besaß diese Ausfallroute auch in der Antike mit Sicherheit großes Gewicht. Eine Gruppe von Meilensteinen belegt den weiteren Verlauf der zunächst nahe der Geländeabbruchkante zum Wadi al-'Arab liegenden und dann an dessen Ausgang zum Jordantal absteigenden Trasse. Von zwei nach Nordwesten zu den Terrassen über dem Yarmuktal absteigenden Wegen, die von den natürlichen Voraussetzungen ihrer Trassen her wohl ebenfalls schon in der Antike existierten und von denen zumindest einer in das Tal nach dem zu Gadara gehörenden Emmatha/Hammat Gader geführt haben dürfte, verläuft der östliche zunächst quer zu dem hier steilen Hang und damit ein Stück parallel zur Stadtmauer. In einem sehr knappen, durch wechselnden Verlauf der Quaderrichtung definierten Versprung in der Stadtmauer, der gerade einen nicht allzu breiten Durchgang aufgenommen haben könnte, muß ein drittes Tor (Tor 3, Abb. 149 Nr. 8) gelegen haben. Der zweite, weiter westlich liegende Weg hat ebenfalls an einem Mauerknick, der ein viertes Tor (Tor 4, Abb. 149 Nr. 7) aufgenommen haben dürfte, aus der Stadt herausgeführt. Die geradlinige, heute im Stadtgebiet architektonisch bisher nur durch die abgeschrägte Nordmauer der Herakleidos-Thermen (s. u.) definierte Verlängerung dieses Weges trifft exakt auf den Punkt, an dem die Straße nach Skythopolis von der Hauptstraße abzweigte, so daß hier ursprünglich als ein Zentrum des städtischen Gefüges eine Y-förmige Wegegabelung in drei Richtungen bestanden hätte. Mit pragmatischer Respektierung wahrscheinlich bereits existierender Wegetrassen haben die kaiserzeitliche Stadt-

167

168

169

170

planung in Gadara allem Anschein nach nicht systematisierende Planungen in einem orthogonalen Idealschema, sondern übergeordnete Gesichtspunkte praktikabler Verkehrsführung ganz wesentlich geprägt.

Ohne Zweifel blieb jedoch die Durchgangsstraße in Ost-West-Richtung als Hauptstraße der Stadt dominierend, und an diesem Weg konzentrieren sich folglich die öffentlichen sowie – vor den Mauern – auch privaten, aber ebenso auf öffentliche Repräsentation zielenden Baumaßnahmen. Das östliche, vielleicht noch in hellenistische Zeit zurückreichende Gegenstück zu Tor 1 zeichnet sich heute am Stadtausgang nach Kapitolias und Abila in einem modernen Friedhof an der Südostecke des Heiligtums aus dem 2. Jh. v. Chr. deutlich ab. Schumacher verzeichnet an dieser Stelle ein Tor, das von quadratischen Türmen flankiert wird, und in der Tat spiegelt die Geländeformation eine derartige Anlage mit einer von der heutigen etwas abweichenden Straßenführung vor dem Tor, meist von üppiger Vegetation verdeckt, immer noch wider. Wenige an der Oberfläche sichtbare Basaltquader deuten auf einen kaiserzeitlichen Ausbau dieses Osttores hin (Tor 5, Abb. 149 Nr. 9. 167).

Das «Tiberiastor», ein städtischer Schmuckbau

Vollständiger ist dagegen nach Forschungen von Th. Weber im Westen ein weiterer, ganz ähnlich disponierter Torbau über der Hauptstraße bekannt geworden. Etwa 140 m westlich von Tor 1 hat Weber dieses Tor 6 (Abb. 149 Nr. 10) untersucht, das zwar von zwei Rundtürmen eingefaßt wird, aber nicht Teil eines Fortifikationswerkes ist, sondern frei steht und nie Verteidigungsaufgaben zu übernehmen hatte (Abb. 168). Obwohl der Bau bis auf die Grundmauern zerstört und kaum ein dekoratives Bauteil erhalten ist, kann nach dem Grundriß mit vorspringenden Postamenten doch davon ausgegangen werden, daß allemal seine feldseitige Front als repräsentative Säulenfassade ausgebildet gewesen ist. Tor 6 korrespondiert mit einem eng verwandten Gebäude in Tiberias, das der Zeit des Herodes zugeschrieben wird. Die Datierung des Tores in Gadara – augusteisch-herodianisch oder wahrscheinlicher flavisch – ist umstritten. Nur symbolhaft standen die flankierenden Türme für Stadtmauer und sollten allenfalls die Verteidigungsbereitschaft der Stadt bildhaft signalisieren, während die Hauptaufgabe (neben einer denkbaren Funktion als Zollstation?) vor allem im Repräsentationswert des Tores zu sehen ist. Mit Tor 1 war dieser Bau durch einen besonders sorgfältig gepflasterten, beidseitig von breiten Estraden (gehsteigartigen Plattformen) und anschließenden Kolonnaden bzw. Portiken(?) eingefaßten Abschnitt der Hauptstraße verbunden, der sich vor allem auch im Anschluß an Tor 1 durch eine handwerklich ganz besonders qualitätvolle Ausführung auszeichnet. Anscheinend wurde nach den überstandenen Jüdischen Aufständen mindestens der Abschnitt zwischen dem «Tiberiastor» und dem vornehmlich fortifikatorischen Zwecken dienenden Tor 1, vielleicht auch der weiter nach Osten anschließende Straßenabschnitt, mit einer prachtvollen Säulenstraße repräsentativ ausgebaut. Das «Tiberiastor» befand sich jedenfalls bereits *extra muros* im Vorfeld der Stadt, wie dies nicht zuletzt auch ein architektonisch aufwendiger, südlich benachbarter, unterirdischer Grabbau wohl aus der frühen Kaiserzeit dokumentiert, der ebenfalls von Th. Weber eingehend untersucht worden ist. Ein zweites, noch nicht näher erforschtes Grab mit unterirdischer Grabkammer (?) befindet sich nördlich der Straße auf etwa halbem Weg zwischen beiden Torbauten. Es könnte mit einem für Gadara höchst ungewöhnlichen, sehr soliden Fundament aus *opus caementicium* ebenfalls frühkaiserzeitlich angelegt worden sein.

Wie das «Tiberiastor» isoliert vor der Stadt liegende Torbauten sind in Italien bereits seit republikanischer Zeit bekannt und auch in Syrien und Palästina, wie etwa Beispiele in Tyros und Gerasa zeigen, weiter verbreitet gewesen. Als städtische Repräsentationsarchitektur haben sie bis in die späte Kaiserzeit Bedeutung gehabt und sind als ein probates Mittel öffentlicher Selbstdarstellung auch in Gadara mehrfach genutzt worden. Tor 1 als Teil einer neuen Stadtmauer und das «Tiberiastor» als Schmuckbau mit wohl eher politischer Bedeutung als praktischer Funktion sind sprechende Zeugnisse der wechselnden Verhältnisse in der 2. Hälfte des 1. Jhs. n. Chr. Gadara war von Nordwesten her kommend für den nach Osten Reisenden die erste Dekapolisstadt und wenn ihr Territorium auch weiter nach Westen gereicht hat, so liegt es doch nahe, daß der Gestaltung der westlichen Torbauten als möglicherweise symbolisch zu verstehenden Eingängen in die Dekapolis besondere Aufmerksamkeit geschenkt worden ist.

Das Bogenmonument «extra muros», der Endpunkt einer städtischen «via triumphalis»

Das Modell des frei stehenden, von Türmen flankierten «Tiberiastores» in Kombination mit dem eines aus Anlaß des Besuchs Kaiser Hadrians in Gerasa errichteten Bogenmonuments bildet das Vorbild für einen weiteren Torbau in Gadara, das sog. Bogenmonument *extra muros* (Tor 7, Abb. 149 Nr. 11. 169), das 580 m weiter westlich, schon ein gutes Stück außerhalb der Stadt vermutlich im frühen 3. Jh. n. Chr. errichtet worden ist. Der Bau wurde als erstes Unternehmen des DAI in Gadara in den Jahren 1987–1991 freigelegt und wird jetzt im Rahmen einer Dissertation an der BTU Cottbus von C. Bührig weiter erforscht. In den Dimensionen noch erheblich gesteigert (B Bogenmonument = 43 m, B «Tiberiastor» = 35 m) sind die gleichen architektonischen Grundelemente wie beim «Tiberiastor» verwendet, aber an die Stelle eines einfachen Bogendurchgangs trat ein dreiteiliger, triumphbogenartiger Mittelbau, der beidseitig mit einer reichen Säulenarchitektur geschmückt wurde (Abb. 170. 171). Auf diese Weise ist das Bogenmonument nicht nur dem Besucher entgegen nach außen gerichtet, was durch die zur Feldseite halbkreisförmig weit vorkragenden Türme noch unterstützt wird, um hier Verteidigungsbereitschaft und vielleicht auch Unabhängigkeit der Stadt zu signalisieren, sondern ebenso nach innen. Die breit gelagerte Binnenfassade, bei der die Türme in einer Ebene mit dem Mittelbau liegen, ist damit ganz offensichtlich auch als nahezu szenographisch gedachter Zielpunkt einer Art städtischer *via triumphalis* aufzufassen. Die Verbindung zur Stadt sollte nämlich ganz ähnlich wie in Gerasa durch die monumentale Fassade eines etwa gleichzeitig geplanten, zwar nur fragmentarisch ausgeführten, aber dennoch vielleicht schon provisorisch genutzten Hippodroms architektonisiert werden (Abb. 149 Nr. 13. 172). Daß diese Idee tatsächlich eine gewisse Bedeutung gehabt haben könnte, zeigt der Umstand, daß nur dessen Nordtribüne in Angriff genommen worden ist, das südliche Gegenstück – obwohl von der Besonnung her die eigentlich bevorzugte Seite – aber noch nicht einmal fundamentiert wurde. Im Unterschied zu Gerasa war die Entfernung zum eigentlichen Stadttor bzw. dem vorgeschobenen Repräsentationsbau des «Tiberiastores» jedoch wesentlich größer.

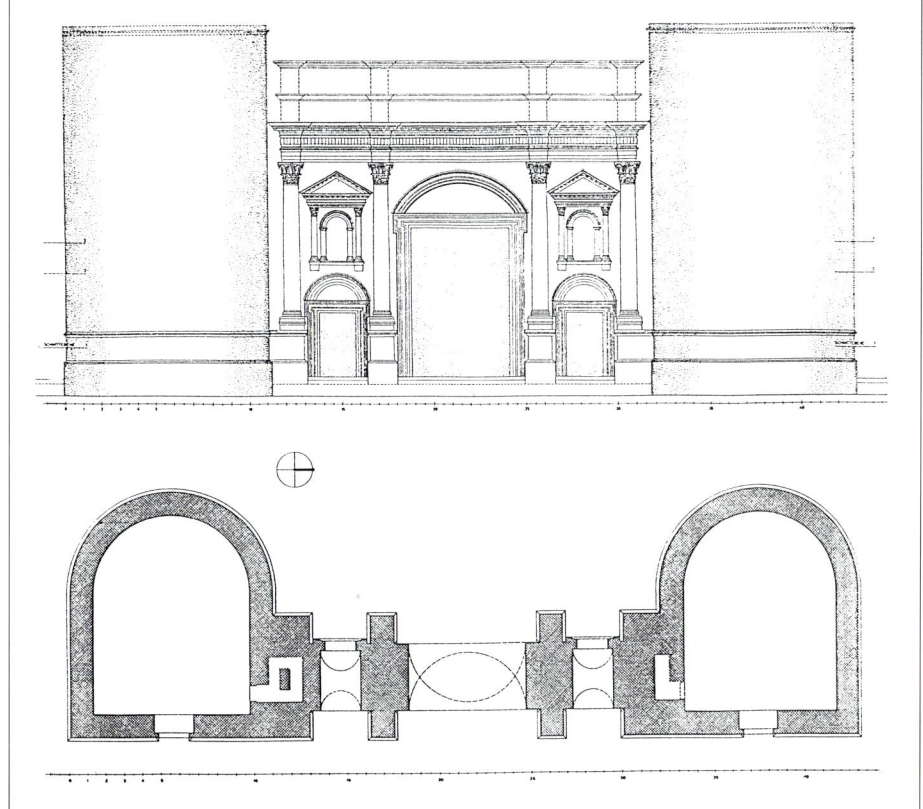

Abb. 169 Bogenmonument extra muros, Ansicht von Südosten (Zustand 1989).

Abb. 170 Bogenmonument extra muros, Bergung eines Gebälkstückes aus Kalkstein, 1989.

Abb. 171 Bogenmonument extra muros, hypothetische Rekonstruktion, Grundriß und Westfassade.

Abb. 172 Gadara, Hippodrom, Unterbauten der Nordtribüne, Ansicht von Nordosten (Zustand 1989).

Wahrscheinlich waren außerhalb der Tore bereits vorstädtische Bauten entstanden und das neue Bogenmonument könnte auch als Zielpunkt für die Zukunftsplanung städtebaulicher Entwicklung aufzufassen sein.

Darüber hinaus versuchte Gadara möglicherweise dieses Tor, das einerseits lokale Traditionen fortsetzte, andererseits aber deutlich an stadtrömische, dem Kaiser geweihte Ehrenarchitektur anknüpfte und unter anderem ja auch in der Nachbarstadt Gerasa mit der Kaiserverehrung verbunden worden war, als einen Propagandabau zu nutzen. Mit ihm sollte vielleicht das römische Kaiserhaus auf Gadara aufmerksam gemacht werden, um mit dieser gezielten Huldigung das Wohlwollen der Severer auf die alte Dekapolisstadt zu lenken. Inschriften oder sonstige Zeugnisse, Statuen etwa oder andere Hinweise, die diese Hypothese untermauern könnten, wurden nicht gefunden. Vielmehr scheint wie bei dem «Tiberiastor» auch bei dem Bogenmonument *extra muros* die Architektur an sich als Träger einer bestimmten Aussage verstanden worden zu sein.

Westliches Stadttor des 3./4. Jhs. n. Chr. – Fortifikation statt Repräsentation

Diese eigentlich optimistische Perspektive urbanistischer Entwicklung mußte bald jedoch schon wieder zurückgenommen werden. Unmittelbar östlich des Hippodroms wurde gegen Ende des 3. oder zu Beginn des 4. Jhs. n. Chr. eine dritte Stadtmauer, die das westliche Vorstadtgebiet schützen sollte, errichtet oder zumindest wurde mit deren Bau begonnen (Abb. 149 Nr. 3. 173). Anlaß hierzu bot wahrscheinlich die von den Sassaniden ausgehende Bedrohung des römischen Reiches, die etwa zur gleichen Zeit zum Bau von neuen Stadtmauern zum Beispiel in Adraa/Der'a oder auch Gerasa geführt hat. In den Jahren 1992–94 konnte in Anknüpfung an Voruntersuchungen Th. Webers eine Freilegung des Kreuzungspunktes dieser neuen Gadarener Stadtmauer mit der Hauptstraße erfolgen, als deren wichtigstes Ergebnis ein weiteres Stadttor (Tor 8, Abb. 149 Nr. 12) zu nennen ist. Wenn dieser einfache Durchgang zwischen quadratischen Türmen auch vornehmlich verteidigungstechnische Aufgaben zu erfüllen hatte, erhielt er zur Feldseite durch ein monumentales Türgewände doch auch einen gewissen Schau- und Repräsentationswert. Denn obwohl nicht vollkommen sicher ist, ob sich dahinter eine Planungsabsicht verbirgt, wird doch nicht nur zufällig zur Verfügung stehendes Baumaterial zur Ausbildung dieses architektonischen Schmuckes geführt haben. Der aus Basalt errichtete Bau besteht nämlich aus Spolien, und auch die Elemente des Türgewändes könnten wiederverwendet sein. Nur zum Teil ist erkennbar, woher die Bauteile stammten. Das Stadttor setzte sich unmittelbar auf eine seit dem mittleren 1. Jh. n. Chr. existierende Nekropole anscheinend aufwendiger Mausoleen, und deren Fundamente dienten teilweise als Unterbau des Tores, während das Material des abgerissenen aufgehenden Mauerwerks zu erheblichen Teilen wohl im Stadttor und auch in der anschließenden, im Gegensatz zum Tor aus Kalkstein errichteten Stadtmauer verbaut wurde. Hier finden sich unter anderem zahlreiche Gebälkstücke und Säulenteile. Wie weit diese Stadtmauer tatsächlich fertiggestellt war und wo sie dann an die frühkaiserzeitliche Mauer anschloß, ist unklar. Möglicherweise blieb auch dieses groß angelegte Vorhaben wie das Hippodrom oder der kaiserzeitliche Strang der Wasserversorgung unter dem «Akropolishügel» (siehe Beitrag Kerner) unfertig liegen. Möglicherweise – doch ist dies unbekannt – stand die Mauer aus dem 1. Jh. n. Chr. noch aufrecht, so daß wenigstens der Kernbereich der Stadt geschützt gewesen wäre.

173

174

175

Topographie und Stadtgeschichte von Gadara/Umm Qais

Die aus der Stadt herausführende Hauptstraße, deren Pflaster im Bereich des Tores sehr wahrscheinlich ebenfalls schon im ersten Jahrhundert gelegt worden war, blieb hier mit begleitenden Bürgersteigen gut erhalten. Sie setzte sich, wie verschiedene Reste des Pflasters zeigen, ehemals mindestens bis zum Bogenmonument fort, das exakt auf die Straße Bezug nimmt.

Die Nekropolen
Die Mausoleen – private Prachtentfaltung im öffentlichen Raum

Hinter die Erforschung der beschriebenen öffentlichen Bauten ist die der privaten Wohnarchitektur bisher noch zurückgetreten; sie beschränkt sich auf das begrenzte Areal an der Südwestecke des «Akropolishügels». Auch wenn eingehendere Studien noch fehlen, standen die Grabbauten der Stadt, die sich zu unterschiedlichen Gruppen zusammenfassen lassen, als Ausdruck privater Repräsentation stärker im Vordergrund des Interesses.

Unmittelbar nordwestlich außerhalb des westlichen Stadttores (Tor 7) erweitert sich das Pflaster des Gehsteiges zu einem geräumigen Vorplatz für ein breit gelagertes Mausoleum, das nach Auskunft äußerst solider Fundamente und der wenigen Reste eines Stufenunterbaus besonders sorgfältig gearbeitet war. Gleich qualitätvolle, in der Nachbarschaft gelagerte Bauteile, darunter Pilaster- und Säulenteile, mögen zu diesem Bau gehört haben, den man sich wahrscheinlich mit einem architektonisch reich gestalteten Aufbau mehrgeschossig vorzustellen hat.

176

177

178

Abb. 173   Gadara, Westliches Stadttor des 3./4. Jhs. n. Chr. mit Ruinen der Westnekropole, Ansicht von Westen (Zustand 1992).

Abb. 174   Gadara, Ostnekropole, Exedragrab, Ansicht von Nordwesten (Zustand 1992).

Abb. 175   Gadara, Ostnekropole, «Grab der Germani», Ansicht von Nordwesten (Zustand 1993).

Abb. 176   Gadara, Nordtheater, Ansicht von Südwesten (Zustand 1997).

Abb. 177   Gadara, Westtheater/Bouleuterion? mit «Basilika-Terrasse», Ansicht von Süden (Zustand 1993).

Abb. 178   Gadara, «Basilika-Terrasse», Ladenreihe im Untergeschoß, Ansicht von Nordwesten (Zustand 1993).

Ein wohl direkt vergleichbares Bauwerk wurde 1992 vor dem östlichen Stadttor durch die jordanische Antikenverwaltung freigelegt und mag eine entsprechende Vorstellung geben: Der massive, querrechteckige Bau besitzt an der Front eine zentrale Exedra, die mit einer dreiseitig umlaufenden Bank versehen war (Abb. 174). Sie wurde später abgeschlagen, um Platz für die Aufstellung eines Sarkophages zu schaffen. Die Aufstellung von Sarkophagen könnte ursprünglich nur in dem vielleicht mit einem Baldachin geschmückten Obergeschoß vorgesehen gewesen sein.

Mindestens fünf Grabbauten standen ehemals dicht nebeneinander im Bereich des Westtores (Abb. 149 Nr. 24), zwei weitere, oben bereits erwähnte Grabanlagen aus dem 1. Jh. n. Chr. liegen weiter östlich im Bereich zwischen «Tiberiastor» und dem älteren Stadttor (Tor 1).

Anscheinend war also im Zuge der Pflasterung der Ausfallstraße, die wahrscheinlich in neronischer Zeit erfolgte, westlich der Stadt eine ausgedehnte Gräberstraße entstanden. Im Westen reichte sie mit verstreuten, vielleicht erst sehr viel später entstandenen Bauten bis weit hinter das Bogenmonument *extra muros*. Dazu gesellte sich eine ebenso aufwendige und offenbar dicht belegte Nekropole entlang der nach Osten aus der Stadt hinausführenden Straße (Abb. 149 Nr. 25). Hier dominierten ebenfalls freistehende Grabbauten und ein tempelartiger Grabbau findet sich darüber hinaus noch *intra muros* nahe der nach Emmatha nordwestlich aus der Stadt führenden Straße. In unmittelbarer Nähe des Steilhangs zum Yarmuktal stand hier ein Mausoleum in der für Gadara nach bisheriger Kenntnis ungewöhnlichen Form eines quadratischen, höchst sorgfältig gearbeiteten Podienbaus mit vielleicht nachträglich vorgesetzter Freitreppe. Ein mit Eckpilastern geschmückter Aufbau könnte eine Cella gewesen sein, in deren Mitte sich der Grabschacht befindet. Nachdem der Bau innerhalb der frühkaiserzeitlichen Stadtmauer liegt, dürfte er älter als diese und mit dem «Grab der Germani» (vgl. u.) zu den bisher frühesten Zeugnissen der Grabarchitektur in Gadara zu rechnen sein.

Kaum zu sehen – die unterirdischen Grabanlagen

Während diese Anlagen mit frei stehenden Grabbauten in unmittelbarer Nähe der wichtigsten Straße, wo jeder Vorüberkommende alle möglichst prachtvollen Bauwerk in Augenschein nehmen konnte, dem in der Antike allgemeinen Bedürfnis nach öffentlicher Repräsentation entsprachen, gibt es in Gadara eine zweite große Gruppe von Gräbern, die weniger schnell ins Auge gefallen sind. Es sind dies die zahlreichen unterirdischen Felsgräber, die weniger systematisch und in einem größeren Kreis um die Stadt mal vereinzelt, mal in dichter Konzentration überall dort angelegt wurden, wo nach Möglichkeit in dem in horizontalen Lagen zu Tage tretenden Kalksteinfelsen bereits Hohlräume existierten, die nur erweitert zu werden brauchten. Dadurch entstanden vor allem an den Berghängen mehr oder weniger regelmäßige, oft recht geräumige oder mehrteilige Grabhöhlen, die manchmal innen durch eingestellte Pfeiler und Säulen und häufiger außen durch Türfassaden architektonisiert worden sind. Sarkophage, von denen sich nur die steinernen, ganz überwiegend aus Basalt bestehenden erhalten haben, konnten in diesen Grabhöhlen frei oder in Schiebestollen aufgestellt werden, so daß teilweise eine sehr hohe Belegungsdichte der einzelnen Gräber erzielt wurde. Die prächtigste Anlage dieser Gattung, das «Grab der Germani» (Abb. 149 Nr. 26. 175), liegt bezeichnenderweise unmittelbar südlich neben der Ausfallstraße nach Osten, in nicht allzu großer Entfernung vom Osttor und den vor diesem aufgereihten oberirdischen Mausoleen. Als bisher einziges Gadarener Grab mit Türfassade besitzt es eine ionische Pilastergliederung, die ein dorisierendes Gebälk trägt, über dem sich ein Giebel erhob. Die Grabinschrift mit graezisierten lateinischen Namen, die sich ähnlich auch an einem benachbarten Grab finden, deutet auf Bürger italischer Herkunft, möglicherweise auf Veteranen hin, die in Gadara in Zusammenhang mit dem Auftre-

179

180

ten des Pompejus seßhaft geworden waren. Die Bauform des Grabes, dessen architektonische Einzelheiten vor allem des Tetraglyphenfrieses eine Datierung in augusteische Zeit wahrscheinlich machen, knüpft dagegen eher an makedonische Grabfassaden an.

Zu den ebenfalls unterirdischen Grabanlagen gehört das wahrscheinlich frühkaiserzeitliche Hypogäum südlich des «Tiberiastores», das von Th. Weber eingehend untersucht worden ist. Der nach Osten orientierte, mit reichem Türgewände und schützenden Sphinxfiguren geschmückte Eingang, dessen ursprünglicher Vorhof nicht mehr erhalten ist, führt in eine kreuzförmige Anlage mit quadratischem, pilastergeschmücktem und von einer steinernen Hängekuppel überwölbtem Zentrum. Nach drei Seiten öffneten sich in zwei Stockwerken übereinander Schiebestollen, während sich in den Eckräumen wohl Ossuarien befanden. Auf drei Seiten war das Grab von tonnengewölbten Kryptoportiken eingefaßt, die ehemals vielleicht der Aufstellung von Urnen dienten.

Abb. 179 Ladenzeile nach der Restaurierung durch den Antikendienst, Ansicht von Nordwesten (Zustand 1999).

Abb. 180 Gadara, Nymphäum, Ansicht von Südosten (Zustand 2000).

Abb. 181 Gadara, Altarbau? an der Hauptstraße, hypothetische Rekonstruktion, Ansicht von Südosten.

Selbstdarstellung der Stadt in ihren öffentlichen Bauten

Die Säulenstraße – ein «lineares Forum»? Nach den Torbauten erweist sich nicht zuletzt auch bei den Nekropolen die Durchgangsstraße in Ost-West-Richtung bzw. deren Verlängerung außerhalb der Mauern immer wieder als bevorzugter Ort bedeutender Baumaßnahmen. Diese dominierende und den Städtebau in Gadara entscheidend prägende Rolle der Ost-West-Achse dokumentiert ebenso das große Theater von Gadara (B Cavea = ca. 84 m), das sich direkt am östlichen Stadteingang südlich der Straße gegen den Steilhang des «Akropolishügels» und wohl auch gegen einen den Hang hinunterlaufenden Abschnitt der Stadtmauer lehnt (Abb. 149 Nr. 14. 176). Die Nutzung des Geländes zur Anlage der Cavea wird dabei für die Wahl des Standortes eine genauso große Rolle gespielt haben wie die Nähe zu Straße und Osttor. Ähnlich wie etwa beim Amphitheater von Pompeji war dieser Ort auch für auswärtige Besucher, die Veranstaltungen im Theater ebenso besucht haben werden wie die Bürger Gadaras, leicht und günstig zu erreichen und im Falle von Ausschreitungen gleichermaßen gut zu räumen. Die aufgehende Architektur des Theaters ist weitgehend zerstört, erhalten haben sich außer geringsten Resten des Bühnenhauses nur die eindrucksvollen Substruktionen der Cavea, Teile der Analemata (Stützmauern entlang der seitlichen Eingänge) und Ansätze von Treppen, die auf das Podium oberhalb des Diazomas führten. Unmittelbar datierende Hinweise fehlen bisher, doch weisen die aufeinander bezogene und nach fast genau übereinstimmenden Achsen ausgerichtete Planung von nördlich anschließendem Tempelareal und Theater, die Verwendung der beiden Baumaterialien Kalkstein und Basalt sowie die spezifische Zurichtung der Basaltblöcke auf eine Entstehung in der frühen Kaiserzeit.

Am großen oder «Nordtheater» werden geradezu exemplarisch die negativen Konsequenzen der günstigen Verkehrslage sichtbar; denn der schlechte Zustand des Theaters ist auf intensiven Steinraub zurückzuführen, der über die unmittelbar anschließende und durch alle Zeiten genutzte Straße in idealer Weise zu bewerkstelligen war. Dieser Umstand hat auch für alle anderen Bauten an der Durchgangsstraße, die extrem schlecht erhalten und meist bis auf die Grundmauern abgetragen sind, Gültigkeit; die radikale Zerstörung und Ausraubung der antiken Gebäude und so eben auch des kaiserzeitlichen Tempels wurden dadurch wenn nicht verursacht, so doch mit Sicherheit beflügelt.

Ein zweiter, wesentlich kleinerer Theaterbau (B Cavea = ca. 52 m) liegt am Westabhang des «Akropolishügels» und nutzte in gleicher Weise die Geländeverhältnisse zum Bau der Cavea (Abb. 149 Nr. 15. 177). Er mußte von der Hauptstraße aber – weil hier vielleicht ein geeignetes Grundstück nicht mehr zur Verfügung stand – ein gutes Stück abgerückt werden. Wie das «Nordtheater» könnte auch das «Westtheater» von seiner Position und Anlage her auf einen älteren, vielleicht gar noch vorrömischen Bau zurückgehen, doch fehlen konkrete Hinweise, die diese Hypothese untermauern

182

183

184

würden. Vielmehr deuten alle Elemente des sehr viel besser erhaltenen Bauwerks auf eine Entstehung in der mittleren Kaiserzeit hin. Dennoch erscheint gerade die Existenz eines kleineren Theaterbaus nicht nur als Beweis für ein reges kulturelles Leben in Gadara, das neben dem großen auch ein kleineres, odeionartiges Theater benötigte, sondern dieses könnte auch alte griechisch-hellenistische Traditionen aufnehmen bzw. fortführen: Derartige Bauten dienten zugleich als *bouleuterien*, d. h. als politischer Versammlungsort der Bürgerschaft. Bouleutes, Ratsmitglieder sind für Gadara in der späteren Kaiserzeit inschriftlich belegt.

Auch wenn die Bauabfolge der einzelnen Komplexe bisher nicht im Einzelnen untersucht und geklärt werden konnte, steht der Bau des «Westtheaters» am «Akropolishügel» anscheinend doch in Zusammenhang mit einer übergreifenden städtebaulichen Neuordnung an dessen gesamtem Nordwestabhang: Hier entstand als einzige nachweisbare Querachse zur Hauptstraße eine kurze, gepflasterte Nebenstraße, die an ihrer Ostseite von einer monumentalen Terrassenarchitektur begleitet wird (Abb. 177). Ursprünglicher Zweck und Funktion dieser großen, in Nord-Süd-Richtung langgestreckten Plattform (ca. 37 m x 99 m) können nicht sicher benannt werden, doch deuten die noch am Ort befindlichen, sorgfältig gearbeiteten Kalkstein- und Basaltsäulen auf einen anspruchsvollen kaiserzeitlichen Großbau. Position und Dimension der Terrasse sowie die große Menge der für den christlichen Nachfolgebau wiederverwendeten, gleichformatigen Säulen könnten für einen Hallenbau sprechen, am ehesten eine Basilika[1], die ein wesentliches Element des öffentlichen Lebens in einer römisch-republikanischen wie in einer kaiserzeitlichen Stadt gewesen ist (Abb. 149 Nr. 16). Irgendeinen Hinweis auf einen solchen Bau hat es in Gadara bisher nicht gegeben, doch scheinen jüngste Grabungsergebnisse von U. Wagner-Lux

Abb. 182 Gadara, Säulenstraße, Blick von Osten (Zustand 1998).

Abb. 183 Estrade an der Säulenstraße (mittlerer Bereich, freigelegt von U. Wagner-Lux), Ansicht von Süden (Zustand 1997).

Abb. 184 Gadara, Ruine eines kaiserzeitlichen Tempels? an der Säulenstraße (Zustand 1997).

Abb. 185 Gadara, Spätantik-byzantinische Thermen, Ansicht von Südosten (Zustand 1993).

185

(1997) diese Vorstellung zu stützen. Abmessungen sowie Proportionen der Gesamtanlage sind z. B. denen der Basilika von Askalon sehr ähnlich.[2] Den wiederverwendeten korinthischen Kapitellen zufolge dürfte der Gesamtkomplex einschließlich wohl des Theaters – vielleicht als Erweiterung älterer Teile – in antoninisch-frühseverischer Zeit entstanden sein. Besonders aufwendig ist mit einer breiten Freitreppe zwischen risalitartig vorspringenden Bauteilen die Nordfassade der vermuteten Basilika zur Hauptstraße hin gestaltet gewesen. Die Ergänzung des nach Westen gerichteten Terrassen-Unterbaus mit einer langen Reihe von gewölbten und mit anspruchsvoller Fassadenarchitektur versehenen Räumen, die sicher als Läden genutzt waren (Abb. 178. 179) und denen nicht nur eine Straße, sondern ein großer, mit Basalt gepflasterter Platz (ca. 40 m x 60 m) zugeordnet war, machen aus der Gesamtanlage ein vielfältig-abwechslungsreiches, städtisches Ensemble. Ein über das Pflasterniveau aufragendes, etwa im Zentrum liegendes und in Ost-West-Richtung orientiertes Tonnengewölbe könnte ähnlich wie beim Haupttempel im Nordosten als Substruktion eines kleineren Markttempels gedient haben (Abb. 149 Nr. 17).

Die Reste einer möglichen Bebauung der Nordseite sind heute unter steilen Schuttbergen verborgen, deren Aufschüttung als militärische Schutzmaßnahmen erforderlich war, die aber das Gesamtbild der antiken Stadt ganz empfindlich beeinträchtigen. Auch im heutigen Zustand läßt sich jedoch vermuten, daß an der Nordseite der Hauptstraße im westlichen Bereich des «Akropolishügels» nur noch sehr schmale Baukomplexe zu erwarten sind, weil das Gelände sehr bald steil zum Yarmuktal hin abfällt. Gegenüber der Risalitfassade der vermuteten Basilika und nahezu exakt auf diese bezogen wurden jüngst die Reste eines breitgelagerten Monumentalbaus freigelegt, dessen Zentrum mit einer Exedra geschmückt war, die von nischengeschmückten Flankenmauern eingefaßt wird. Unzweideutig sind hierin die Reste eines großen, überaus prachtvollen Fassadennymphäums zu erkennen (Abb. 149 Nr. 19. 180), wie sie zum Ausbauprogramm der kaiserzeitlichen Städte auch im Bereich der Dekapolis dazugehörten. Ähnliche Bauten sind etwa in Gerasa und Philadelphia erhalten beziehungsweise rekonstruiert worden. Die Breite des Nymphäums in Gadara beträgt ca. 36 m. An seinem Fuß fand sich 1997 im Straßenschutt das Fragment eines korinthischen Marmorkapitells, das in severische Zeit datiert werden kann, und von seinen Dimensionen zu monumentalen Säulenschaftfragmenten aus Cipollino gehört, die auf dem Ruinenhügel lagen. Über Kernmauerwerk aus Kalkstein und einem Unterbau aus Basalt ist also mit einer höchst aufwendigen Marmorfassade zu rechnen, wie sie bisher in Gadara noch nicht bekannt geworden ist, wie sie aber auch in der eigentlich wohlhabenderen Nachbarstadt Gerasa nicht existiert.

Die seit 1998 in Fortsetzung der Arbeiten von U. Wagner-Lux und ihres Teams von 1980 durchgeführten Freilegungsarbeiten des zuständigen Ministeriums haben ergeben, daß die Hauptstraße schon im Bereich des «Akropolishügels» als Säulenstraße ausgebildet war. In regelmäßigen Abständen vorhandene Kalksteinpostamente und -basen bezeugen dies. Doch fehlen hier die weiter westlich vorhandenen Estraden, weil der Straßenquerschnitt an diesem Engpaß am nördlichen Steilhang reduziert werden mußte. Auch das Nymphäum grenzt unmittelbar an den Straßenrand, läßt nicht einmal mehr Platz für Portiken.

Gleiches gilt für einen weiteren Bau etwa 100 m weiter westlich, der 1988 von

P. C. Bol freigelegt worden ist (Abb. 149 Nr. 20. 181). Die Deutung dieses wohl dreigeschossigen Gebäudes, dessen Podium und nischengeschmücktes Zwischengeschoß erhalten sind, ist umstritten. Möglicherweise handelte es sich um einen turmförmigen Altar mit breiter Freitreppe. Auf einer oberen Plattform erhob sich in Analogie zu einem nahezu identischen Bau im benachbarten Skythopolis ein baldachinartiges Säulengeschoß. Die beiden Bauten in Skythopolis und Gadara scheinen unmittelbar aufeinander bezogen gewesen zu sein, sie stehen jedenfalls jeweils am Endpunkt einer verbindenden Straße, die in Gadara vor dem Bau nach Südosten von der Hauptstraße abzweigte.

Westlich des vermuteten Altars verbreitert sich die nach Zuordnung der Kapitelle im Verlauf des 2. Jhs. n. Chr. neu gestaltete Säulenstraße mit begleitenden Portiken sowie beidseitig breiten Estraden und ist in dieser Ausbildung 340 m weiter bis zum westlichen Stadttor des 1. Jhs. n. Chr. (Tor 1) geführt (Abb. 182. 183). Verschiedene weitere Monumentalbauten sind in diesem Straßenabschnitt zu erkennen, die ihre Aufgabe und Bedeutung als vielgestaltige Lebensader der Stadt eindrucksvoll unterstreichen. Etwa 75 m westlich des «Altars» zeichnet sich zum Beispiel nördlich der Straße ein weiterer großer Exedrenbau ab (B = ca. 28 m; Abb. 149 Nr. 21), während ca. 135 m weiter auf einer Anhöhe südlich der Straße die bisher unerforschten Reste eines Monumentalkomplexes liegen, der als ein enger Hof mit pilastergeschmücktem Eingang auf der Südseite ausgebildet war (Abb. 149 Nr. 22. 184). Die massiven und höheraufragenden Baureste im Zentrum der Anlage deuten möglicherweise auf ein Heiligtum in der Art des Tempels in Hösn Sfiri im Libanon hin – ein Tempeltyp, der im Gegensatz zum Haupttempel am Fuß der «Akropolis» in griechisch-hellenistischen Formen heimischen Traditionen folgt. Zur Straße hin war der Baukomplex durch eine monumentale, über die Straßenportikus hinausragende Propylonarchitektur ausgezeichnet. Von dem gewohnten Bild eines römischen Heiligtums weicht ein solcher Bau entschieden ab, für den östlichen Kulturraum jedoch sind Heiligtümer mit engen Umgangshöfen eine vertraute Erscheinung und auch in Gadara könnte unter dem Einfluß unterschiedlicher Kulturen, der sich auch sonst nachweisen läßt, ein Kultbau sehr wohl in dieser Form errichtet worden sein. Bemerkenswert ist die Wahl des Bauplatzes. Die Anhöhe, heute noch durch einen Baumsolitär betont, hebt das Gebäude aus seinem städtebaulichen Umfeld deutlich hervor, und vor allem für den von Osten kommenden Besucher der römischen «Neustadt» hätte ein Heiligtum an dieser Stelle als Gegenpol zu dem alten hellenistischen Temenos alle Blicke auf sich gezogen. Sehr gut könnte es – noch innerhalb der zweiten Stadtmauer gelegen – im Kern zu den Baumaßnahmen der frühesten Kaiserzeit gehören.

Auch eine der drei bisher in Gadara bekannt gewordenen Thermen, die neben ihrer hygienischen Aufgabe im gesellschaftlichen Leben der römischen Stadt eine wichtige Rolle spielten, liegt westlich der Basilikaterrasse unmittelbar südlich der Hauptstraße (Abb. 149 Nr. 31. 185). Die von I. Nielsen und ihren dänischen Kollegen untersuchte Anlage aus spätantik-byzantinischer, vielleicht auch älterer Zeit steht auf einem Steilhang und ist zu einem kompakten Baukörper mit gereihten Badesälen im Zentrum und beidseitig begleitenden Nebenräumen blockhaft zusammengefaßt (B = ca. 47 m, L = ca. 53 m). Architektonisch aufwendiger war mit T-förmig angeordneten, monumentalen Kuppelsälen eine zweite, kaiserzeitliche Therme im Südwestviertel, die «al-Qasr»-Ruinen (Abb. 149 Nr. 32), bescheidener mit allerdings prächtigen Mosaikböden eine dritte Therme aus byzantinischer Zeit im Nordwestviertel, die sog. Herakleides-Thermen (Abb. 149 Nr. 33), gestaltet. Beide noch nicht näher bzw. ausreichend erforschte Anlagen entsprechen mit ihrer quartiersbezogenen Position den in römischer Zeit üblichen Gepflogenheiten.

Die wichtigsten und die Mehrzahl der öffentlichen Bauten waren jedoch ohne Frage entlang der Hauptstraße aufgereiht, wie dies für Städte im syrisch-arabischen Raum charakteristisch ist. In Gadara kommt ein spezifisches Element hinzu, das die Bestimmung der Säulenstraßen als öffentlicher Raum näher definiert. Die Reste zahlreicher Postamente bezeugen eine große Dichte von Standbildern, die auf den Estraden entlang der Straße als Monumente städtischer Repräsentation aufgestellt waren: Es werden hier Weihungen und Ehrenbilder zu erwarten sein, die in den Städten im Westen des Reiches vor dem Hintergrund der öffentlichen Bauten auf dem Forum aufgestellt waren. Wie ganz überwiegend den Städten im Osten fehlt auch Gadara ein derartiger repräsentativer Platz als religiöses, administratives und merkantiles Zentrum. Daß also neben den Monumentalbauten ein weiteres wesentliches Element des öffentlichen Lebens, die Ehrenstandbilder, in dichter Folge entlang der Hauptstraße aufgestellt waren, untermauert die Annahme, daß an die Stelle des platzförmigen Forums westlicher Prägung die Säulenstraße getreten ist: ein lineares Forum. Während aber in Palmyra zum Beispiel die Standbilder auf hoch angeordneten Konsolen unmittelbar den Säulen der Portiken zugeordnet waren (was vereinzelt auch in Gadara zu beobachten ist) oder in Gerasa zwischen den Kolonnadensäulen standen, waren in Gadara mit einer singulären Lösung die geschilderten Estraden als entsprechender Aufstellungsort vorgesehen; sie gaben der Säulenstraße mit ihren gedeckten Gehsteigen sowie anschließenden Ladenzeilen eine ungewöhnliche Weiträumigkeit (B Straße = 6 m, B Estrade = jeweils 3 m, Abb. 186) und dem in die Länge gestreckten Ort öffentlicher Aktivität und Repräsentation insgesamt eine höchst eigenständige Ausprägung. Die Idee eines linearen Forums ist für das kaiserzeitliche Gadara von entscheidender Bedeutung

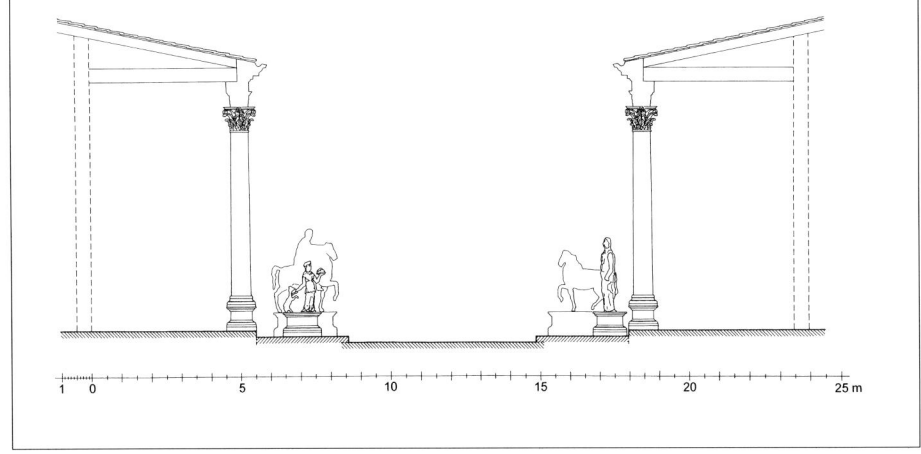

Abb. 186 Säulenstraße, Querschnitt, hypothetische Rekonstruktion, M 1:200.

Abb. 187 Oktogonalkirche auf der «Basilika-Terrasse», Ansicht von Süden (Zustand 1989).

187

gewesen; in ihr findet die Durchgangsstraße als Lebensader der Stadt ihre spezifische architektonische Form. Einen großen, zentralen Platz, an dem die öffentlichen Gebäude für Kult, Politik und Handel standen, das klassische Forum der römischen Städte im Westen des Reiches, hat es in Gadara nicht gegeben.

Das christliche Gadara und danach

Neue Bauten für den neuen Glauben

Auch in christlicher Zeit, in der die städtebaulichen Vorgaben der kaiserzeitlichen Stadt unverändert fortgeführt worden sind, hat die Ost-West-Achse und Hauptstraße als lineares Zentrum seine Dominanz anscheinend bewahrt; allerdings scheint die Stadt durch zusätzliche Trennmauern, die mit den jüngsten Freilegungen an der Säulenstraße sichtbar geworden sind, in mehr oder weniger unabhängige, durch Tore verbundene Quartiere aufgeteilt worden zu sein. Neben der bereits genannten, in diese Zeit gehörenden Therme sind bisher zwei größere Kirchenbauten in ihrer unmittelbaren Nachbarschaft als Zeugnisse für die Bauaktivitäten der neuen Religion bekannt geworden. Die älteste, nach Th. Weber aus dem frühen 4. Jh. n. Chr. stammende und zugleich größte Kirche (B = ca. 23 m, L = ca. 25 m, vgl. AW 1 [2000]) entstand in der Nachbarschaft des «Tiberiastores» in unmittelbarer Nähe zur Hauptstraße (Abb. 149 Nr. 30). Ausgangspunkt war das bereits erwähnte Hypogäum im Süden des Tores. Weber hat im Rahmen seiner Erforschung eine für mehrere Jahrhunderte gültige Kontinuität der Nutzung nachweisen können. Östlich vor dem frühkaiserzeitlichen Grabbau nämlich wurden ab dem 4. Jh. n. Chr. in dichter Folge Bestattungen vorgenommen, wobei im Mittelpunkt die offenbar prominente Grablege dreier Heiliger gestanden hat. Unter Verwendung von Bauteilen des «Tiberiastores» ist die Vorhalle des alten Grabes zugleich umgebaut und erweitert worden. Die zentralen Grabstätten wurden dabei in die Krypta einer neuen, fünfschiffigen Memorialkirche mit Rundapsis und Atrium integriert, deren breites Langhaus sich über das kaiserzeitliche Hypogäum hinweg nach Westen erstreckte. Weber sieht diesen ungewöhnlichen Bau in der Tradition der konstantinischen Großkirchen.

U. Wagner-Lux und K. J. H. Vriezen untersuchten und richteten zusammen mit E. W. Krueger einen anspruchsvollen Sakralbau in Teilen wieder auf, der anstelle eines kaiserzeitlichen Vorgängerbaus, möglicherweise eben der Marktbasilika, auf der großen Terrasse zwischen Hauptstraße und Westtheater im 5./6. Jh. errichtet worden ist (Abb. 149 Nr. 28. 187). Es handelt sich um einen kostbar ausgestatteten, oktogonalen Zentralbau mit Diagonalnischen und einem quadratischen Mantelbau (Seitenlänge = 23,1–23,7 m). Nach Westen ließ die Terrasse zwar Platz für eine schmale Vorhalle, ein zugehöriges Atrium dagegen öffnet sich nach Norden auf die Hauptstraße. Ganz akzentuiert wurden an diesem Bau die beiden unterschiedlichen lokalen Baumaterialien verwendet: Die Kolonnaden des Vorhofes bestehen aus hellem Kalk-, zum Teil aus farbigem Konglomeratgestein, der Kirchenbau selbst aus dunklem Basalt – in beiden Fällen handelt es sich ausschließlich um kaiserzeitliche Spolien. In exponierter Position trat dieser bemerkenswerte Bau an die Stelle der kaiserzeitlichen Marktbasilika und setzte damit im Zentrum der Stadt demonstrativ ein weithin sichtbares Zeichen der neuen Bewegung.

Unmittelbar südöstlich benachbart wurde unter der Leitung von U. Wagner-Lux ein dritter, kleinformatiger Kirchenbau freigelegt (B = ca. 14 m), der wahrscheinlich im 7./8. Jh. als dreischiffige Basilika errichtet worden ist, und eine vierte frühchristliche Kirche konnte 1997 von G. Schauerte an der Südwestecke der

«Akropolis» identifiziert werden (Abb. 149 Nr. 29. 188). Über verschiedenen Vorgängerbauten, zu denen vor allem ein repräsentatives, palastähnliches Gebäude vermutlich aus flavischer Zeit gehört, wurde hier wahrscheinlich im 5. Jh. eine dreischiffige Basilika mit quadratischem Grundriß errichtet (B = ca. 14 m, L = ca. 16 m). Ein zum flavischen Vorgängerbau gehörender Raum mit drei segmentförmigen Apsiden, in den nachträglich zwei Grablegen eingefügt worden waren, diente offenbar als Ausgangspunkt und schließt als ein Mausoleum östlich an das südliche Seitenschiff an. Dieser aus Kalksteinquadern sorgfältig erbaute, noch über 2,6 m hoch anstehende Trikonchos blieb als Teil eines Gehöftes (Bait Melkawi II) bis in spätosmanische Zeit in Gebrauch, während von der Kirche außer Fragmenten der Apsis nur Grundmauern erhalten blieben. Im 6./7. Jh. nachträglich angebaute Nebenräume der möglicherweise ebenfalls als Memorialbau dienenden Basilika waren mit einfachen Mosaikböden ausgestattet.

Nach der für die Byzantiner vernichtenden Schlacht am Yarmuk von 636 geriet Gadara unter islamische Herrschaft, das Bild der Stadt jedoch änderte sich nur unwesentlich. Bauaktivitäten, die ein fortdauernd reges Wirtschaftsleben bezeugen, scheinen sich vor allem auf eine Umwandlung der Säulen- in eine Bazarstraße und auf eine ähnlich ausgerichtete, kleinteilige Bebauung des Platzes vor der Kirchenterrasse beschränkt zu haben. Der Niedergang Gadaras setzte im 8. Jh. mit einer Folge von schweren Erdbeben ein und an die Stelle des blühenden städtischen Gemeinwesens traten verstreut im ausgedehnten Stadtareal kleine, eher landwirtschaftlich orientierte Siedlungen, die mit unterschiedlicher Intensität durch die Jahrhunderte hindurch Bestand hatten und schließlich im ausgehenden 19. Jh. von der spätosmanischen Kuppensiedlung auf dem «Akropolishügel» abgelöst wurden.

Von der Kuppensiedlung zur Stadt der Säulenstraße

Zusammenfassung

Die strategische Bedeutung des «Akropolishügels» von Gadara war offensichtlich der Ausgangspunkt der hellenistischen Besiedlung des Ortes, nachdem zuvor auf dem nach Norden vorgelagerten Bergsporn vielleicht nur ein Kultplatz in der Art eines Stammesheiligtums existiert hatte. Zunächst standen mit der Monumentalisierung der seleukidischen Festung wohl militärische Belange im Vordergrund. Mit dem Ausbau des alten Kultplatzes zu einem weiträumigen Heiligtum nach griechisch-hellenistischem Vorbild am Fuß des «Akropolishügels» wurde zum ersten Mal die ehemals nur tangierende Ost-West-Straße in das Siedlungsgebiet einbezogen, und wahrscheinlich war damit zugleich die Einrichtung eines die günstige Lage nutzenden Handelsplatzes verbunden. Hierher verlagerte sich das Zentrum des öffentlichen Lebens, und vermutlich entstand in der Folge aus der Militärsiedlung ein städtisches Gemeinwesen, für das die Durchgangsstraße Lebensgrundlage und Basis der weiteren Urbanisierung wurde. Über Jahrhunderte ist dann diese Durchgangsstraße in Gadara nicht nur das Rückgrat der städtebaulichen Entwicklung, sondern zugleich auch das bandförmige Zentrum oder «lineare Forum» der Stadt gewesen, an dem entlang sich die prominenten und prächtigsten öffentlichen Bauten aufreihten. Nebenstraßen, wenn sie über die Westtheater-Straße hinaus (wie vielleicht an der fünfschiffigen Basilika) überhaupt existierten, spielten eine völlig untergeordnete Rolle. Die einzig erkennbaren weiteren Straßen, die sich auch außerhalb der Mauern als Landstraßen oder -wege nach Skythopolis und Emmatha fortsetzten, folgten wahrscheinlich auf alten Trassen den Vorgaben des Geländes, haben mit dem orthogonalen Idealsystem römischer Städte im Westen jedenfalls nichts zu tun. Die seleukidische Kernsiedlung auf dem «Akropolishügel» hat für die Entwicklung der kaiserzeitlichen Stadt keine Bedeutung. Die Stadtbausysteme des hellenistischen und des kaiserzeitlichen Gadara folgen grundsätzlich unterschiedlichen Modellen.

In der Nachbarstadt Gerasa erfolgte der Ausbau des orthogonalen Straßensystems mit sich kreuzenden Säulenstraßen erst spät, gegen Ende des 2. Jhs. n. Chr. (siehe Beitrag Seigne); in Gadara mag dieser Schritt nie vollzogen worden sein. Das System der linear entwickelten Stadt und die beherrschende Stellung der Säulenstraße als Spiegel der städtischen Lebensverhältnisse werden dadurch nur umso stärker hervorgehoben. Dieses syrisch-orientalische Element als Ausdruck einer wohl vornehmlich vom Handel geprägten Stadt bestimmt auf diese Weise die Anlage des kaiserzeitlichen, auf seine hellenistischen Wurzeln kaum mehr reagierenden Gadara, das damit als ein aussagekräftiges Beispiel des römischen Städtebaus in der Dekapolis gelten kann. Die fortifikatorischen Überlegungen, die bei den hellenistischen Kuppen- und Bergsiedlungen im Vordergrund standen – auch dafür bietet Gadara ein charakteristisches Beispiel –, waren in der römischen Ausbauzeit der Städte von sehr viel geringerer Bedeutung. Offenbar standen jetzt, in den durch die *pax romana* im allgemeinen gesicherten Zeiten, ungehinderte Erreichbarkeit und leichte Passierbarkeit, die den städtischen Handel und damit den Wohlstand förderten, uneingeschränkt im Vordergrund der städtischen Planungsüberlegungen. Die prachtvollen öffentlichen Bauten bestätigen den Erfolg dieses Konzepts.

Abb. 188 Basilika mit Trikonchos im Bait Melkawi II, Ansicht von Südwesten (Zustand 1997).

Susanne Kerner

Gadara – Schwarzweiße Stadt zwischen Adjlun und Golan

Das spätosmanische Dorf

Wenn auch die archäologische Beschäftigung mit Umm Qais – Gadara bereits vor über 100 Jahren begann, so haben doch die letzten 25 Jahre eine viel intensivere Beschäftigung mit dieser Dekapolis-Stadt gesehen. Die zum Teil parallel stattfindenden Untersuchungen des Deutschen Evangelischen Instituts und des Deutschen Archäologischen Instituts haben weitreichende Erkenntnisse über die Geschichte Gadaras erbracht (zur Lage und Forschungsgeschichte Gadaras siehe den vorangegangenen Beitrag Hoffmann). Meine eigene Ausgrabung beschäftigte sich in den Jahren 1992–1995 mit dem Wassersystem und verschiedenen Bereichen mit hauptsächlich domestikaler Bebauung.

Die Lage Gadaras auf einem Kalksteinsporn mit reichhaltigem Basaltvorkommen in der unmittelbaren Umgebung hat entscheidend zum Aussehen und den spezifischen Ausprägungen der Gadarener Kultur beigetragen. Das typisch «schwarzweiße» Aussehen sowohl der antiken als auch der spätosmanischen Stadt setzt Gadara vom ausschließlich in weißem Kalkstein gebauten Gerasa (Jerasch) und fast vollkommen schwarzen Bostra (Bosra in Südsyrien) ab.

Denn die Geschichte Gadaras oder Umm Qais bzw. Mkeis, wie es noch im 18. Jh. hieß und das moderne Dorf auch heute manchmal wieder genannt wird, endete nicht in der Antike oder auch nur der spätantiken Zeit. Wir wissen allerdings weiterhin sehr wenig über die frühe und mittelalterliche islamische Archäologie des Ortes, auch wenn wir islamische Umnutzungen z. B. der Querstraßen hin zu vergrößerten Basarbereichen belegen können (siehe Beitrag Walmsley) oder Kontinuität in der Benutzung der Bäder und Wohnbauten zeigen können. Aus Texten ist aber bekannt, daß der Ort im späten 16. Jh. bewohnt war und Steuern gezahlt wurden. Aber die Besiedlung danach scheint eher sporadisch gewesen zu sein, bis in der spätosmanischen Periode im Bereich der antiken Akropolis ein neues Dorf gebaut wurde. Diese im späten 19. Jh. angelegte Siedlung entstand, da Teile verschiedener Familien, die in den etwas weiter östlich liegenden Dörfern kein eigenes Land erhalten hatten, hier Landrechte registrieren lassen konnten.[1] Dies von der osmanischen Regierung unterstützte und geförderte Verfahren entwickelte eine gewisse Eigendynamik und sicherte der Zentralmacht regelmäßige Steuereinnahmen. Für die «schwarzweißen» Häuser wurden zahlreiche Kalkstein- und Basalt-Spolien aus den Bauten der früheren Epochen verwendet, die ihren Teil zum außerordentlich malerischen Eindruck dieses neuen Dorfes beitrugen (Abb. 189). Es ist jetzt schon viele Jahre offensichtlich, daß es eine Fehlentscheidung war, dieses osmanische Dorf für die Untersuchung archäologischer Befunde früherer Epochen abreißen zu wollen. Dieser Abriß fand nie statt, aber die Bewohner des Dorfes wurden in den 70er und 80er Jahren aufgefordert, es zu verlassen und erhielten neue Wohnstätten in der dritten – so weit letzten – der nebeneinander liegenden Siedlungen.[2] Erst danach wurde die Bedeutung eines komplett erhaltenen Ensembles osmanischer Bauten erkannt und Bestrebungen begannen, das Dorf doch noch zu erhalten.

Das spätosmanische Dorf bestand aus verschiedenen Gebäudetypen, die auch die soziale Schichtung widerspiegeln, während sich auf der Hügelkuppe hauptsächlich große Hofhäuser finden, liegen auf dem West- und Nordhang kleinere Häuser, die manchmal nur zwei Räume haben. Aber auch diese haben oft kleine, ummauerte Höfe.

Die Gebäude sind alle nach ähnlichen Prinzipien gebaut: nur ein verschließbares Tor führt in den, im Verhältnis zum bebauten Raum sehr großen, Hof, die Räume liegen langgestreckt nebeneinander an den Hofwänden und haben selten Verbindungstüren, sind also alle vom Hof aus separat erschließbar. Dies bot die auch häufig genutzte Möglichkeit, eine

Abb. 189 Blick auf das spätosmanische Dorf und Teile der Akropolisbebauung von Südwesten. Im Vordergrund ist das Theater im Zustand vor den Aufräumarbeiten zu sehen, links davon liegt die Zentralkirche (schwarze Basaltsäulen) mit dem nördlich davorliegenden Hof (helle Säulen). Die Kirche wurde unter der Leitung von Ute Wagner-Lux ab 1976 ausgegraben (seit den 90er Jahren Wiederaufnahme der Arbeiten unter Ute Wagner-Lux und Karl Vriezen); sie veranlaßte auch gemeinsam mit Ernst Krüger die Wiederaufstellung der Säulen.
Rechts sind mehrere kleinere, spätosmanische Häuser zu sehen, während im Hintergrund die großen Bögen des Bait Rusan (lokales Museum), eines der größten Häuser des Dorfes, zu erkennen sind.

Reihe Räume vor die bereits bestehenden zu bauen, wenn sich die Familien, die in einem solchen Haus wohnten, weiter vergrößerten. Die Räume haben z. T. Kreuzgewölbe, wenn ihre Breite die Länge der zur Verfügung stehenden Bäume (aus denen die Deckenkonstruktion sonst gebildet wurden) überstieg. Die Fenster in den Außenwänden sind generell sehr klein, bzw. Räume im unteren Stock haben oft gar keine Fenster nach außen, so daß das gesamte Gebäude von außen hin eine nahezu geschlossene Front bietet und sehr abgeschlossen wirkt. Dies hatte wohl weniger verteidigungstechnische Gründe als vielmehr seine Begründung in einer langen Tradition islamischer Bauweise, welche die Privatsphäre und Abgeschlossenheit der Wohnhäuser betonte. Die Baulinien folgen in vielen Fällen den Resten antiker Bebauung.

Die Tür- und Fensterstürze sind fast ausschließlich Spolien aus dem antiken Baubestand (Abb. 190). Andere, dann

Abb. 190 Ein spätosmanisches Haus auf der Akropolis von Gadara, das zu großen Teilen aus antiken Steinen erbaut ist.

Abb. 191 Der Statuenraum des lokalen Museums in Umm Qais, welches im spätosmanischen Bait Rusan eingerichtet wurde. Die Kreuzgewölbe gehörten zum originalen Baubestand, aber der Raum diente ursprünglich als Stall oder Lagerraum. Dieser Raum wurde, unter anderen, von Thomas Weber eingerichtet.

Abb. 192 Blick in den Museumshof in Umm Qais. Die links sichtbaren Bögen tragen eine langgestreckte Halle mit Kreuzgewölben, die erbaut wurde, um die im Herakleides-Bad ausgegrabenen und nach der Restaurierung in das Museum transportierten Mosaiken zu schützen. Im linken Bildhintergrund sind die Ausläufer des Golan zu sehen.

Abb. 193 Der Ausschnittsplan von Gadara zeigt die verschiedenen Grabungsareale, wobei hier besonders die Areale 44 und 50 (antike Wohnbebauung), Wassersystem und Aquädukt hervorgehoben sind. Die Gebäude des spätosmanischen Dorfes auf der Hügelkuppe sind ebenfalls dargestellt (das Bait Rusan ist das hellrote Gebäude am Rand des Dorfes).

Abb. 194 Blick auf die Räume A bis E in Areal 44. Das in der Mitte erkennbare Loch im Boden ist eine zufällig entstandene Öffnung zu der unter den Räumen liegenden Zisterne. Der kleine Kanal verlief ursprünglich unter dem Fußboden und leitete wahrscheinlich Wasser in die Zisterne (das Mundloch befindet sich unter der modernen Straße).

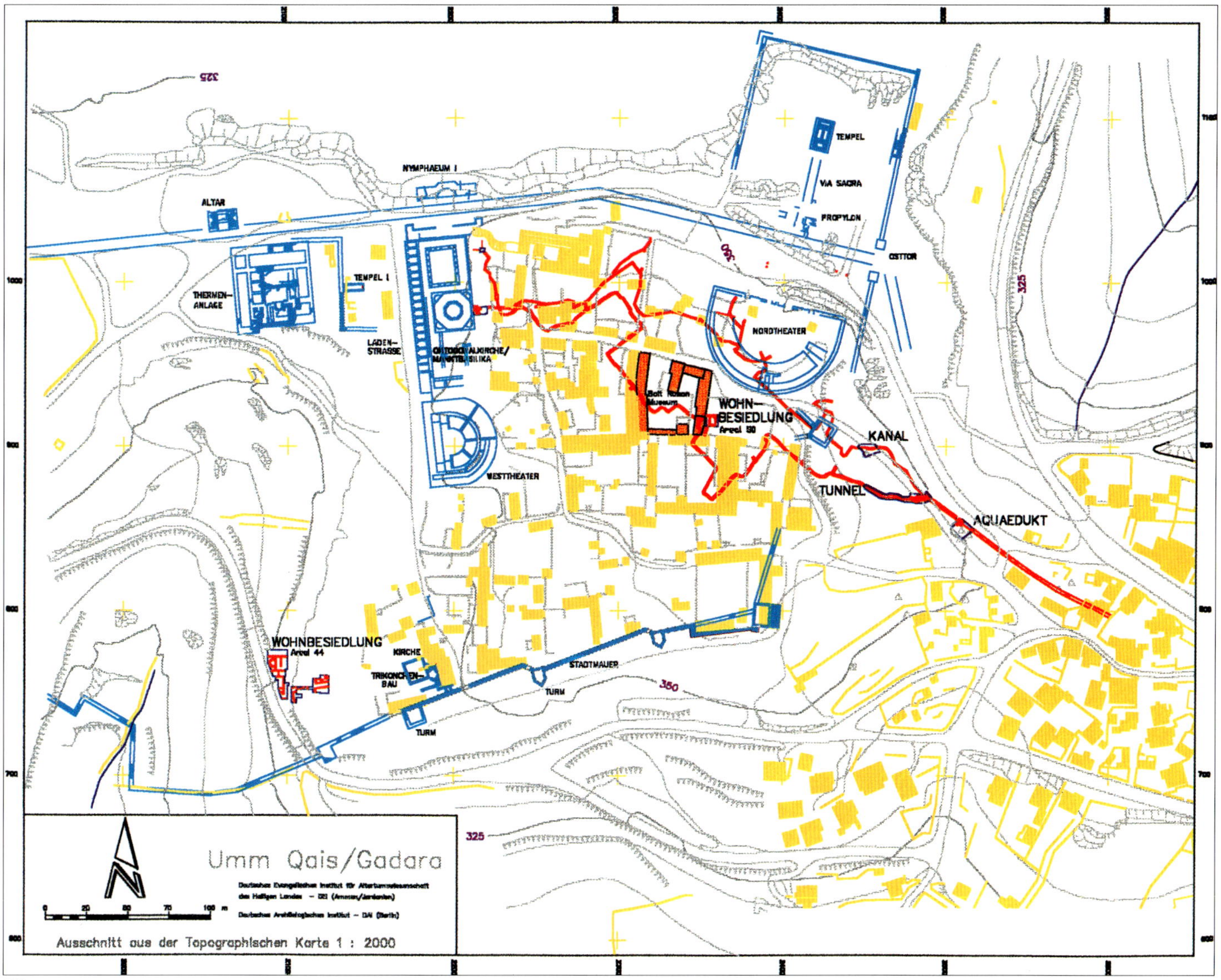

Gadara – Schwarzweiße Stadt zwischen Adjlun und Golan

häufig auch verzierte, wiederbenutzte Steine finden sich in den Mauern besonders in der Umgebung der Türen und Fenster.

Auch die größeren Häuser wurden im Laufe der Zeit oft weiter unterteilt, wenn sie der zunehmenden Zahl an Familienzweigen Unterkunft bieten sollten. Diese Anbauten erschweren es, das Originalaussehen der Häuser und die ursprüngliche Anzahl der Räume zu rekonstruieren. Einige der größeren Gebäude haben über 2000 m² und im Falle des Bait Melkawi mindestens zehn Räume (die Namensgebung im Dorf beruht auf den Familien, die in den Häusern gewohnt hatten, häufig seit der Erbauung). Die Räume können unterschieden werden nach herkömmlichen Wohnräumen, Sommer- und Winterempfangsräumen sowie Ställen bzw. Lagerräumen. Das Bait Rusan hatte sogar mindestens zwölf Räume und fast ebensoviele Vorratsräume bzw. Ställe entlang einer der Hofseiten, sowie einen großen Sommerempfangsraum.

Eine Möglichkeit, Teile des dann verlassenen osmanischen Dorfes zu erhalten, bestand in der Restaurierung und Nutzung einzelner Gebäude für öffentliche Zwecke. Das beste Beispiel hierfür ist sicherlich das heute als lokales Museum genutzte Bait Rusan. Die Konservierung und Rekonstruktion des Gebäudes wurde mit öffentlichen Geldern aus verschiede-

nen deutschen Quellen finanziert[3] und vom Deutschen Evangelischen Institut in Zusammenarbeit mit dem jordanischen Architekten Ammar Khammash durchgeführt. Im Bait Rusan wurden moderne An- und Umbauten entfernt, wie die Mauern, welche den Sommerempfangsraum zum Hof hin geschlossen hatten oder die Trennwände in einem mit Kreuzgewölben überdachten Raum, der jetzt den Statuetten Raum gibt und ein ganz eigenes Raumgefühl bietet (Abb. 191). Andererseits wurden einige Anbauten angefügt, die für die Nutzung als Museum vorteilhaft waren (Abb. 192), wie dieser die Kreuzgewölbe zitierende Vorbau, der einige spätantike Mosaiken beherbergt. Weiterhin zeigt das Museum Keramik- und Münzfunde sowie einige Klein- und Großplastiken.

Weitere Gebäude werden heute von dem jordanischen Antikendienst, der Tourismusbehörde, als Grabungshaus und als Restaurant genutzt.

Antike Wohnbebauung

Nur wenige Bereiche mit privater Architektur sind bisher im antiken Gadara ergraben worden, so daß wir nur wesentlich kleinere Ausschnitte dieser älteren Wohnbesiedlung kennen als das für die eben beschriebenen spätosmanischen Häuser der Fall ist. Untersucht wurde bisher nur ein Gebiet am Südwesthang der Akropolis (Abb. 193: Areal 44) und ein kleines Gebäude am Ostrand der Akropolis, direkt außerhalb des modernen Museums (Bait Rusan, Abb. 193: Areal 50). Das ca. 230 m^2 große, außerhalb der hellenistischen, aber innerhalb der römischen Stadtmauer liegende Gelände (Areal 44) südwestlich der Akropolis zeigt Wohnbebauung auf mehreren Ebenen. Das Gelände war – wie in so vielen Orten der klassischen Antike in Kleinasien und dem Vorderen Orient – terrassiert und die große Terrassenmauer im Rücken der ausgegrabenen Räume ist noch gut zu erkennen. Wenn auch keine direkte Anbindung besteht, so ist doch deutlich zu erkennen, daß die Gebäude ungefähr dem geradlinig verlaufenden Straßennetz angepaßt waren (Abb. 193). Die direkt an der modernen Straße ausgegrabenen Räume, die alle zu einem Haus gehört haben, sind leider von eben dieser Straße in ihrem südlichen Bereich gestört, so daß kein umfassender Grundriß des Hauses erstellt werden konnte. Es handelt sich um sechs nebeneinanderliegende Räume, deren nördliche Rückwand durch die knapp 11 m lang ergrabene Terassenmauer gebildet wird (Abb. 194).

Die einzelnen Räume sind zwischen 2,2 und 4,2 m breit und zwischen 2,8 und 4,2 m lang erhalten. Die Mauern sind alle in Trockenmauerwerk auf den gewachsenen Felsen gebaut worden. Das unterschiedliche Material und die unterschiedliche Qualität dieses aufgehenden Mauerwerks belegt, daß jedenfalls die rückwärtige Terrassenmauer immer wieder erneuert werden mußte. Die ursprüngliche Mauer ist aus dem Felsen herausgearbeitet und sehr gut geglättet und eben, wie auch die zuerst verwendeten, regelmäßig gesetzten Basaltsteine sehr qualitätvoll bearbeitet waren. Erst die späteren Ausbesserungen aus ehemals großen und später aus kleineren, unregelmäßigen Kalksteinen zeigen eine nachlässige Bearbeitung und weniger regelmäßige Setzung (Abb. 195). Auch die, nur noch ca. 1 m hoch erhaltenen, Trennwände der Räume wurden bereits in der ersten Phase angelegt und waren wie auch die Terassenmauer teilweise mit farbigem Putz versehen.

Die ursprüngliche Gründung dieses Hauses geht in die späthellenistische Zeit zurück, wovon allerdings nur geringe Re-

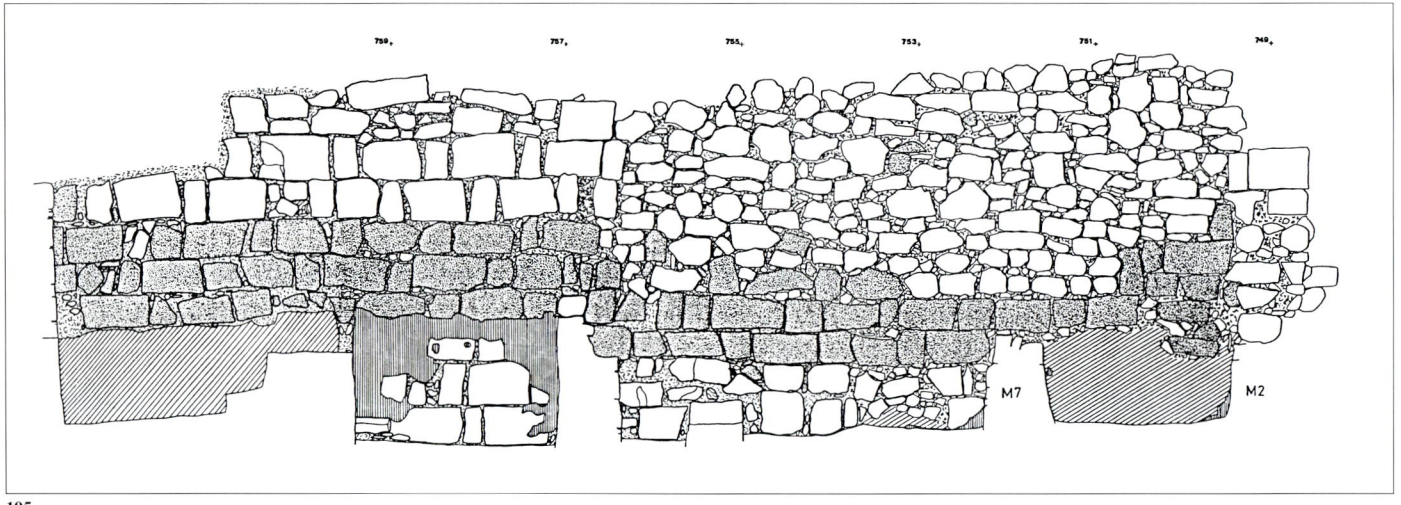

195

196

197

ste in den untersten Lagen des Hauses zeugen. Die Hauptbesiedlungsphase dürfte in der römischen Zeit gelegen haben, als auch die Wandmalereien in mindestens einem der Räume angelegt wurden. Bei der Wandmalerei handelt es sich hauptsächlich um Architekturimitationen. An der bisher größten zusammenhängenden Stelle fanden sich zwei Rottöne, die ein geometrisches Muster bildeten. In

Abb. 195 Die Ansicht von der Terrassenmauer (Mauer 1) in Areal 44 zeigt die verschiedenen Phasen und Baumaterialien, aus denen diese Mauer konstruiert wurde. Während der untere Teil aus dem gewachsenen Boden herausgearbeitet wurde, ist das aufgehende Mauerwerk teils aus Basaltsteinen und teils aus unterschiedlich sorgfältig bearbeiteten Kalksteinen hergestellt.

Abb. 196 In Raum D fanden sich mehrere Kilo Wandverputz. Der dicke Unterputz war auf organischem Material wie Schilfrohr aufgetragen und hielt seinerseits den dünnen, bemalten Oberputz. Zahlreiche Bruchstücke des Wandverputzes zeigen mit schwarzen Linien abgesetzte Flächen, die gelb-rot marmoriert sind. Andere Stücke sind mit schwarzen und roten Punkten sowie Schlangenmustern verziert.

Abb. 197 Als oberer Abschluß lief wohl um den ganzen Raum ein plastisch geformter Fries, der teilweise auch bogenförmig gestaltet war.

Abb. 198 In den Räumen des Hauses in Areal 44 wurden ebenfalls viele Bruchstücke verschiedener Marmorinkrustationen ausgegraben, wovon hier einige Beispiele zu sehen sind.

Abb. 199 Zu den weiteren Funden, neben Keramik, sehr vielen Knochengeräten, Metallgegenständen und Glasgefäßen, gehörte auch Glasschmuck wie diese teilweise verzierten Fragmente von verschiedenen Glasarmreifen.

Raum D fanden sich außerdem große Mengen floral und geometrisch bemalten Putzes, andere Teile (in gelb und rot) sollen wohl Marmor imitieren (Abb. 196). Im gleichen Raum befand sich auch ein erhaben geformter Fries (Abb. 197), der in gelb, rot und grün gehalten war. Diese Reste von Wandmalerei und die zahlreichen Bruchstücke verschiedener Marmorinkrustationen (Abb. 198) zeigen die doch reichhaltige Verzierung dieser Räume. Der damit verbundene Aufwand und die Tatsache, daß mindestens vier einzelne Räume zusammen gehört haben müssen, die aller Wahrscheinlichkeit nach mit einem Hof und anderen Räumen das eigentliche Haus bildeten, deutet auf einen eher wohlhabenden Bereich der Siedlung hin.

Aber auch viele Funde des täglichen Lebens konnten in der Ausgrabung geborgen werden, zahlreiche Reibsteine und Mörser aus Basalt zeigten eine sehr viel sorgfältigere Bearbeitung als das in den Jahrtausenden vorher, in denen das gleiche Gestein für diese Zwecke benutzt wurde, der Fall war. Unzählige Bruchstücke kleiner, meist schwarzer Glasarmreifen sowie andere Glasschmuckstücke wurden ebenfalls gefunden (Abb. 199).

Ein unterhalb des Fußbodens verlaufender, kleiner Kanal (Abb. 194), mehrere andere kleine Kanäle, die sich auf einem höheren Niveau nördlich der Terrassenmauer fanden, sowie eine große Zisterne unterhalb der Räume zeigen den großen Wert, der zum einen der Entwässerung der Terrassen zum anderen der ausreichenden Wasserversorgung zugemessen wurde. Die Größe der Zisterne kann mit ca. 9 x 18 x 4 m nur ungefähr angegeben werden, da große Teile der Decke heruntergebrochen waren. Mit ca. 650 m³ ist diese Zisterne aber mindestens so groß, wie andere, die vom unterirdischen Wasserkanal unter der Akropolis angeschnitten wurden (s. u.).

Östlich dieses Hauses liegt ein Bereich, der wohl ursprünglich auch Räume enthielt, später aber in eine Freifläche umgewandelt wurde, die eine Arbeitsplattform und einen Brotofen enthielten.

Auf den nächsten, weiter oben liegenden Terrassenstufen verändert sich die Architektur. Auf der nächsthöheren Stufe fanden sich nur relativ nachlässig geschichtete Mauern, Arbeitsflächen und ein kleiner, sehr sorgfältig gesetzter Kanal. Er besteht aus behauenen Steinplatten, ist innen verputzt und oben mit Steinen abgedeckt. So könnte einer der kleinen Kanäle ausgesehen haben, die Oberflächenwasser sammelten und in die Zisternen (wie die oben beschriebene) leiteten.

Die Wasserversorgung der klassischen Stadt

Die Wasserversorgung Gadaras war durch die in der Nähe des Ortes befindlichen Quellen (z. B. die nächstliegende Ain Qais auf dem Weg ins Wadi al-'Arab) wahrscheinlich spätestens ab der späthellenistischen Zeit nicht mehr ausreichend gesichert. Und diese Quellen lagen außerhalb des durch die Stadtmauer gesicherten Bereichs. So wurden mindestens zwei weitere Methoden zur Wasserversorgung genützt: Regenwasser wurde in Zisternen gespeichert und Wasser wurde durch lange unterirdisch verlaufende Kanäle von weiter entfernt liegenden Quellen herbeigeschafft. Die Zisternen dürften nach allem, was wir bisher wissen, äußerst zahlreich gewesen sein. Einige dieser Zisternen sind bis heute in den restaurierten Gebäuden des osmanischen Dorfes in Benutzung. Sie sind im Querschnitt birnenförmig, häufig mit abgeflachtem Boden, und oft mehrere Meter tief, wobei sich an der tiefsten Stelle des Bodens meist eine kleine Vertiefung befindet, wo sich Verunreinigungen absetzen konnten.

Einen wesentlich größeren Anteil an der Wasserversorgung Gadaras hatten aber die Tunnel, die von Osten kommend, Frischwasser in die Stadt brachten. Genau wie sich in Gadara selbst zwei Tunnel unter dem Akropolishügel finden, so besteht auch die Überlandleitung aus zwei unabhängigen Systemen. Im folgenden wird der ältere, tiefer liegende Stollen als unterer Kanal und der jüngere, oberhalb liegende Stollen als oberer Kanal oder Tunnel bezeichnet.

Die Überlandtunnel

Der bisher festgestellte Beginn des Wassersystems liegt ca. 11 km östlich von Umm Qais bei der modernen Wasserquelle Ain Turab. Von dort winden sich beide Tunnel kurvenreich durch das Gelände. Da die Kanäle eine gleichmäßige Neigung beibehalten müssen, folgen sie der Topographie und fahren somit jedes Wadi aus, was dazu führt, daß sie eine tatsächliche Länge von fast 22 km haben. Aus den verschiedenen Eingängen und Ausbrüchen (Abb. 200), die von uns gefunden worden sind, ist ersichtlich, daß der untere (besser bekannte) Tunnel meist mehrere Meter unter der Oberfläche verlief. Bei Malka verläßt der Tunnel die bisher nördlich des Höhenrückens auf dem auch die moderne Straße liegt, verlaufende Wegstrecke und durchquert den Höhenrücken, um dann an seiner südlichen Seite fortzufahren (Abb. 201).

Der Überlandkanal sammelt auf dem Wege Wasser aus verschiedenen Quellen und Oberflächeneinspeisungen ein. Oberhalb des Kanals laufen viele kleine Ober-

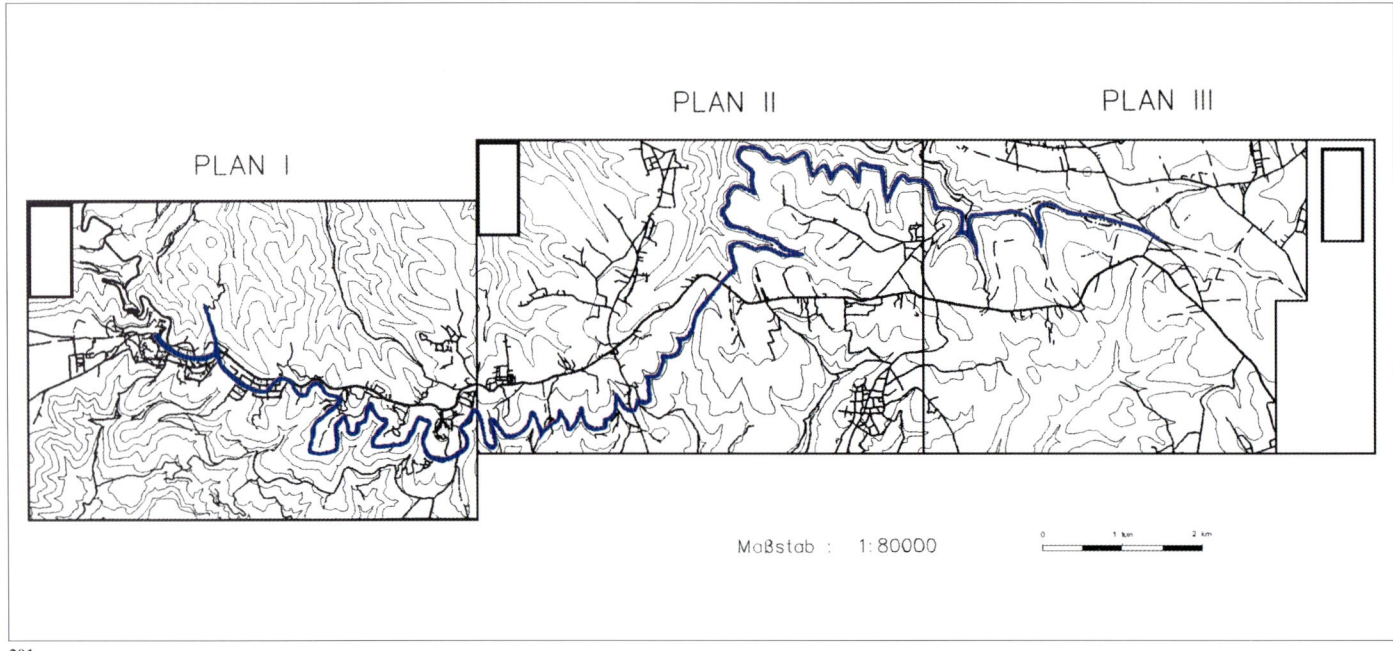

Gadara – Schwarzweiße Stadt zwischen Adjlun und Golan

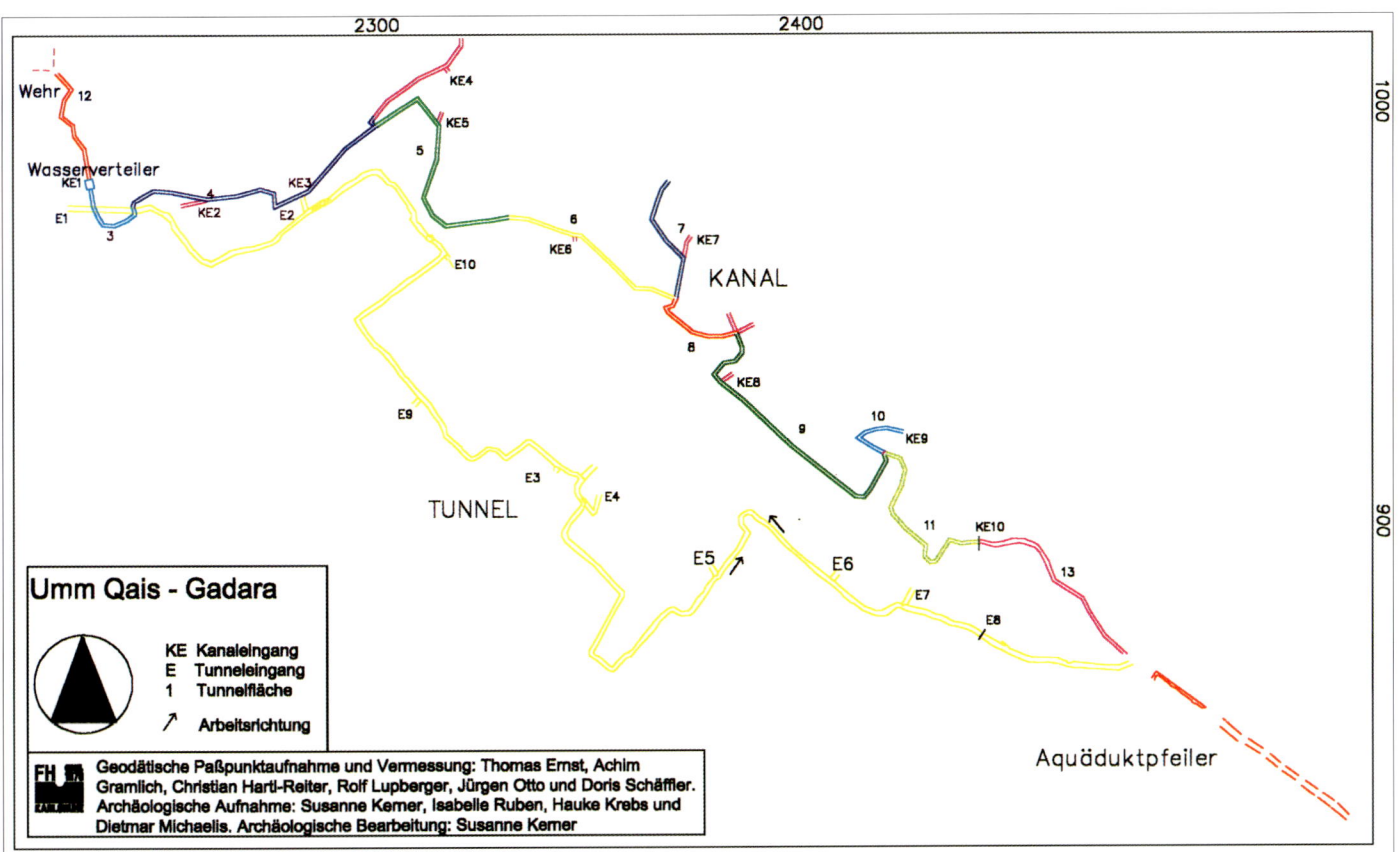

202

Abb. 200 Die Auffindung des Überlandkanals wurde durch große Steinausbrüche wie den hier abgebildeten erleichtert. Durch das Wegbrechen der ganzen äußeren Felswand ist der Boden des Tunnels (Maßstab) und der nördliche Wiedereintritt in den ungestörten Fels sichtbar geworden.

Abb. 201 Der Plan zeigt den Verlauf des Überlandkanals (blau) zwischen der Quelle Ain Turab im Osten und Umm Qais im Westen. In der Mitte des Plans unterquert der Tunnel den Höhenrücken (auf dem auch die moderne Straße entlang führt), auf dessen nördlicher Seite er über eine weite Strecke geführt hatte, um sich auf der südlichen Seite fortzusetzen.

Abb. 202 Plan des unter der Akropolis verlaufenden Wassersystems mit dem östlich anschließenden Aquädukt. Die weiteren Aquäduktpfeiler sind als rote Linie gekennzeichnet. Der obere Tunnel (gelb) ist mit den verschiedenen Eingängen dargestellt, der untere Kanal zeigt die verschiedenen Flächen, Eingänge und besonderen Installationen wie Wehr und Wasserverteiler am nordwestlichen Ende. Die an den Werkspuren erkennbare Arbeitsrichtung wird hier nur an einer besonders markanten Stelle dargestellt.

Abb. 203 Blick von Nordosten auf die noch sichtbaren Reste der Aquäduktpfeiler. Zur Verdeutlichung des Verlaufs stehen die Grabungsmitarbeiter an den Ecken der noch erkennbaren Pfeilerreste. Rechts im Vordergrund ist der einzig noch erhaltene Bogen des Aquädukts erkennbar.

203

flächenkanäle, die das auf den Felsen fallende Regenwasser sammeln und durch verschiedene, senkrechte Öffnungen, die direkt oberhalb des Kanals liegen, in denselben leiten.

Auch unterhalb des modernen Dorfes Umm Qais verläuft der Überlandkanal und erscheint dann in einer Senke östlich der Akropolis (Abb. 193. 202) an der Oberfläche. Dies ist die einzige Stelle in dem fast 22 km langen Tunnelverlauf, an der das Wasser auf einem oberflächlich verlaufenden Aquädukt weitergeleitet wird. Von diesem sind nur noch die Reste von elf Pfeilern (Abb. 203) und der letzte Bogen erhalten (Abb. 204). Auf diesem Bogen ließ sich noch die Unterkonstruktion des eigentlichen Wasserkanals erkennen. Von diesem auf dem Bogen liegenden Kanal wurde das Wasser dann in den unter der Akropolis von Gadara liegenden Tunnel eingespeist.

Tunnel und Kanal unter der Akropolis

Unter der Akropolis, auf der heute das osmanische Dorf liegt, ziehen sich zwei lange Tunnel (Abb. 202), die sich am westlichen Ende kreuzen. Beide haben eine unregelmäßige Form, die sich generell von Südosten nach Nordwesten zieht. Beide haben Nebenkanäle und Eingangsschächte (*putei*). Der untere und ältere Kanal ist etwa 360 m lang und verläuft etwa in der gleichen ost-westlichen Richtung wie der obere, wenn auch nach Norden verschoben. Diese Lage entlang des nördliches Hanges der Akropolis bedeutete, daß die Eingangsschächte dieses Kanals weniger tief angelegt werden mußten. An der Kreuzungsstelle verläuft die Sohle des Wasserkanals 1,20 m unter der des Tunnels. Zahlreiche flache, große Steine legen die Vermutung nahe, daß der obere Gang gegen den unteren abgeschlossen war.

Die Anbindung vom Überlandaquädukt zu den beiden unter der Akropolis verlaufenden Tunneln ist nicht mehr vollständig rekonstruierbar, da ein moderner Aufweg die interessanteste Stelle, die direkte Ableitung vom Aquädukt, weitgehend zerstört hat. Wahrscheinlich wurde das Wasser vom Aquädukt auf einen parallel laufenden Kanal geleitet, der sowohl den unteren Kanal unter der Akropolis als auch andere kleinere Wasserleitungen speiste. So konnte noch ein kleines Ableitungswehr aus Basalt gefunden werden, das mit Hilfe von Steinscheiben geschlossen werden konnte (Abb. 205). An gleicher Stelle sollte auch die Ableitung in den oberen Tunnel erfolgen, die aber nie fertig gestellt wurde (Abb. 206).

Die Konstruktionsweise beider Kanäle ist beeindruckend. Es haben offensichtlich mehrere Arbeitsgruppen gleichzeitig im Gegenortverfahren an der Ausschachtung gearbeitet. Die Eingänge wurden zuerst angelegt und jeweils zwei Gruppen arbeiteten von dort auf der Sohle des Kanals in entgegengesetzte Richtungen (Abb. 202). Besonders deutlich ist dies im oberen Tunnel erkennbar, da die Wände dort nur z. T. verputzt sind und die Arbeitsspuren am Fels somit besser erkennbar. So wurde z. B. von Eingang E5 in Richtung Nordosten und von Eingang E6 nach Nordwesten gearbeitet, die beiden Gruppen trafen in der Krümmung des Tunnels aufeinander (Abb. 202). Diese Vorgehensweise erklärt zumindest zum Teil auch die mit vielen, nahezu rechtwinkligen Kurven versehene Form beider Tunnel: Hätten beide Arbeitsteams geradlinig aufeinander zu gearbeitet, wäre die Gefahr relativ groß gewesen, daß sich die beiden Tunnelteile verfehlt hätten. Wurde aber rechtwinklig aufeinander zu gearbeitet, so mußten sich die zwei Teilstücke unzweifelhaft treffen. Die Eingänge liegen trotzdem relativ dicht beieinander und folgen so, wie auch andere Charakteristika dieses Kanals, Vitruvs Anweisungen *«Wenn aber zwischen der Stadtmauer und der Quelle Berge liegen, so wird man so verfahren müssen, daß unterirdische Stollen gegraben und nach dem oben angegebenen Gefälle nivelliert werden. Ist jedoch der Boden erdig oder sandig, dann sollen in dem Stollen Sohle und Wände mit der Überwölbung in Mauerwerk ausgeführt und das Wasser so geleitet werden. Luftschächte sind so anzulegen, daß zwischen zweien 120 Fuß liegen».*[4] Tatsächlich beträgt der mittlere Abstand zwischen zwei Eingängen der Gadarener Tunnel 35 m.

Der untere Kanal wurde in mindestens drei verschiedenen Abschnitten gebaut, die für die archäologische Untersuchung in 13 Flächen unterteilt wurde (Abb. 202). Der älteste Abschnitt besteht aus den Flächen 10, 11 und 13, die besonders sorgfältig gearbeitet wurden. Zuerst wurde der eigentliche Tunnel in den relativ weichen Kalkstein geschlagen. Der in Gadara anstehende Kalkstein ist leicht bearbeitbar, besonders wenn entlang der Steinklüfte gearbeitet wird. Der so entstandene unten flache, oben zulaufende und abgerundete Querschnitt von ca. 1,8 x 0,7 m wurde dann vollkommen ausgemauert und innen verputzt (Abb. 207). Der so entstandene Tunnel ist im Querschnitt kleiner als der ursprünglich geschlagene, aber dafür fast vollkommen wasserundurchlässig, während der reine Kalkstein dies nicht gewesen wäre. Der Putz bestand aus mindestens zwei Komponenten, einem gröberen und in dicker Schichtung aufgetragenem Unterputz und einem sehr feinen, harten und dünnen Oberputz. Der Unterputz zeigt häufig die typischen Oberflächenfurchen, die eine bessere Haftung für den feinen Oberputz bieten. Es können mehrere Erneuerungen dieser beiden Putzlagen beobachtet wer-

Abb. 204 Nur der westlichste Bogen der kurzen Leitung, die das Wasser aus dem Überlandkanal über eine Senke zum Akropolishügel von Gadara transportierte, ist noch erhalten. Es ist deutlich zu erkennen, daß die Steine im Bereich des Bogenmittelpunktes nur wenige Zentimeter unter der modernen Straße lagen.

Abb. 205 Das entscheidende Verbindungsstück zwischen Aquädukt und Kanälen: Am rechten unteren Bildrand sind mit den drei großen Quadern die einzigen Zeugen des auf dem letzten Aquäduktbogen liegenden Kanals erkennbar. In der unteren Bildmitte zeigt sich die untere Lage der kleinen Schleuse aus Basaltquadern; die Führungsnuten, in denen schmale Steinplatten die Schleuse hätten schließen können, sind deutlich sichtbar. Die pfeilförmige Konstruktion in der oberen Bildhälfte ist die nicht vollständig beendete Verbindung zum oberen Tunnel.

Abb. 206 Der Eingang zum oberen, nicht fertig gestellten Kanal: Die pfeilförmige Quaderkonstruktion am unteren Bildrand hätte den Abschluß des Kanalbettes gebildet, während der eigentliche Kanal immer tiefer in den Hang einschneidend am oberen Bildrand im Fels verschwindet.

205

206

den, die alle starke Sinterablagerungen zeigen. Sinter entsteht, wenn Wasser an rauhen Oberflächen entlang fließt.

Der zweite Teil des Kanals umfaßt die Flächen 7, 8 und 9. Der Anschluß von Fläche 9 an Fläche 11 unter Ausschluß der dann stillgelegten Fläche 10 ist spitzwinklig, wie bereits auf dem Plan erkennbar ist (Abb. 202). Für den Anschluß von Fläche 9 wurde die sorgfältige Wandbearbeitung am älteren Kanalteil unterbrochen und Fläche 10 wurde mit mehreren, sehr großen Basaltblöcken sorgfältig verschlossen. Tatsächlich zeigen die Oberflächen hinter dieser Basaltmauer, daß nur wenig Wasser in Fläche 10 geflossen war, bevor dieser Teil abgeschlossen wurde. Der zweite Teil des Kanals ist weniger sorgfältig beendet worden als der älteste Teil, so ist die Ausmauerung nicht mehr komplett, sondern die Mauern enden häufig bereits in Schulterhöhe und bilden somit keinen kompletten Querschnitt mehr.

Auch der Anschluß des dritten Teils erfolgt abrupt und mit einer 90 Grad Kurve am Übergang zu Fläche 6. Wiederum wurde die ursprünglich gerade Fortsetzung (Fläche 7) durch eine mehrere Steine hohe massive Abtrennung geschlossen, und das Wasser in den dritten und jüngsten Teil weitergeleitet.

Dieser dritte Teil ist nun im Vergleich zu den zwei älteren Teilabschnitten wenig sorgfältig gestaltet, häufig fehlt die Ausmauerung und es wurde nur eine Ausgleichslage aus kleinen Steinen und grobem Mörtel direkt auf den Felsen aufgetragen, über die dann der feinere Oberputz gelegt wurde.

Mehrere interessante Installationen finden sich entlang des Kanalverlaufs, so liegt am Übergang von Fläche 5 zu Fläche 4 eine ca. 4,5 m² große Seitennische nördlich des Kanals. Der Wasserlauf wurde durch mehrere große Steine auf dem Boden des Hauptkanals verlangsamt und Wasser aufgestaut, so daß eine ausreichende Menge vorhanden war, um über eine niedrige Mauer, die Kanal und Nische voneinander trennte, in die Nische fließen zu können. Von dort leitete ein Rohr das Wasser in einen Seitenkanal, der sich mindestens 30 m nach Nordosten zog. An dieser Stelle befand sich auch ein Krümmer, ein Tonrohr mit einer 90°-Krümmung; solche Rohre sind bisher relativ selten gefunden worden.[5]

Nur wenige Meter vor dem Ende des eigentlichen Kanals fand sich ein Wasserverteiler (oder *Wasserkastell*), von dem aus sich das Wasser in drei verschiedene Leitungen verteilen ließ. Ähnliche und auch wesentlich größere Wasserverteiler mit einem Dutzend Ableitungen sind z. B. aus Pompeji bekannt. Der Wasserverteiler in Gadara erlaubte eine Verteilung des Wassers, die automatisch vom vorhandenen Wasservolumen gesteuert wurde. War nur wenig Wasser im Kanal, floß es ungeschmälert durch den Wasserverteiler im Bett des Hauptkanals weiter. War aber soviel Volumen vorhanden, daß der Wasserspiegel über 0,85 m stieg, so konnte das Wasser zuerst auf eine westlich liegende Ebene fließen, von wo es durch ein Absetzbecken durch mehrere Rohre in einen Seitenkanal floß. Stieg das Volumen aber weiter (bis über 1,25 m Wasserstand), so konnte das Wasser über eine östliche Ebene in einen weiteren Seiten-

kanal geleitet werden. Dieser Mechanismus, der die Wasserverteilung vom vorhandenen Volumen abhängig macht, erinnert deutlich an Vitruvs Beschreibung zur Funktionsweise dieser Wasserverteiler, die sicherstellen sollte, daß die öffentlichen Brunnen auch bei niedrigem Wasserstand stets zuerst versorgt wurden.

Am Ende des Hauptkanals endlich fand sich in der gesamten Höhe und Breite des Kanals ein Wehr (Abb. 208) hinter dem das Wasser aufgestaut wurde. Durchflüsse in verschiedener Höhe ließen das Wasser in kontrollierter Form in einen schmaleren Kanal, der dann das eigentliche städtische Gebiet erreichte, wo kleinere Kanäle und Rohrleitungen die weitere Versorgung übernahmen. Der minimale Wasserdurchfluß des unteren Kanals hätte etwa 124 l in der Sekunde betragen und somit für die Wasserversorgung von ca. 9000 Menschen ausgereicht.

Der obere Tunnel zeigt ebenfalls unterschiedliche Richtungen und zahlreiche Höhenkorrekturen (Abb. 209). Diese jüngere Ergänzung zum bereits existierenden unteren Kanal wurde allerdings nie beendet, wie sich aus zahlreichen Einzelheiten erkennen läßt. Der Boden des Kanals wurde nicht nivelliert, so daß der im Osten liegende Beginn des oberen Tunnels 0,6 m unter dem westlichen Ende liegt und sich im Laufe des 380 m langen Tunnels einige größere Unebenheiten finden. Auch wurden nur die ersten Meter verputzt, und auf 30 weiteren Metern findet sich die grobe Regulierung der Wände, wie sie im unteren Kanal von der letzten Ausbaustufe (Flächen 3–6) bekannt sind. Der jüngere Tunnel hat einen sehr unregelmäßigen Querschnitt (Abb. 210), der durch Fehler in der Nivellierung, Ausbrüche und den Anschnitt von mehreren Zisternen verursacht wurde. Der Anschnitt von Zisternen kann kaum als «Unfall» angesehen werden, es muß vielmehr vermutet werden, daß dieser zweite Tunnel die in den Ort verbrachte Wassermenge so steigern sollte, daß einige Zisternen, die «im Wege waren», als dann überflüssig angesehen wurden.

Der zweite Überlandtunnel und der obere Tunnel unter der Akropolis von Gadara waren offensichtlich großangelegte Erweiterungsbauten, die nicht beendet wurden. Die Tatsache, daß auch andere Bauten im 3. Jh. n. Chr. begonnen aber nicht beendet wurden, wie z. B. das Hippodrom, und der am westlichen Tunnelausgang befindliche Füllschutt, der dort ab dem 3. Jh. n. Chr. angelegt wurde, deuten auf eine Anlage des oberen Tunnels kurz vor diesem Zeitraum hin. Der erste Kanal stammt dagegen eher aus späthellenistisch-frührömischer Zeit, wo-

Abb. 207 Wandbearbeitung im unteren Kanal. In Fläche 11 (siehe Abb. 202) ist der gesamte Querschnitt des Kanals ausgemauert und mit Putz versehen. An den Seiten sind einige Ausbrüche festzustellen.

Abb. 208 Das am nordwestlichen Ende des unteren Kanals befindliche Wehr. Der unterste Wasserdurchfluß wird durch eine Setzung aus Basaltsteinen gewährleistet, darüber liegen auf drei verschiedenen Höhen Durchflüsse, die durch Rohrleitungen verstärkt waren. Die links und rechts angebrachten Vorsprünge sollten sicherlich den Zugang zum dahinter liegenden Stollen erleichtern und Reparaturarbeiten ermöglichen.

bei eine endgültige Datierung noch aussteht.

Der ältere Überlandkanal könnte durchaus Teil eines wesentlich größer angelegten Wassersystems gewesen sein. Nur der Kanal in Bait Ras-Capitolias hat eine andere Form und Technik (eher vergleichbar mit der Eupalinos-Leitung in Samos) und liegt außerdem zu hoch, als daß er Teil des Gadarener Systems hätte sein können. Alle anderen bisher untersuchten Wassersysteme in Nordjordanien ähneln dagegen dem hier beschriebenen. So entsprechen nicht nur die von Harold Mare in Abila (siehe S. 49) beschriebenen Kanäle, die auch von uns besucht wurden, der Bauweise in Gadara, sondern auch die im Wadi Shallaf[6] gefundenen. Eine von uns bisher nur mit Hilfe von Kartenmaterial durchgeführte Untersuchung läßt durchaus die Hypothese zu, daß es sich um ein einziges mehrere 100 km umfassendes Wasserversorgungssystem handelt, das noch weiter nach Nordosten reicht. Da wir bisher keinerlei antike Berichte über diese Anlage haben, kann auch nicht gesagt werden, ob es sich um eine durch die übergeordnete politische Macht inspirierte Maßnahme handelte oder um eine eventuell durch die Dekapolis-Städte vereinbarte Aktion. Es ist aber sehr viel eher zu vermuten, daß dieses Wasserversorgungssystem genau wie das Straßensystem eine imperiale Initiative war.

Keramik[7]

Die in Gadara gefundene Keramik stammt aus einem Zeitraum von ca. 2200 Jahren, beginnend im späten 3. Jh. v. Chr. und endend mit der osmanischen Keramik des 18./19. Jhs. Die Verteilung der Fundmenge ist nicht gleichmäßig, sondern es finden sich erwartungsgemäß Schwerpunkte aus den stärker besiedelten Perioden von der späthellenistischen bis zur spätantiken-frühislamischen Zeit. Alle aus den Grabungsarealen kommende Keramik wurde nach einer unterdessen über 80 Waren (und weitere Varianten) umfassenden Warentypologie ausgezählt.

Interessant sind die importierten Waren, so finden sich aus hellenistischer Zeit glänzend schwarz oder rot überzogene Stücke, die hauptsächlich als kleine Schalen mit nach innen oder außen gebogenem Rand oder Fischteller auftreten (Abb. 211.3, 5). Alle drei Formen sind auch in den «lokalen, feinen Waren» imitiert (Abb. 211.2, 4), meist allerdings ohne auch nur annähernd die Qualität der Vorbilder zu erreichen. Diese Gefäße sind ebenfalls schwarz oder rot überzogen, wobei häufig nur die obere Hälfte des Gefäßes überzogen ist und oft Tropfspuren zu finden sind. Die Qualität dieses Überzugs variiert von fleckig und stumpf zu glänzend und sehr gleichmäßig.

Es fanden sich dann auch andere Mischformen. So existieren typische For-

Abb. 209   Dieser Blick in den oberen Tunnel zeigt deutlich eine Stelle, an der eine Höhenkorrektur am ursprünglichen Stollenverlauf vorgenommen wurde.

Abb. 210   Dieser nördlich von Eingang 6 (siehe Abb. 202) liegende Abschnitt des oberen Tunnels zeigt, daß hier keinerlei Ausbauarbeiten durchgeführt wurden, sondern nur der «Rohbau» des Tunnels fertiggestellt wurde. Im Hintergrund ist eine der zahlreichen Biegungen im Tunnelverlauf sichtbar.

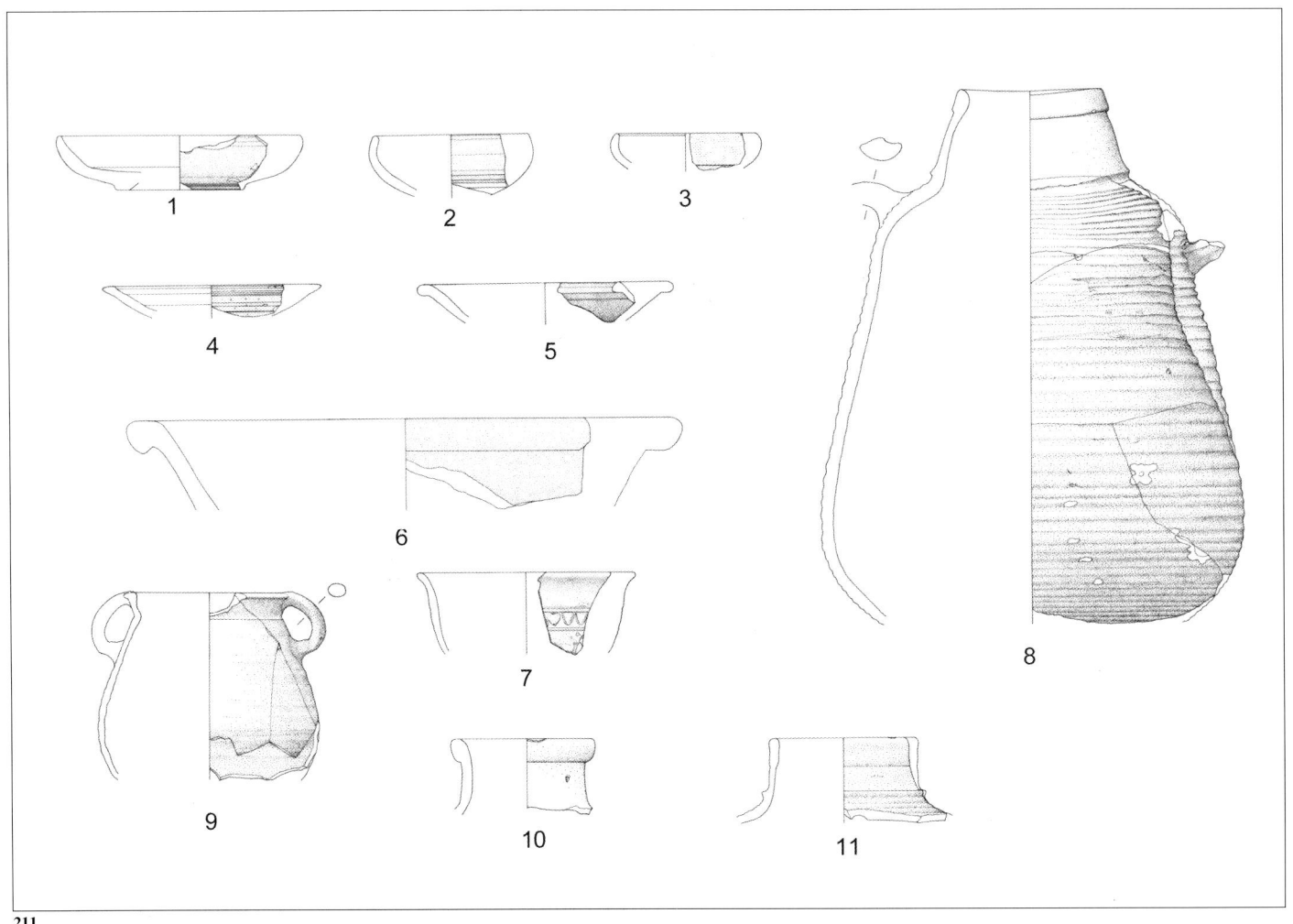

men der östlichen Terra Sigillata (Abb. 211.1) in hellenistischer Ware und umgekehrt. Aus der spätantiken Zeit finden sich dann vor allem die aus Nordafrika importierten feinen Waren, welche die Terra Sigillata ablösen.

Neben diesen feinen Waren, sind auch zahlreiche Amphorenfragmente, die auf die weitgespannten Handelsbeziehungen Gadaras hindeuten, erhalten geblieben.

Den größten Teil der Keramik bilden aber natürlich die Gebrauchswaren, die von den hellen, fast ins Grünliche changierenden Krügen (Abb. 211.10) und Schüsseln der hellenistischen Zeit über die beige- bis rosafarbenen, geriffelten Krüge (Abb. 211.8) und sandfarbenen Schüsseln (Abb. 211.6) der römischen und teilweise byzantinischen Zeit bis zu den dunkelbraunen, oft weiß bemalten Krügen (Abb. 211.11) und Schüsseln der omajjadischen Zeit reichen. Die Grundformen dieser für das tägliche Leben benutzten Keramik bleiben dabei erstaunlich gleich.

Gerade die weitere Auswertung der Keramik wird uns nicht nur detailliertere Angaben zur Datierung der verschiedenen Bauwerke erlauben, sondern wird, zusammen mit den vielen anderen Funden des täglichen Lebens, auch die Möglichkeit eröffnen, den Alltag der Bewohner des antiken Umm Qais genauer darstellen zu können.

Abb. 211 Keramik aus Gadara. Die kleinen Schalen (2–5) wurden in hellenistischer Zeit sowohl importiert als auch lokal imitiert (2,4). Auch megarische Becher wurden importiert (7). Keramik aus heller, feiner Ware bildet den weitaus größten Teil der römischen Keramik und tritt vorwiegend auf (8), und interessanterweise bleiben die Grundformen der Krüge von hellenistischer (10) bis in die omajjadische Zeit (11) gleich – nur die Randformen ändern sich. Weitere typische, wenn auch weniger häufig auftretende Waren und Formen der römischen Zeit sind die kleinen Schalen der Eastern Terra Sigillata (1) und die großen Schüsseln einer bräunlichen Keramik (6). Der römisch-byzantinische Kochtopf (9) wurde im westlichen Ende des oberen Kanals gefunden.

Alan G. Walmsley

Die Dekapolis-Städte nach dem Ende des Römischen Reiches

Kontinuität und Wandel

Geschichtlicher Überblick

Am Ende des Jahres 633 verließen vier moslemische Armeen die Stadt Medinah auf der arabischen Halbinsel, um die islamische Vorherrschaft über den syrisch-palästinischen Raum, auch bekannt als Bilad al-Sham, auszudehnen. Diese Mission brachte die Soldaten in eine Region des byzantinischen Kaiserreiches, das sich nach Jahren der sassanidischen Besetzung immer noch in Unordnung befand. Fast zwei Jahrzehnte vorher, im Jahre 614, war Jerusalem, die heiligste Stadt des byzantinischen Reiches, gewaltsam von den Sassaniden eingenommen worden. Danach fielen die Reste des byzantinischen Palästina und Arabien sehr schnell in die Hände der Perser, allerdings ohne daß großer Widerstand geleistet oder weitgehende Zerstörungen angerichtet worden wären. Da die sassanidische Armee auch tief in das byzantinische Kernland Anatoliens vorgedrungen war, dauerte es fast eine Generation bis Kaiser Heraklios (regierte 610–641) genügend Kräfte zusammengezogen hatte, um die Perser aus den östlichen Provinzen des Reiches zu vertreiben. Dieser byzantinische Feldzug war dann aber nicht nur erstaunlich schnell beendet, sondern auch außerordentlich erfolgreich. Aufgrund der Eile des persischen Rückzugs mußten Teile der Armee in Syrien-Palästina zurückgelassen werden (diese tauchen in den schriftlichen Quellen zum islamischen Syrien des 7. Jhs. wieder auf); und der vorher so erfolgreiche persische Kaiser Chosroe II. wurde bis nach Mesopotamien verfolgt und schließlich getötet. Im Jahre 630 konnte dann das Kreuz Christi, das die Perser 614 entwendet hatten, wieder in Jerusalem aufgestellt werden, und Heraklios begann die Stadt zu renovieren. Das Hauptwerk dieser Maßnahmen sollte wahrscheinlich die Errichtung eines neuen christlichen Bauwerkes auf dem alten, lange vernachlässigten Tempelberg der Juden sein: Eine großartige Basilika, die das Kreuz Christi beherbergen sollte.

Heraklios plante in seinem Neu-Jerusalem ein dynastisches Heiligtum zu errichten, wie es vor ihm schon Konstantin mit dem *Martyrion* über der Kreuzigungsstätte und Justinian der Große mit der *Nea* Kirche getan hatten.

Während Heraklios sich also im Triumph des – endgültigen – Sieges über die langanhaltende persische Gefahr sonnte, erschien im Südosten von *Palaestina Tertia* (dem Süden des modernen Jordanien) auf alten und vielbereisten Handelsrouten eine kleine moslemische Armee. Wahrscheinlich war diese Gruppe nur zum

Abb. 212 Die zerstörten Mauern des antiken Dorfes Jarba vor der Quelle und dem modernen Dorf gleichen Namens. Jarba, ursprünglich Teil des byzantinischen Palästina, kennzeichnete zum Zeitpunkt des Todes des Propheten Mohammed 632 die nördlichste Ausdehnung islamischer Herrschaft. Seine Lage und die ausgezeichnete Wasserversorgung machten das Dorf zu einem bedeutenden Brückenkopf für die weitere Eroberung al-Shams nach 633.

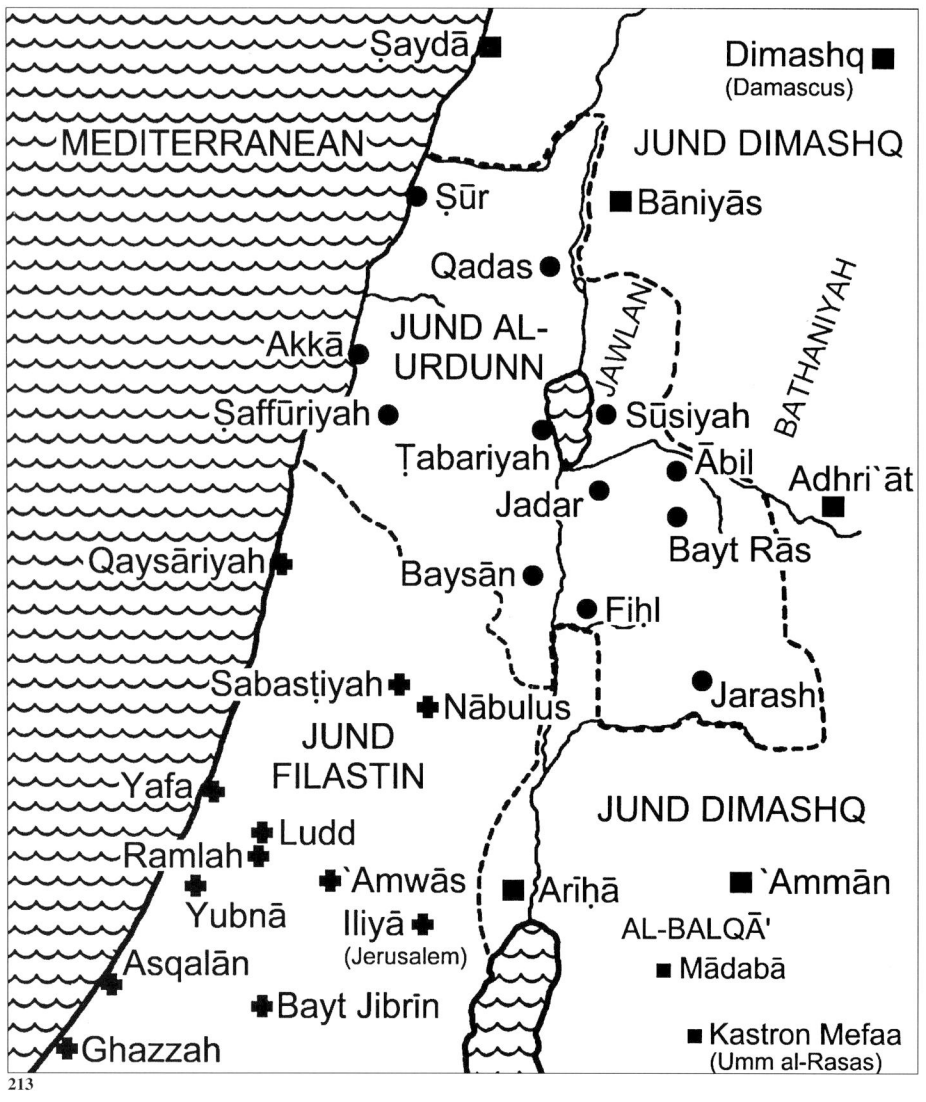

moslemische Geschichtsschreiber al-Baladhuri (gestorben 892) berichtet «*The inhabitants of Fihl took to their fortifications where they were besieged by the Muslims until they sought to surrender, agreeing to pay a head tax and land tax. The Muslims promised them security of life and property agreeing not to demolish their walls.*»

Diese Übereinkunft stellte eine bedeutsame Vorentscheidung für das Verhalten der anderen früheren Dekapolis-Städte, ja sogar aller größeren Orte in Bilad al-Sham dar, denn Pella sollte nur der erste Ort sein, der sich der moslemischen Herrschaft unterwarf. Lange Jahre der Auseinandersetzung mit den Persern hatten die Einwohner Syriens gelehrt, daß ziviler Widerstand gegen eine Invasionsarmee zwecklos war. Vielmehr sicherte die friedliche Übergabe einer Stadt die Erhaltung der sozialen und ökonomischen Infrastruktur bis die eigentlichen Herrscher, also zuerst die Römer und später die christianisierten Nachfolger, die Byzantiner (auch Oströmer oder von den Arabern *Rum* genannt), das Gebiet wieder zurückerobern konnten. Zu diesem Zeitpunkt war noch nicht erkennbar, daß mit

Abb. 213 Karte von «Bilad al-Sham» (Großsyrien-Palästina). Dargestellt sind die Grenzen der frühislamischen Provinz «al-Urdunn» (Jordanien) zu den benachbarten Provinzen «Filastin» (Palästina) und «Dimashq» (Damaskus). Auch die großen Strassen von Damaskus nach Jerusalem, nach Ägypten und auf die Arabische Halbinsel, die großen frühislamischen Städte (besonders die der Dekapolis) und andere im Text erwähnte Orte sind zu erkennen.

Abb. 214 Die nordwestliche römische Straße im Zentrum Beisans. Straße und Bürgersteig sind mit Trümmern des Erdbebens und Resten der frühislamischen Gebäude bedeckt; im Hintergrund eine breite Tür, die mit schwarzen Basaltsteinen zugesetzt worden ist. Die Übernahme öffentlichen Raums durch private Gebäude war ein Kennzeichen vieler Orte im byzantinischen Palästina und Arabien. Die Gründe sind in finanziellen Problemen, dem Niedergang der städtischen Eliten und mangelnder Sicherheit zu suchen.

Abb. 215 Der nördliche Decumanus und das Nord-Tetrapylon in Jerasch (Gerasa) von Westen. Dieses Gebiet, eine Gartenvorstadt der römischen Stadt, wurde spätestens im frühen 7. Jh. aufgegeben. Danach versandeten die Straßen schnell und wurden anschließend mit Einrichtungen zur Glas- und Keramikherstellung überbaut, während der Ovale Platz gleichzeitig mit Wohnhäusern bebaut wurde.

Kundschaften ausgeschickt worden und wurde von der ihr entgegentretenden byzantinischen Armee, die hauptsächlich aus christlichen Arabern bestand, auf der Ebene von Mu'tah, südlich von Arepolis (einem zu dieser Zeit bedeutenden Ort) vernichtend geschlagen. Nachdem die Toten begraben waren, zogen sich die Reste der Armee nach Medina zurück; diese Niederlage stellte das wenig ruhmreiche Ende des ersten moslemischen Vorstoßes in das byzantinische Territorium dar. In den folgenden Jahren vor dem großen Feldzug von 634–636 wurden dann zwar kleine, aber entscheidende Landgewinne errungen, wie die Eroberung von Ayla (al-Aqabah), Adruh (Augustopolis) und Jarba (Abb. 212), die alle strategisch bedeutsame Orte mit wertvoller, natürlicher Wasserversorgung waren. Diese Orte waren «der Strand der Normandie» für den moslemischen Staat; strategisch entscheidende Brückenköpfe für die Eroberung von Syrien-Palästina, dem nächsten Ziel der expansionistisch ausgerichteten, herrschenden islamischen Elite in Medina.

Während der nun folgenden Eroberung von Bilad al-Sham, besonders während des Anfangs, spielten die Städte der ehemaligen Dekapolis eine bedeutsame Rolle. Diese Orte lagen entlang der Straße zur wichtigsten Stadt am Vorabend des islamischen Siegeszugs, nämlich Damaskus sowie zwischen Damaskus und Jerusalem. Eine der bedeutendsten Schlachten zwischen Moslems und Byzantinern wurde 635 im Jordantal unterhalb Pellas (dem frühislamischen Fihl) ausgefochten. Die Stadt war wegen ihrer strategischen Lage an der Straße von Jerusalem nach Damaskus und wegen der reichlich vorhandenen Versorgungsgüter, die besonders für ein zunehmend auf Kavallerie angewiesenes Militär wichtig waren (Wasser und Futter), durch Heraklios mit einer starken Garnison besetzt worden. Nach der Niederlage der byzantinischen Armee trat die Stadt sofort in Verhandlungen mit dem moslemischen Heerführer und ergab sich friedlich, nachdem die Einhaltung von Besitzrechten, sowie persönliche und religiöse Freiheit zugesichert worden waren. Der hochangesehene

der moslemischen Eroberung 700 Jahre römisch-byzantinischer Herrschaft zu einem definitiven Ende gelangt waren.

Die islamische Vorherrschaft über al-Sham wurde endgültig durch den moslemischen Sieg in der Schlacht am Yarmuk 636 besiegelt. Heraklios verließ das Land, das er erst wenige Jahre vorher zurückerobert hatte, mit den Worten «*Friede sei mit Dir Syrien und was für ein wunderbares Land ist dies für den Feind*».

Städtische Entwicklung

Die islamische Eroberung brachte nur wenige unmittelbare Änderungen für die Städte in al-Sham. Wie bereits erwähnt, wurden die Orte mit wenig oder gar keinem Schaden an Häusern, Kirchen oder anderen öffentlichen Gebäuden erobert, die Steuern wurden gegenüber den byzantinischen Abgaben nicht erhöht und die neue Elite war ausschließlich an staatlicher Ordnung und Steuern interessiert, sicherlich nicht an Bekehrung oder Verfolgung. Das alltägliche Leben änderte sich daher kaum. Die archäologischen Quellen belegen sogar, daß die Städte im nördlichen Jordanien, also dem Kerngebiet des früheren Dekapolis-Bundes, unter den Omajjaden, der ersten islamischen Dynastie, die in Damaskus beheimatet war, einen deutlichen Aufschwung und neue Bautätigkeiten erlebten. Dies ist besonders überzeugend für das frühe achte Jahrhundert belegt.

Nach der vollständigen Eroberung von al-Sham (nur wenige Zentren wie Caesarea an der Küste Palästinas konnten sich bis 640 halten) führte Kalif Omar weitreichende Verwaltungsreformen durch, um so das Militär zu finanzieren, das in al-Sham stationiert war. Dieses sollte die Region und ganz besonders die Küste vor einem byzantinischen Rückeroberungsversuch schützen. Die neue islamische Verwaltungstruktur baute auf den byzantinischen Strukturen auf und zahlreiche Verwaltungsmaßnahmen wie z. B. die Steuereinteilung wurden direkt aus

214

215

216

217

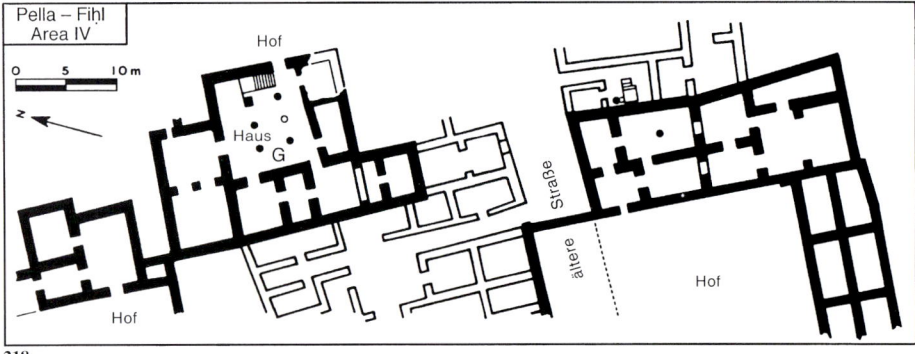
218

dem Byzantinischen übernommen. In der auf die Mitte des 4. Jhs. zurückgehenden byzantinischen Regionalaufteilung (Abb. 213) lagen die meisten der Dekapolis-Städte in der Provinz *Palaestina Secunda*, einer der drei Provinzen, die den Namen Palästina trugen. Die Städte Gerasa (Jerasch) und Philadelphia (Amman) gehörten dagegen, vielleicht eher widerwillig, seit der trajanischen Eroberung des nabatäischen Königreiches 106 n. Chr. zur Provinz *Arabia*. Omars Reformen vergrößerten *Palaestina Secunda* in Richtung Westen, so daß auch zwei Städte an der Küste, Tyros und Akka dazugehörten und in den Südosten, wo Jerasch zur gleichen Provinz wie seine früheren Dekapolis-Partner Fiḥl (Pella), Beisan (Skythopolis), Beit Ras (Kapitolias), Jadar (Gadara), Abil (Abila) und Susiyah (Hippos) gehörte. Diese neue Provinz wurde al-Urdunn genannt, um so seiner Lage auf beiden Seiten der Ursprünge des Jordan-Flusses Rechnung zu tragen (Abb. 213). Amman (Philadelphia) blieb von dieser Zusammenlegung ausgeschlossen und wurde, nicht zuletzt durch seine direkte Lage an der Straße von Medina nach Damaskus, ein bedeutendes regionales Zentrum in der Provinz von Damaskus. Die Stadt hatte nach der islamischen Eroberung eine abwechlungsreiche und interessante Geschichte, bewegte sich aber immer weiter weg von der städtischen Entwicklung der Orte im übrigen Bereich von al-Urdunn.

Ein so einschneidendes Ereignis wie die islamische Eroberung mußte einen außerordentlich großen und anhaltenden Einfluß auf die urbane Entwicklung des Gebietes im nördlichen Jordanien haben. Allerdings hatte es zu diesem Zeitpunkt bereits erhebliche Änderungen in den urbanen Strukturen gegeben. Sie waren eine Folge der ökonomischen Rezession nach der Regierung Justins II. (565–578) und der Störungen, die von der sassanidischen Besetzung zwischen 614 und 628 hervorgerufen worden waren.

Archäologische Arbeiten haben gezeigt, daß im frühen 7. Jh., am Ende der sassanidischen Invasion, der urbane Wildwuchs, der sich in der Überbauung öffentlichen Raums zeigte, immer mehr zugenommen hatte. Die Belege aus Pella, Beisan, Jadar und Jerasch zeigen eindeutig, daß industrielle und domestikale Gebäude die öffentlichen Plätze und Straßen der Städte überwucherten, während in Pella auch die großen byzantinischen Residenzen in viele kleine Wohneinheiten unterteilt wurden. Gleichzeitig wurden viele Vorstädte verlassen, vielleicht weil die städtischen Autoritäten nicht mehr in der Lage waren, die Ordnung aufrecht zu erhalten, vielleicht auch wegen der direkten persischen Gefahr nach der Erstürmung von Antiochia im Jahre 613. Daher hatten sich Städte des frühen 7. Jhs. bereits weit von ihrem ursprünglichen Aussehen des klassischen Typus (Tempel, Platz, Straßen mit Portiken, monumentale, freistehende Tore) und auch von dem nur leicht veränderten spätantiken Typus des 2. bis 6. Jhs. (Kirche, Platz, Straßen, Stadtmauern und Tore) entfernt.

Die Geschichte der Dekapolis-Städte nach der islamischen Eroberung geht also bereits von einem modifizierten städtischen Konzept aus. Die frühen Kalifen, die erst in Medina und dann mit der omajjadischen Dynastie in Damaskus (660–750) residierten, förderten die städtische Entwicklung in al-Sham, so z. B. in Aqaba, in Ramlah, das die neue Hauptstadt Palästinas wurde, in Jerusalem und wohl am spektakulärsten im libanesischen Anjar. Sie machten allerdings verständlicherweise keine Anstalten, die römischen Kaiser zu imitieren, indem sie die Städte in einer vorgegebenen klassisch-hellenistischen Form restauriert hätten, wie das Justinian I. mit großem Erfolg ein Jahrhundert früher getan hatte. Auch hatte die Bedeutung der traditionellen städtischen Eliten unter der persischen Besetzung und der folgenden islamischen Eroberung gelitten und jene hatten die Restaurierung der Städte stets besonders gefördert. Der städtische Wildwuchs des frühen 7. Jhs. wurde daher nicht rückgängig gemacht, sondern nahm in einigen Orten, so z. B. dem Zentrum Beisans noch an Geschwindigkeit zu. Hier wurden alle Hauptstraßen, ohne daß eine Gegenbewegung erkennbar gewesen wäre, mit handwerklichen Einrichtungen überbaut; öffentlicher Raum wurde also praktisch privat aufgeteilt (Abb. 214). Ähnlich intensive und anhaltende Nutzung öffentlichen Raums kann im omajjadischen Jerasch beobachtet werden (Abb. 215), wo der Ovale Platz vollständig mit Häusern überbaut wurde, und im *macellum* Handwerk und Gewerbe Platz fanden. Der rechtwinklige Stadtplan von Pella, der auf Justinian zurückging, wurde beim Wiederaufbau der Stadt nach einem Erdbeben in der Mitte des 7. Jhs. aufgegeben. Dagegen wurden einzelne Häuser durchaus auch in einem größeren Maßstab errichtet. Auch hier wurde also öffentlicher Raum in privates Eigentum

Abb. 216 Ein Teil des Schiffes und der oberen Apsis der Kirche des Heiligen Stefan in Umm al-Rasas (Kastron Mefaa). Das Mosaik in der Apsis wurde 756 gelegt. Die fortbestehende Bedeutung dieser Kirche für die Bewohner von Mefaa und die ikonoklastische Bewegung zeigen sich in der Entfernung aller Darstellungen von Mensch und Tier und in der Umgestaltung der Apsis.

Abb. 217 Die Ostkirche in Pella (von Osten). Das intakte Reliquarium im Heiligtum zeigt, daß die Kirche trotz der Zerstörungen während des ersten Erdbebens in der Mitte des 8. Jhs. nicht verlassen wurde. Die weitere Renovierung wurde dann aber vom zweiten, noch weit verheerenderen Erdbeben von 750 endgültig unterbrochen.

Abb. 218 Plan eines omajjadischen Hauses in Fiḫl (Pella) mit einem Innenhof und Kolonnaden, ursprünglich auch mit Balkonen und angrenzenden Räumen. Die Wohnräume des ersten Stocks hatten Mosaikböden und bemalte Wände. Durch den Zusammensturz des Hauses während des Erdbebens wurden Menschen, Tiere und Hausinventar unter den Mauern begraben.

Abb. 219 Die Fassade eines sehr gut erhaltenen Hauses in Umm el-Jemal (Nordjordanien). Die omajjadischen Häuser in Fiḫl waren wohl in ihren besten Tagen genauso beeindruckend, wenn auch ihre oberen Stockwerke aus Lehmziegeln errichtet waren.

Abb. 220 Das Erdgeschoß eines omajjadischen Hauses in Fiḫl (von Norden). Der Mann steht im Innenhof, von dem auf drei Seiten Räume abgingen. Das Erdgeschoß wurde als Stall und für Werkstätten benutzt. Für den Wiederaufbau Fiḫls nach dem Erdbeben in der Mitte des 8. Jhs. wurde der kaiserzeitlich-byzantinische Stadtplan aufgegeben.

221

222

223

überführt – entweder offiziell oder inoffiziell.

Moslems und Christen

Während also öffentlicher Raum in den Städten Nordjordaniens im 7. und 8. Jh. immer mehr abnahm, blieb die strukturelle Integrität der einzelnen Gebäude, seien sie öffentlich oder privat, unangetastet. Die Geschichte dieser Orte nach der islamischen Eroberung ist durch das Fortbestehen der Kirchen gekennzeichnet, wenn auch in manchen Dörfern (besonders im Nordosten Jordaniens) die Ankunft von neuen, moslemischen Siedlern (eher begrenzt in al-Sham) oder eher noch die Konvertierung von einflußreichen Teilen der Bevölkerung, zur Umwidmung und Umgestaltung von Kirchen in Moscheen führte. Meist wurden die Moscheen aber in der Mitte der Orte von Grund auf neu gebaut (siehe unten). Generell blieben die meisten Kirchen in städtischen Kontexten erhalten und wurden oft sogar renoviert; besonders gilt dies für den aufblühenden Distrikt Balqa' rund um Amman, wo zahlreiche Kirchen neue Mosaikfußböden erhielten. Auch neue Kirchen wurden gebaut. Interessanterweise und vielleicht sogar etwas überraschend wurden sogar mitten im islamischen Eroberungsfeldzug östlich von Jerasch zwei neue Kirchen gebaut: die in Rihab ist St. Minas und St. Jesaja geweiht, die in al-Samra dem heiligen Georg. Diese Kirchen, mit reichen Mosaikböden verziert, zeigen deutlich, daß die islamische Eroberung allein nur eine geringe und kurzfristige Störung des täglichen Lebens in den Provinzen bedeutete.

Aber im 8. Jh. setzte eine andere Entwicklung ein, die zur Folge hatte, daß die großzügigen Ausgaben von Privatleuten für die Ausstattung der Kirchen nicht länger erwartet oder auch nur erwünscht waren. Die ikonoklastische Bewegung wies jede bildliche Ausschmückung von Kirchen strikt zurück und der Erfolg dieser Bewegung kann in der Zerstörung zahlreicher Mosaikböden in Jordanien abgelesen werden. Aber gerade diese Zerstörung von Mosaiken, die ein Ergebnis des lokalen christlichen, nicht moslemischen, Ikonoklasmus war, zeigt, daß die Gotteshäuser bis in die spätere omajjadische Periode eine kirchliche Funktion hatten (Abb. 216). Beispiele aus Pella und Jerasch zeigen ebenfalls, daß die Kirchen instand gehalten wurden, wenn auch nicht immer auf besonders beeindruckende Weise. Dies gilt vor allem für die zahlreichen Arbeiten, die nach den beiden verheerenden Erdbeben, die in der Mitte des 8. Jhs. besonders Nordjordanien trafen, notwendig wurden. Viele Kirchen (besonders in Baisan und Pella) zeigten bei ihrer endgültigen Zerstörung durch das Erdbeben von 750 zahlreiche Ausbesserungen (Abb. 217), die nach dem drei Jahre vorher stattgefundenen Erdbeben notwendig geworden waren. Denn der Norden Jordaniens und Palästinas wurde, wie Ergebnisse jüngster

Abb. 221 Verschiedene Gegenstände aus einem der omajjadischen Häuser in Fiḥl. Oben links: Steatitschüssel (wahrscheinlich aus Südarabien); unten links: Keramikkrug aus Jerasch; unten Mitte: Glasflasche (evtl. aus Beisan); rechts unten: Kohlebecken aus Kupfer (vor der Restaurierung, wahrscheinlich aus Ägypten).

Abb. 222 Die Vorderseite eines Kupferbeckens aus Fidain (spätomajjadisch). Dargestellt sind verschiedene Szenen getrennt durch Bögen, ähnliche Darstellungen sind aus Ägypten bekannt (Archäologisches Museum Amman).

Abb. 223 Belege für den persönlichen Reichtum eines Bewohners von Fiḥl (Pella). Sowohl er als auch seine Geldbörse mit Golddinaren wurden vom Erdbeben 750 überrascht. Das Erdbeben kam so schnell und gewaltig, daß nicht einmal die Hühner im Hof entkommen konnten.

Abb. 224 Ansicht der Nordfassade der Freitagsmoschee in Amman, wie sie 1904 noch zu sehen war. Die Moschee befand sich in der Mitte der Stadt nahe bei der Kathedrale und dem Markt. Die Zeichnung zeigt drei Eingänge zum Hof der Moschee, dazwischen höher liegende Fenster und das Minarett (Northedge 1992).

Abb. 225 Innenansicht der omajjadischen Empfangshalle des Gouverneurspalastes auf der Zitadelle von Amman (frühes 8. Jh.). Die verschwenderisch angebrachte Dekoration besteht aus flachen Blendnischen und abstrakten vegetabilen Mustern im persischen Stil.

Forschungen gezeigt haben, in der Mitte des 8. Jhs. nicht nur von einem, sondern wohl von zwei verheerenden Erdbeben heimgesucht. Während früher von einem Erdbeben ausgegangen worden war, das auf 747, 748 oder 749 datiert wurde, muß heute angenommen werden, daß das erste Beben 747 stattfand, während das zweite Beben 750 Pella und Beisan fast vollkommen zerstörte.

Neue Entwicklungen

Wie schon erwähnt, besagten die Kapitulationsvereinbarungen mit den moslemischen Militärkommandanten, daß die Städte ihre Verteidigungsmauern und die Bewohner ihr Eigentum an Häusern und anderen Gütern behalten durften. Diese beiden Aspekte sind im archäologischen Befund gut belegt. In Beisan, Beit Ras und Jerasch bilden die Stadtmauern und ihre Tore weiterhin – zumindest theoretisch – die städtischen Grenzen der Orte, auch wenn sie jetzt wahrscheinlich eher Statussymbol als Verteidigungsanlage waren. Die byzantinische Festung in Pella behielt ihre dominierende Position auf der Hügelkuppe, hatte aber wohl, aufgrund des Verlustes der strategischen Bedeutung Pellas, keine nennenswerte Garnison mehr. Die römischen Verteidigungsanlagen rund um die Zitadelle in Amman, die aus massiven Mauern und Türmen bestanden, wurden ganz im Gegensatz dazu 735 im Rahmen einer städtischen Wiederbelebung deutlich verstärkt (s. u.).

Die islamische Eroberung hatte auch nur wenig Einfluß auf das alltägliche Leben in den Städten. Ausgrabungen von einzelnen großen Wohngebäuden (Abb. 218) in Amman, Jerasch und Pella zeigen einheitlich die beachtliche Größe und den Reichtum, der sich in den Dekapolis-Städten auch in omajjadischer Zeit gehalten hat. Zwischen dem späten 7. und frühen 8. Jh. gebaut, waren diese Häuser zwei und mehr Stockwerke hoch, hatten zahlreiche Räume, waren aus Steinen, Ziegelsteinen und Holz gebaut und hatten oft einen angrenzenden oder auch umbauten Hof. Diese Anlagen sind also den großen, eindrucksvollen und oft besser erhaltenen byzantinischen und frühislamischen Häusern aus Umm al-Jemal in Nordjordanien sehr ähnlich (Abb. 219). Sie scheinen Großfamilien beherbergt zu haben und dienten auch einer Vielzahl ökonomischer Aktivitäten. In Pella zeigen die in der Mitte des 7. Jhs. wieder aufgebauten Häuser ausgedehnte, ein-

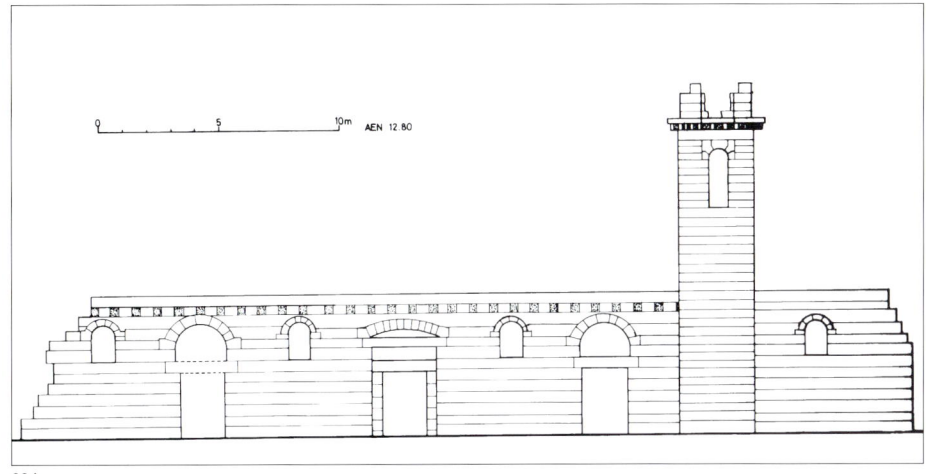

224

225

farbige Mosaikböden, leuchtend bemalte Wände (in gelb, rot und schwarz) und Marmoreinbauten in den in Obergeschossen gelegenen Wohnbereichen. Das Erdgeschoß diente dagegen gewerblichen Tätigkeiten und als Stall für die Tiere (Abb. 220), wie es ein paar Jahrhunderte später auch in den älteren und weniger durchstrukturierten mittelalterlichen Vierteln von Kairo zu beobachten ist.

Die spätomajjadischen Schichten in Amman und Pella erbrachten eine erstaunliche Breite an Funden aus Kupfer, Eisen, Stein, Glas und Keramik, die nicht nur die ökonomische Stärke der lokalen Bevölkerung zeigen, sondern auch die weitreichenden Handelsbeziehungen mit Ägypten, Südarabien und Damaskus (Abb. 221). Ein funktional und gleichzeitig ansprechend gestaltetes Kohlebecken aus Kupfer ist wahrscheinlich in Ägypten gefertigt, während der herrliche Kupferständer aus Fidain (bei Mafraq, innerhalb des Dekapolis-Bereichs) eine erstaunlich explizite erotische Szene zeigt (Abb. 222). Diese Gegenstände belegen sowohl persönlichen Reichtum, als auch ein Bedürfnis der lokalen Bevölkerung nach qualitätvollen Importen und ein gut funktionierendes Handelsnetz, das weit über den regionalen Rahmen hinausging. Dabei entsteht das Bild einer städtischen Bevölkerung im omajjadischen Nordjordanien, die weit eher kosmopolitisch als provinziell eingestellt war, auch wenn das wahrscheinlich nur für die oberen Gesellschaftsschichten galt.

Ein sehr seltenes Beispiel für tatsächlichen Reichtum eines konkreten Haushaltes fand sich in den Ausgrabungen in Pella, wo sich in einem in der Mitte des 8. Jhs. durch Erdbeben zerstörten Haus die Überreste einer Person, wahrscheinlich des Hausbesitzers, gekleidet in mehrere Lagen seidener Kleidung, und seine Börse mit zehn Golddinaren fanden (Abb. 223). Diese Summe hätte ausgereicht, um die Steuern für zweieinhalb Jahre zu bezahlen. Individueller Reichtum bestand also weiter und hatte sich in den Jahren der omajjadischen Herrschaft im nördlichen Jordanien wahrscheinlich noch vermehrt.

Obwohl also die Städte nach der islamischen Eroberung relativ ungestört weiter existierten, so zeigten sich in einem Bereich doch deutlich die Spuren der neuen Herrscherelite. In den Stadtzentren wurden große Freitagsmoscheen gebaut, wofür wir als bestes Beispiel die heute leider zerstörte omajjadische Moschee in Amman kennen. Die Ammaner Moschee, die neben die byzantinische Kirche gebaut worden war, war mit 2255 m² nur mittelgroß und hatte einen von Portiken umgebenen Hof sowie eine überdachte Gebetshalle vor dem *Mihrab* (Abb. 224). Eine arabische Quelle aus dem 10. Jh. lokalisiert die Moschee im Bereich des Marktes und beschreibt die Verzierung der Hofwände mit Mosaiken, ähnlich denen an der berühmten Omajjadenmoschee von al-Walid I. (705–715) in Damaskus. Ähnliche Freitagsmoscheen mögen in den Zentren anderer Dekapolis-Städte erbaut worden sein, aber bislang haben wir dafür keine Belege. Die Abwesenheit frühislamischer Gebäude in den Orten Nordjordaniens deutet aber auch darauf hin, daß die Bevölkerung dort bis weit in das 8. Jh. hinein weiterhin hauptsächlich aus Christen bestand. Diese Vermutung wird durch weitere archäologische und literarische Belege untermauert.

Besonders in zwei Bereichen, nämlich der staatlichen Verwaltung und der Wirtschaft, zeigen die Städte der ehemaligen Dekapolis deutliche Zeichen für ein gesundes Wachstum während der Omajjadenzeit, und dies ist wiederum an der Entwicklung städtischer Verwaltungseinrichtungen ablesbar. Das eindrucksvollste Beispiel omajjadischer Stadtplanung war Amman, wo auf dem Nordende der Zitadelle ein ausgedehnter Verwaltungskomplex errichtet wurde. Hier bauten die Omajjaden auf einer großen und flachen, künstlichen Terasse, die bereits die Römer angelegt hatten, einen großen Gouverneurspalast. Der Palast bestand aus einer großen, reich verzierten Empfangshalle (Abb. 225), die im persischen Stil mit vier sich gegenüberliegenden *Iwanen* gestaltet ist, gefolgt von einem Bereich mit einer säulengerahmten Straße in der Mitte und mehreren seitlichen Gebäudekomplexen, die aus je einem Hof mit umgebenden Räumen bestanden. Im Norden anschließend lag ein dritter Gebäudekomplex, der aus verschiedenen Teilen, vor allem aber aus dem eigentlichen Palast bestand, der eine tonnengewölbte Halle vor einem kreuzförmigen Thronraum enthielt. Betrachtet man die omajjadische Anlage auf der Ammaner Zitadelle als Ganzes, zeigt sich gezielte urbanistische Planung: Die Residenz des Gouverneurs, die dichte Wohnbebauung mit vielräumigen Häusern, die sich an verschiedenen Straßen über die ganze obere Zitadelle zogen und schließlich die umgebende Mauer. Wahrscheinlich wohnte die moslemische Elite Ammans und ihre Gefolgschaft auf dieser Zitadelle. Eine ganz ähnliche Entwicklung ist auf der Zitadelle von Beisan zu beobachten, wo eine byzantinische Kirche mit Zentralraum, die eventuell im Erdbeben um 750 zerstört worden ist, einem Verwaltungskomplex

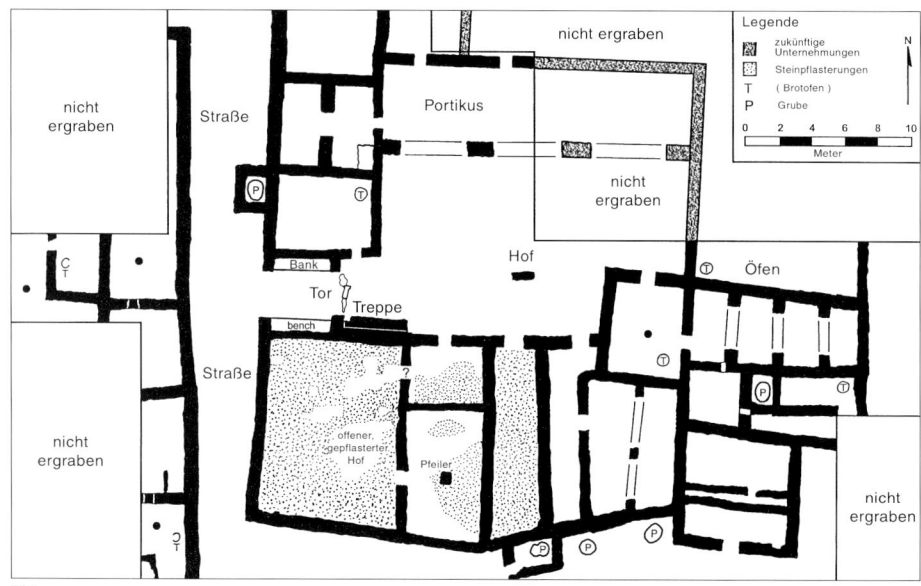

Abb. 226   Räume und Wege neben dem abassidischen Stadtzentrum in Fiḥl (Pella). Die Stadt wurde nach dem Erdbeben 750 neu gebaut. Ein zentraler Hof wurde von eventuell zweistöckigen Räumen umgeben, an die später weitere Räume angebaut wurden. Der Komplex bestand wahrscheinlich bis in das 11. Jh.

Abb. 227   Räume im abassidischen Stadtzentrum von Fiḥl (Pella), das erst nach dem Erdbeben von 750 gebaut wurde.

wich. Dieser bestand aus einer Umfassungsmauer mit nur einem Tor, einer Z-förmigen gepflasterten Straße, die von Wohngebäuden flankiert war und an deren Ende eine großen Umfriedung auf einem Hügel lag, die nur durch ein weiteres Tor betreten werden konnte. Innerhalb der Umfriedung befand sich eine zentrale Straße, von Gebäuden mit Innenhof gesäumt, die wohl zu einem Palast, ähnlich dem in Amman, geführt haben könnte.

Münzprägung und Wirtschaft

Die Entwicklung der omajjadischen Staatsverwaltung zeigt sich auch in der Wiederbelebung der verschiedenen Münzstätten in einigen der früheren Dekapolis-Städte. Unter Abd al-Malik (685–705) wurden für eine kurze Zeit Kupfermünzen geprägt, die den Stil byzantinischer Münzen zuerst imitierten und dann immer mehr adaptierten. Vor der Münzreform des Jahres 696–697 wurden in Amman Münzen des Typs «stehender Kalif» und in Beisan und Jerasch des Typs «Justin II und Sophia» geprägt. Nach der Reform waren diese Münzstätten auch für die Produktion der klassischen Kupfermünzen dieser Zeit zuständig, die religiöse Formeln trugen («Es gibt keinen Gott außer Allah; Mohammed ist sein Prophet»), bis die Inflation des silbernen *Dirham* den Wert der Kupfermünzen drastisch minderte. Interessanterweise gibt es bisher keine Belege für Münzanstalten in einer der anderen Dekapolis-Städte. Sie erhielten ihre Münzen wahrscheinlich aus der zentralen Prägeanstalt der Provinzen, die sich für die längste Zeit in Tabariyah, der Hauptstadt *al-Urdunns* befand. Einige Münzen tragen als Herkunftsangabe nur *al-Urdunn* und keinen Ortsnamen; diese waren wohl dafür gedacht, in den Orten ohne eigene Prägerechte verteilt zu werden.

Ein Hauptmerkmal des frühen 8. Jhs. ist die anhaltende Wiederbelebung der Marktökonomie von Bilad al-Sham und dies ist besonders deutlich in den früheren Dekapolis-Städten. Mit den Reformen Abd al-Malik beginnend, die sowohl ein Ergebnis des ökonomischen Wachstums waren als auch ihn weiter beförderten, zeigen regionaler Handel und lokale Industrien beachtliche Entwicklungen, wie bereits mit der Flut teurer Importe gezeigt werden konnte. In Pella ist auf dem Markt neben der Kathedrale bis zu seiner Zerstörung während des Erdbebens in der Mitte des 8. Jhs. ein reges Handelsleben belegt. Kamele (die typischen Tiere der Handelskarawanen), Händler und Ladeninventar wurden alle während des Erd-

227

bebens unter den zusammenbrechenden Trümmern begraben. In Beit Ras war der obere Suq (Bazar) gegenüber der Kirche in der Zeit des Kalifen Hisham (724–743) mit Arkaden und Steinpflaster ausgestattet und diente bis zu seiner Zerstörung in der Mitte des 8. Jhs. als bedeutender Umschlagplatz. Auch in Beisan wurde die sogenannte «byzantinische Handelsstraße», die von Läden mit Arkaden gesäumt war, bis zum verheerenden Erdbeben als Handelsplatz genutzt. In Jerasch wurde der Markt vom römischen *macellum* in die südlichen Nebenstraßen verlegt. Münzen geben Auskunft über den sich ständig erweiternden Horizont der Handelsbewegungen. In Jerasch kommen die vor der Reform geprägten Münzen aus einem begrenzten Gebiet, das hauptsächlich innerhalb der Provinz *al-Urdunn* und besonders Beisan zu sehen ist. Nach der Reform des Abd al-Malik kommen die Münzen aus verschiedenen Prägeanstalten und zeigen die wachsenden ökonomischen Verflechtungen mit dem Norden (Damaskus) und dem Südwesten (Palästina und Ägypten).

Gleichzeitig sind wir Zeugen eines neuen Aufschwungs der Keramikindustrie in Jerasch, wo eine breite Palette an Erzeugnissen von Öllämpchen über Krüge und Schüsseln bis zu Dachziegeln hergestellt wurde. Die städtische Wirtschaft des 8. Jhs. profitierte auch von einer Reihe staatlicher Projekte in der nordöstlichen Steppe Jordaniens, den sogenannten «Wüstenschlössern», großen imperialen Anlagen, die Wohnquartiere und Badeanlagen für den Aufenthalt des Hofes aus Damaskus enthielten. Besonders bekannt ist hier Qusair Amra mit den berühmten Fresken des Badehauses.

Die Städte, die einst die Dekapolis gebildet hatten, zeigen bis in das 9. Jh. eine bescheidene städtische Kontinuität auf niedrigem Niveau, wenn auch die bemerkenswerte Entwicklung des vorangegangenen Jahrhunderts nicht fortgesetzt werden kann. Pella und Beisan, beide praktisch vollkommen zerstört durch die Erdbeben von 747 und 750, werden in einem kleineren Maßstab wieder aufgebaut. In Pella wurde die kommerzielle Funktion des Marktplatzes in das neue Stadtzentrum verlegt, wo wahrscheinlich auch die Verwaltung ihren Sitz hatte (Abb. 226. 227). In Beisan wurde eine neue Moschee errichtet und Wohngebäude wurden über den Ruinen der omajjadischen Stadt am Fuße der Zitadelle erbaut. In Jerasch, Beit Ras und Umm Qais sind die Zeugnisse für die verheerende Wirkung des Erdbebens weniger deutlich, aber trotzdem zeigen die Orte im 9. Jh. einen Rückgang städtischer Aktivitäten. Es ist unzweifelhaft, daß diese Städte im 9. Jh. eine geringere Bedeutung hatten, was vor allem an dem Verlust jeglicher zentraler sozialer oder administrativer Aufgaben lag. Diese waren nach der Zentralisierung von Verwaltung, Handel und dem Abzug der neuen Eliten hauptsächlich in Amman und Tabariyah konzentriert. Sozioökonomischer Wandel, beschleunigt von Naturkatastrophen verursachte in einem verstädterten Jordanien wieder ein «normaleres» Siedlungsmuster, das sich durch lokale Marktflecken, die sich um wenige städtische Zentren gruppierten, auszeichnete. Die Entfernung zwischen Dorf und Stadt dürfte selten länger als einen Tagesmarsch betragen haben.

Susanne Kerner

Die Dekapolis-Städte – Der Versuch einer Zusammenfassung

Wenn auch nicht alle Städte der Dekapolis in den Artikeln des vorliegenden Überblicks vorgestellt wurden, so zeigt sich doch, daß die immer noch vorherrschenden zeitlichen und wohl auch inhaltlichen Vorstellungen über diesen «hellenistischen Bund» revidiert werden müssen. So wurde die Dekapolis in vielen Publikationen als «in der griechischen Periode gewachsen»[1] beschrieben, während neuere Veröffentlichungen darauf hinweisen, daß alle unsere Kenntnisse zur Dekapolis aus römischer Zeit stammen[2] und der Dekapolis-Bund wenig präzise umrissen zu sein scheint[3] (siehe auch Beitrag Graf).

Die hier vorgestellten Städte haben keine einheitliche Entwicklung genommen, auch wenn sich immer wieder Berührungspunkte finden lassen. Pella hat die eindeutig längste, ununterbrochene Siedlungsgeschichte, die auf dem *tell* selbst im Neolithikum beginnt und in der Umgebung sogar im Paläolithikum. Auch Amman und Abila können auf neolithische Reste in der weiteren Umgebung verweisen, und spätestens seit der Frühen Bronzezeit haben mit Ausnahme von Kapitolias alle Dekapolis-Städte Siedlungsreste in den im Ort befindlichen Tell oder in der direkten Umgebung. Die Siedlungsgeschichte ist allerdings (außer vielleicht in Pella) nirgendwo ungebrochen, und so sind alle diese Städte in der Antike «neu» gegründet worden. Wenn auch die Gründungsmythen häufig auf Alexander zurückgehen, so sind die tatsächlichen Initiatoren doch meist die Ptolemäer oder häufiger die Seleukiden, bzw. im Fall von Kapitolias die Römer.

Interessant ist auch die Tatsache, daß die bislang erforschten Tempel in Amman, Jerasch und Umm Qais, auf (oder im Falle Gadaras neben) älteren *high places* gegründet worden waren, womit eine Tradition kultischer Plätze belegt ist, die erst mit dem Beginn der christlichen Periode beendet wurde. Denn in allen Dekapolis-Städten zeigt sich, daß christliche Kirchen eben gerade nicht in eine solche kultische Tradition gestellt, sondern vielmehr auf religiös neutralem Boden errichtet wurden.[4] Die Tempelbauten dagegen griffen gezielt auf alte Kulttraditionen zurück, und so ist es erklärlich, daß sie sich nur mit Mühe in die orthogonale Straßenführung (s. u.) einbinden ließen.

Als weiteres verbindendes Merkmal kann das Fehlen einer Agora gelten. Außer in Skythopolis, der größten der Dekapolis-Städte, wo einige Zeichen auf eine Agora deuten, fehlt dieses typisch römische Element vollkommen. Vielmehr übernehmen die Hauptstraßen und eventuell ergänzend eine Marktbasilika die ökonomische und kulturelle Funktion der Agora in römisch-byzantinischer Zeit.

Die Schicksale der Dekapolis-Städte verliefen unterschiedlich, so wurden große Teile Philadelphia-Ammans und Kapitolias-Bait Ras fast vollständig durch moderne Bautätigkeit begraben (und zerstört), während Jerasch-Gerasa und Umm Qais-Gadara nur teilweise überbaut sind und Pella-Tabaqat Fahl, Skythopolis-Baisan und Abila-Wadi Quweilbeh viel weniger unter moderner Zerstörung litten. Skythopolis und Pella, dichter am Jordangraben gelegen, wurden von den zahlreichen Erdbeben, besonders denen im 8. Jh. viel stärker betroffen als die anderen Städte, während z. B. vor allem Gadara unter dem über Jahrtausende üblichen Verfahren litt, stets das Baumaterial der vorhergehende Epochen für die eigenen Bauten wieder zu verwenden.[5] All diese Punkte haben einen ebenso großen Einfluß auf die Aussagemöglichkeiten, die uns die einzelnen Ausgrabungen bieten, wie die unterschiedlichen Ansätze der Grabungen selbst.[6]

Insgesamt gibt es nur wenige Anzeichen für entweder imperiale oder auch durch die Dekapolis selbst initiierte größere Projekte. Die Anlage der Via Nova Trajana im 1. Jh. n. Chr. war sicherlich eine solche kaiserliche Initiative. Wenn es sich erweisen sollte, daß die einzelnen Wassersysteme in Gadara, Abila und Adraa zu einem im Norden befindlichen, regionalen Wasserversorgungssystem gehören, das zu einem etwas früheren Zeitpunkt gebaut wurde, würde dies auch auf eine mindestens regionale Initiative deuten.[7]

Die Geschichte der Dekapolis-Städte, aber eben nicht eines Dekapolis-Bundes, beginnt zum Teil in hellenistischer Zeit und ist bisher hauptsächlich aus Gadara, in geringerem Maße auch aus Pella und Gerasa bekannt. Gadara begann als kleine, wahrscheinlich ptolemäische, Siedlung, die hauptsächlich Verteidigungscharakter hatte. Die Idee einer kleinen Befestigung mit mächtigen Türmen an den vier Ecken korrespondiert gut mit den Ergebnissen aus der Umgebung von Pella, wo sich ebenfalls kleine Befestigungsanlagen auf Höhenpunkten fanden. Der nächste Schritt, die Erbauung einer vollständigen Stadtmauer in seleukidischer Zeit ist nur aus Gadara belegt, wie überhaupt hellenistische Reste eher selten ergraben wurden (Gebäude wie der kleine hellenistische Naos in Gerasa oder die neugefundenen Gräber aus dem 2. Jh. v. Chr. in derselben Stadt bilden eher die Ausnahme)[8], wenn auch in Abila, Skythopolis und Pella Funde aus diesem Zeitraum eine z. T. bedeutende Siedlung belegen, die aber ohne dazugehörige Architektur nicht näher beschrieben werden kann.

Viel mehr Information haben wir über die Städte aus dem späten 1. und 2. Jh. n. Chr., als sowohl Trajan als auch Hadrian die Region besuchten, die Nabatäer 106 n. Chr. besiegt und der Provincia Arabia eingegliedert wurden und die zwei Jüdischen Kriege große Auswirkungen gerade auf die Dekapolis-Städte hatten. So läßt sich wohl die Geschichte des im Wechsel erfolgten Ausbaus des Zeus- bzw. Artemis-Tempels in Gerasa am ehesten als Ergebnis lokaler, politischer Wirren im Gefolge des 2. Jüdischen Krieges erklären. Und im Falle Kapitolias könnte der 1. Jüdische Krieg sogar ein Hauptbeweggrund für die Neugründung der Siedlung sein (nahe bei dem bereits existierenden Arbela-Tell Irbid). In Pella wurde das städtische Zentrum angelegt, in Gadara die Stadtmauer erweitert und vielleicht wie in Skythopolis eine große Basilika gebaut.

In der friedlichen Phase der 2. Hälfte des 2. Jhs. und im frühen 3. Jh. n. Chr. zeigen alle Dekapolis-Städte umfängliche Bautätigkeit ganz unterschiedlicher Natur, vor allem den Ausbau des teilweise orthogonalen Straßennetzes, der eben nicht auf hellenistische Planungen zurückgeht und in allen Fällen mehr Rücksicht auf topographische und andere lokale Gesichtspunkte nimmt als auf die abstrakte Idee eines Straßennetzes. Bei der Betrachtung der Pläne von Gadara und Gerasa wird deutlich, daß es jeweils nur eine bedeutende Achse gab, an der sich alle wichtigen

Bauten ausrichteten (einschließlich der außerhalb der Stadtmauern liegenden Nekropolen). In Abila, Pella, Skythopolis und Philadelphia findet sich kaum ein Hinweis auf auch nur eine rechtwinklige Kreuzung und es gibt nur wenige gerade Straßen; nur in Kapitolias als spätester und vielleicht von Vorgängersiedlungen am wenigsten beeinflußter Gründung deuten einige Hinweise auf ein orthogonales Straßennetz. Andere Bauten aus diesem Zeitraum sind der obere Zeus-Tempel, das Artemision und das Odeion in Gerasa, die zentralen Bauten in Skythopolis, wie Stoa, Monument des Antonius und Zentrales Monument; der große Tempel und das Theater in Philadelphia – also alles Bauten, die unsere Vorstellung von einer kaiserzeitlichen Stadt charakterisieren.

Diese reiche Bautätigkeit verändert sich im Laufe der nächsten Jahrhunderte, zuerst erschüttert eine Krise im späten 3. Jh. die Dekapolis, die offensichtlich große finanzielle Schwierigkeiten mit sich bringt, aber in der beginnenden byzantinischen Zeit läßt sich mit der großen Zahl der Kirchenneubauten in allen Orten, mit der Renovierung von Bädern, Nymphäen und Arenen belegen, daß die Ausstrahlungskraft der Dekapolis-Städte ungebrochen war. Erst die, wenn auch weniger schweren, Erdbeben im 6. und 7. Jh., die innerkirchlichen Auseinandersetzungen zwischen Ikonoklasten und Bilderanhängern, eventuelle Auswirkungen der Pest und ökonomische Schwierigkeiten, gerade auch im Zusammenhang mit der Bedrohung durch die Sassaniden, beginnen das Bild der Dekapolis-Städte zu verändern. Öffentlicher Raum wird zugunsten privaten, meist kleinwirtschaftlich genutzten Raums aufgegeben, dies zeigt sich in dem komplett für Werkstätten genutzten Hippodrom in Gerasa, in der Anlage von Wohn- und Handelsgebäuden auf der Zitadelle von Philadelphia und in der Überbauung von Straßen in den meisten Orten mit *Suq*-ähnlichen Strukturen.

Die Dekapolis-Städte zeigen übereinstimmend, daß der Wechsel von einer Regierung zu einer anderen, von der Zugehörigkeit zu einem Reich zu einem anderen und auch der Wechsel der Religion, sei es von der heidnisch-römischen zur christlichen, oder von der christlichen zur islamischen, keine einschneidenden Folgen haben muß. Die Privatleute der byzantinischen Ära stellten ihren Bürgersinn auf die gleiche Weise zur Schau wie ihre römischen Vorfahren, indem sie halfen, die prächtigen Bauwerke in den Städten zu finanzieren (so z. B. in römischer Zeit den Zeus-Tempel in Gerasa und in der byzantinischen Periode die Renovierung des Nymphäums in Skythopolis). Und die Kirchen bildeten in den Städten – mit veränderten Standpunkten – kulturell-religiöse Mittelpunkte wie vor ihnen die Tempel, und sie behielten diese Funktion auch, nachdem die moslemischen Omajjaden die Orte erobert hatten.

Viel bedeutender für das Schicksal der Dekapolis-Städte erwiesen sich dagegen zum einen die regionalen Konflikte und zum anderen die ökonomische Entwicklung. Denn trotz unterschiedlicher Abwehrmaßnahmen wurden fast alle Orte von den Eroberungszügen des Alexander Jannäus betroffen, genauso wie alle Orte im Laufe des Feldzuges des Pompeius dem Römischen Reich, wenn auch unterschiedlichen Provinzen, eingegliedert wurden. Während fast alle Dekapolis-Städte in die *Provincia Syria*, später *Palaestina Secunda*, gehörten, kamen Jerasch und Amman wenig später zur *Provincia Arabia*. Welche historisch faßbaren Auswirkungen diese unterschiedliche Zuordnung hatte, läßt sich zum jetzigen Zeitpunkt noch nicht endgültig sagen. Eindeutig ist aber, daß die später neu erfolgende Einteilung der Omajjaden, die Jerasch wieder zur vergrößerten Provincia Secunda, nun allerdings al-Urdunn genannt, schlägt und von allen Dekapolis-Städten nur Amman in die Provinz Damaskus bringt, für das islamische Amman von größter Bedeutung war. Nur hier finden sich eindeutige Belege für einen Gouverneurspalast und eine Freitagsmoschee, Bauten, die belegen, das Amman im 8.–9. Jh. eine bedeutende Rolle in der Verwaltung dieser Region spielte.

Während des Mittelalters waren alle Dekapolis-Städte kleine Dörfer, die erst mit dem Ende des 19. und Beginn des 20. Jhs. wiederbesiedelt wurden und in eine neue Phase ihrer Entwicklung traten.[9]

Anhang

Gerasa-Jerasch – Stadt der 1000 Säulen
Jacques Seigne

Literatur

C. H. KRAELING, *Gerasa, City of the Decapolis* (1938).
Collectif: *Gerasa I, Report of the Italian Archaeological Expedition at Jerash. Campaigns 1977–1981, Mesopotamia* 18–19 (1983–1984) 7–134.
Collectif: *Jerash Archaeological Projekt* I, 1981–1983 (F. ZAYADINE ed.) (1982).
Collectif: *Jerash Archaeological Projekt* II, 1984–1988, publication hors série n° 18 (abstr. *Syria* 66) (1989).
I. BROWNING, *Jerash and the Decapolis* (1982).
R. KHOURI, *Jerash, a frontier city of the Roman East* (1986).
J. SEIGNE, *Jerash romaine et byzantine; développement urbain d'une ville provinciale orientale, Studies in the History and Archaeology of Jordan* IV (1992) 331–341.
J. SEIGNE, *De la grotte au périptère. Le sanctuaire de Zeus Olympien à Jerash*. Topoi 7/2 (1997) 993–1004.

Gerasa und das Artemis-Heiligtum
Roberto Parapetti

Anmerkungen

[1] U. J. SEETZEN, *Reisen durch Syrien, Palästina, Phönicien, die Transjordan-Länder, Arabia Petraea und Unter-Ägypten* I (1854) 388–390.
[2] J. L. BURKHART, *Reisen in Syrien, Palästina und der Gegend des Berges Sinai* (1823/1824) 401–402.
[3] G. SCHUMACHER, *ZDPV* 18 (1895) 126–177; DERS., *ZDPV* 25 (1902) 109–177.
[4] C. H. KRAELING (Hrsg.), *Gerasa City of the Decapolis* (1938).
[5] R. PIEROBON, *Mesopotamia* 18–19 (1983–84) 85–112.
[6] R. PARAPETTI, *Studies in the History and Archaeology of Jordan* 5 (1995) 177–182.
[7] J. SEIGNE, *Revue Biblique* 93 (1986) 141 ff.
[8] R. PARAPETTI, *Mesopotamia* 18–19 (1983–84) 37–84.

Abila und Wadi Quweilbeh – Basiliken und Gräber
W. Harold Mare

Anmerkungen

[1] So beschrieben von JEROME, in: C. RITTER, *Erdkunde* XV (1822–1858) 1060.
[2] JOSEPHUS, *Antiq.* XII, 3,3 (356 ff.), s. a. A. SIJKERMAN (1978), *The Coins of the Decapolis and Provincia Arabia*, S. 15.
[3] JOSEPHUS, *Antiq.* XIV, 4,4 (74–76).
[4] G. SCHUMACHER, *Abila of the Decapolis* (1889).
[5] Ein kurzer Vorbericht dieser Grabungen ist in *ADAJ* IV–V (1960) 115–116.
[6] M. B. MCELWAIN (Hrsg.), *The Aqueducts of Rome* (1961).
[7] Zahlreiche Keramikproben werden gerade mit Hilfe der Neutronenaktivierungsanalyse untersucht.
[8] Die gleiche Inschrift ist auch in anderen Gräbern des Nahen Ostens und des römischen Reiches gefunden worden; J. B. FREY (1952), *Corpus Inscriptionum Judaicarum*.
[9] W. H. MARE (1995) *Aram* 4, 55–77.

Literatur

Die Ergebnisse der Grabung in Abila sind in den von W. H. MARE herausgegebenen *NEASB, New Series* (Nr. 17, 1981; Nr. 21, 1983; Nr. 25, 1985; Nr. 29, 1987; Nr. 32 und 33, 1989; Nr. 37, 1992) zu finden.

Pella – Die Stadt am Jordangraben
Pamela Watson

Anmerkungen

[1] Eine ausführliche Zusammenstellung der frühen Untersuchungen Pellas sowie der verschiedenen Textquellen in R. H. SMITH, *Pella of the Decapolis* I (1973) 2–14 und 23–82 zu finden.
[2] Ein Bericht über diese Vorgänge und die weitere Bearbeitung des Materials aus diesen Gräbern findet sich in S. J. BOURKE / R. T. SPARKES, *The DAJ Excavation at Pella in Jordan 1963/1964*, in: S. BOURKE / J.-P. DESCOUDRES (Hrsg.), *Trade, Contact, and the Movement of Peoples in the Eastern Mediterranean* (1995) 149–167.
[3] Die Ergebnisse der letzten Grabungen finden sich auch auf der Website des Projektes: http://www.archaeology.usyd.edu.au/research/pella. Ältere Grabungen erbrachten neolithische Reste im *East Cut*.

Literatur

W. R. FUNK / H. N. RICHARDSON, *The 1958 Sounding at Pella*, Biblical Archaeologist 21 (1958) 82–96.
R. G. KHOURI, *Pella* (1990).
A. W. MCNICOLL / R. H. SMITH / J. B. HENNESSY, *Pella in Jordan* 1 (1982).
A. W. MCNICOLL / P. C. EDWARDS / J. HANBURY-TENISON / J. B. HENNESSY / T. F. POTTS / R. H. SMITH / A. G. WALMSLEY / P. M. WATSON, *Pella in Jordan* 2 (1992).
J. RICHMOND, *Palestine Exploration Fund Quarterly Statement* 66 (1934) 18–31.
G. SCHUMACHER, *Pella* (1988).
R. H. SMITH, *Pella of the Decapolis* I (1973).
R. H. SMITH / L. P. DAY, *Pella of the Decapolis* II (1989).
P. WATSON / M. O'HEA, *Levant* 27 (1996) 63–76.
Vorläufige Berichte sind im Annual of the Department of Antiquities of Jordan zu finden: vol. 24 (1980), 25 (1981), 26 (1982), 27 (1983), 28 (1984), 29 (1985), 30 (1986), 32 (1988), 34 (1990), 37 (1993), 38 (1994), 39 (1995), 40 (1996), 41 (1997), 42 (1998).

Skythopolis – Vorposten der Dekapolis
Gideon Foerster / Yoram Tsafir

Danksagung

Da die Ausgrabungen sehr viele Mitarbeiter hatte, ist es leider nicht möglich, alle zu nennen; folgenden Personen möchten wir aber doch namentlich danken: Benny Arubas (Vermesser), der die Pläne für diesen Artikel erstellte; Shula Hadad, zusammen mit Miram Avissar verantwortlich für die Keramik und Kleinfunde der ersten Kampagnen; Shoshana Agadi (Computerarbeiten), Elias Hamis (Kleinfundkoordinator), Dr. Michael Drewis (Architekturrekonstruktionen und -zeichnungen), Nitzan Amitai-Preiss und Ya'aqov Janai (Münzbearbeitung), Leah Di Segni (Inschriftenpublikation), Liliya Cyrilov und vor ihr Leora Manievitz (Fundzeichnungen). Besonderer Dank geht an unsere Photographin Gaby Laron. Die Schnittleiter und Bearbeiter waren Yoav Arbel (Basilika), Menahem Arazi (Talstraße; Nymphäum und nördliche Straße vorher Walid Ahmed), jeweils mit Tzahi Vitelson, Uri Moran und Gidi Shelah; Wahib Daud und vor ihm Nassim Najjar (Amphitheater), Shula Haddad (Palladiusstraße und Bad), Ya'aqov Janai (Tempel und Bad), Oded Ron (Silvanusstraße und Läden vorher Dannu Abu Hatsera und Shoshana Agadi), Aron Shugar (Silvanusstraße und Bad).
Die Aufarbeitung wird am Institut für Archäologie an der Hebräischen Universität durchgeführt, wo uns Benny Sekay, Frieda Lederman, Sarah Halbreich, Mika Sarig und Mimi Lavi in unterschiedlicher Funktion geholfen haben.

Anmerkungen

[1] Zum frühklassischen Hintergrund Beit Sheans: G. FUKS (1983), *Scythopolis – a Greek City in Eretz-Israel* (hebräisch); M. AVI-YONAH, *IEJ* 12 (1962) 123–134.
[2] Siehe G. FOERSTER / Y. TSAFIR, *Israel Numismatic Journal* 9 (1986–87) 53–58.
[3] Siehe Y. TSAFIR, *IEJ* 39 (1989) 76–78.
[4] Siehe G. MAZOR / R. BAR-NATHAN, *Qadmoniot* 107–108 (1994) 117–137.
[5] Siehe auch L. DI SEGNI, in: D. YAAKOBI / Y. TSAFIR (1985), *Jews, Samaritans and Christians in Byzantine Palestine* 217–227.
[6] Siehe FN4.
[7] Baubeginn war das 9. Jahr des Indicto (ein 15jähriger Steuerzyklus), der 500/501 oder wahrscheinlicher 515/516 in der Regierungszeit des Anastasius begann.

Rabbath Ammon – Philadelphia – Amman
Mohammed Najjar

Anmerkungen

[1] S. MITTMANN, in: A. KUSCHKE / E. KUSCHKE (Hrsg.), *Archäologie und Altes Testament: Festschrift für Kurt Galling* (1970) 201–210.
[2] 1 Makk. 5: 6–8, 2 Makk. 12: 17–19 und 1 Makk. 5: 34–44.
[3] Münzinschriften sprechen aber weiter von «Philadelphia in *Coile Syria*», offensichtlich eine anachronistische Angabe, die an alte Dekapolis Herrlichkeit erinnern sollte.
[4] Das Forum von Philadelphia ist somit eines der größten der römischen Welt.
[5] Einige Anzeichen deuten darauf hin, daß die Arbeiten nicht ganz vollendet wurden (Hadidi 1974).
[6] Palestine Exploration Fund Survey.
[7] Das Propylon ist heute vollständig verschwunden und uns nur aus der Dokumentation Butlers bekannt (H. C. BUTLER, *Syria. Princeton University Archaeologcial Expedition to Syria in 1904–05 and 1909*).
[8] Ausgrabungen am Tempel fanden zwischen 1990 und 1992 unter der Leitung von Kenneth Russell und dem Autor statt.
[9] BARTOCCINI (1938–39) 104–105, 107–108.
[10] KANELLOPOULOS (1994) 49.
[11] Auch andere Formen wie ein T-förmiger Grundriß statt eines kompletten Peripterostempels wären möglich, werden aber vom Bearbeiter abgelehnt KANELLOPOULOS (1994) 64–73.
[12] KANELLOPOULOS (1994).
[13] Kanellopoulos und Northedge ziehen andere Möglichkeiten in Erwägung.

Literatur

Als zusammenfassende Studien:
A. NORTHEDGE (Hrsg.), *Studies on Roman and Islamic 'Amman* (1992).
C. KANELLOPOULOS, *The Great Temple of Amman. The Architecture* (1994).
A. KANELLOPOULOS, *The Great Temple of Amman. The Archaeology* (1996).

Ausgewählte Grabungsberichte:
A. HADIDI, *ADAJ* 19 (1974) 71–91.
DERS., in: P. R. S. MOOREY / P. J. PARR (Hrsg.), *Archaeology in the Levant* (1978) 210–222.
F. ZAYADINE, *ADAJ* 18 (1973) 17–35.
DERS., *ADAJ* 22 (1975–1977) 20–56.
F. ZAYADINE / M. NAJJAR / J. A. GREENE, *ADAJ* 31 (299–311).

Zu Ain Ghazal:
G. ROLLEFSON / Z. KAFAFI, *ADAJ* 50 (1996) 11–28.

Topographie und Stadtgeschichte von Gadara/Umm Qais*
Adolf Hoffmann

* Der vorliegende Bericht entstand auf der Grundlage eines langjährigen Forschungsvorhabens des Deutschen Archäologischen Instituts Berlin, das mit freundlicher Genehmigung des jordanischen Antikendienstes unter der Leitung des Verf. in Gadara/Umm Qais durchgeführt worden ist. Zahlreiche Mitarbeiter, denen großer Dank gebührt, haben zu seinem Gelingen beigetragen. Besondere Beiträge werden Claudia Bührig, Michaela Konrad, Günther Schauerte und Wolfgang Thiel verdankt.

Anmerkungen

1. Vergleiche für eine derartige Marktbasilika sind in den unmittelbaren Nachbarstädten des Ostjordanlandes bisher nicht zu nennen, wohl aber in Palästina, z. B. im nicht weit entfernten Skythopolis oder auch in Ascalon. Die noch nicht vollständig ausgegrabene, dreischiffige Basilika von Skythopolis (30 m x >50 m) könnte noch aus dem 1. Jh. n. Chr. stammen, s. G. FOERSTER / Y. TSAFIR, *ExcIsr* 11 (1993) 3 ff. Zur großen, ebenfalls dreischiffigen Basilika von Ascalon (37 m x 110 m) wohl aus dem späten 2./frühen 3. Jh. n. Chr. s. jetzt M. FISCHER, *JRS Suppl.* 14 (1995) 120 ff. Zur Funktion der Basilika allgemein s. A. NÜNNERICH-ASMUS, *Basilika und Portikus. Die Architektur der Säulenhallen als Ausdruck gewandelter Urbanität in später Republik und früher Kaiserzeit* (1994).
2. Askalon: Gesamtabmessungen 37 m x 91 m, B Hauptschiff = ca. 15,5 m, B Seitenschiff = ca. 5,5 m; Gadara: B Hauptschiff = 16,5 m, B Seitenschiff = ca. 5 m. Die schmal-langgestreckte Proportion der Anlage wäre für einen Peristylhof jedenfalls ungewöhnlich, wenn auch nicht undenkbar, wie ein Beispiel in Apameia zeigt: Die sog. Agora dort mißt 45 m auf 150 m, s. J. CH. BALTY, *Guide d'Apamée* (1981) 69. Bei einer Hofbreite von ca. 27 m dürfte hier eine Überdeckung, die bei der Basilika von Carthago immerhin ein Maß von über 20 m erreicht, wohl ausscheiden.

Quellen (Auswahl)

POLYBIOS, *Hist.* V 71, 3.
FLAVIUS JOSEPHUS, *Ant.* XIII 356, 396, XIV 75, XV 217, XVIII 320; *Bell. Jud.* 1, 155, *Bell. Jud.* 1, 396, Bell. Jud. 2, 97, Bell. Jud. 2, 459, 478; 3, 542.
PLINIUS, *Nat. Hist.* V 16, 74.
STEPHANOS VON BYZANZ, Ethn. s. v. Γάδαρα – Gadara.

Ausgewählte Literatur zur Dekapolis:
H. BIETENHARD, in: *ANRW* II 8 (1977) 220 ff.
R. WENNING, *ZDPV* 110, 1994, 1 ff.

Zu Gadara:
P. C. BOL / A. HOFFMANN / TH. WEBER, *AA* (1990) 193 ff.
C. BÜHRIG / B. DE HAE, *AW* 30,6 (1999) 533 ff.
C. BÜHRIG, in: *Bericht über die 40. Tagung für Ausgrabungsgeschichte und Bauforschung* (2000) 104 ff.
A. HOFFMANN, *Nürnberger Blätter zur Archäologie* 12 (1995/96) 21 ff.
DERS., *RM* 104 (1997) 267 ff.
DERS., in: E.-L. SCHWANDNER / K. RHEIDT (Hrsg.) *Stadt und Umland. Neue Ergebnisse der archäologischen Bau- und Siedlungsforschung* (Diskussionen zur Archäologischen Bauforschung, Band 7, 1999) 223 ff.
DERS., *Topoi* 9 (1999) 795 ff.
DERS., *AA* (2000) 175 ff.
PH. KENRICK, *AA* (2000) 235 ff.
S. KERNER, *ARAM* 4 (1992) 407 ff.
DIES., *AAJ* 37 (1993) 368.
DIES., *AAJ* 41 (1997) 283 ff.
DIES., *Studies in the History and Archaeology of Jordan* 6 (1997) 265 ff.
FR. KRUSE (Hrsg.), *Ulrich Jasper Seetzen's Reisen durch Syrien, Palästina, Phönicien, die Transjordan-Länder, Arabia Petraea und Unter-Ägypten* I (1854) 359 ff.
S. MITTMANN, *Beiträge zur Siedlungs- und Territorialgeschichte des nördlichen Ostjordanlandes* (1970) 134 ff.
I. NIELSEN / F. G. ANDERSEN / S. HOM-NIELSEN, *Gadara – Umm Qes III. Die byzantinischen Thermen. AbhDPV* XVII (1993).
K. D. POLITIS, *PEQ* 122 (1990) 53 ff.
G. SCHUMACHER, *Northern 'Ajlûn, «within the Decapolis»* (1890).
A. SPIJKERMAN, *The Coins of the Decapolis and Provincia Arabia*, in: M. PICCIRILLO (Hrsg.), *PSBF* 25 (1978) 128 f.
W. THIEL, *Gadara – Umm Qais. Untersuchungen zur Entwicklung und Produktion des korinthischen Normalkapitells im urbanen Kontext einer Stadt der syrischen Dekapolis* (unveröffentl. Magisterarbeit, 1998).
U. WAGNER-LUX, in: *Der Königsweg. 9000 Jahre Kunst und Kultur in Jordanien und Palästina* (1987) 267 ff.
U. WAGNER-LUX / K. J. H. VRIEZEN u. a., *ZDPV* 94 (1978); 96 (1980) 49 ff., 159 ff.; 109 (1993) 64 ff.; 115 (1999) 51 ff.
TH. WEBER, *Gadara Decapolitana. Untersuchungen zur Topographie, Geschichte Architektur und Bildenden Kunst einer «Polis Hellenis» im Ostjordanland* (Habilitationsschrift 1995, im Druck in: *Gadara – Umm Qes, AbhDPV*).
DERS., *AW* 1 (2000) 23 ff.
TH. WEBER / R. G. KHOURI, *Umm Qais – Gadara of the Decapolis. A brief Guide to the Antiquities* (1989).
M. WÖRRLE, *AA* (2000) 367 ff.

Gadara – Schwarzweiße Stadt zwischen Adjlun und Golan
Susanne Kerner

Danksagung

Besonderer Dank gilt Dr. Ghazi Bisheh, dem ehemaligen, und Dr. Fawwaz Khreysheh, dem jetzigen Direktor des Antikendienstes, sowie Omar Reshaidat und Waji Kharasneh, den beiden für Umm Qais zuständigen Inspektoren. Hinz-Holger Hirth (Wohnbebauung), Isabelle Ruben (Kanal und Tunnel), Hauke Krebs, Dietmar Michaelis (beide Studenten des Leichtweiss-Instituts für Wasserbau der Technischen Universität Braunschweig), Michael Gerber und Elke Posselt (beide Keramikbearbeitung) und Tilo Armbruster, Thomas Ernst, Achim Gramlich, Karin Greulich, Christian Hart-Reiter und Doris Schäffler (alle Studenten/innen der Fachhochschule für Vermessungswesen in Karlsruhe) haben in ihren jeweiligen Bereichen hervorragend gearbeitet und verdienen diesen Dank in hohem Maße; wie auch den Fachhochschulen in Karlsruhe und Braunschweig sowie ihren Dozenten für ihre Mithilfe und Auswahl der Studenten/innen gedankt wird. Andreas Oettel half während der Fertigstellung des Manuskriptes oft mit gutem Rat, Hugh Barnes und Arnulf Hausleiter waren bei der Kartenerstellung behilflich.

Anmerkungen

1. S. SHAMI, *Umm Qais – A Northern Village in Context. SHAJ* III (1988) 210–213.
2. Das spätosmanische Dorf liegt auf der antiken Akropolis in der Mitte mit der antiken Siedlung im Westen und dem modernen Dorf im Osten (siehe Abb. 149 im Beitrag Hoffmann).
3. Gelder aus den Mitteln des Bundesministeriums für wirtschaftliche Zusammenarbeit, des Kulturhilfefonds und anderen Mitteln, die der Kulturabteilung der Deutschen Botschaft Amman zur Verfügung standen, konnten genutzt werden. Den verschiedenen Botschaftern und vor allem den durchgängig weiblichen Kulturattachés der Deutschen Botschaft soll an dieser Stelle nochmals gedankt werden. Die konservatorischen Maßnahmen in Umm Qais werden heute vom Deutschen Archäologischen Institut, vom Deutschen Evangelischen Institut und der Deutschen Botschaft weiter fortgesetzt.
4. Vitruv, 10 Bücher über Architektur, übersetzt von C. FENSTERBUSCH, VIII,7.
5. R. TÖLLE-KASTENBEIN, Antike Wasserkultur (1990) 92.
6. Die Kanäle dort wurden von Hans-Dieter Bienert untersucht.
7. Das Bearbeitungssystem der Keramik von Gadara wurde von Susanne Kerner und Lee Maxwell anfänglich für die Grabungen von Thomas Weber entworfen und von Susanne Kerner, zusammen mit Michael Gerber und Elke Posselt, in ihrer eigenen Grabung weiterentwickelt. Das generelle Dokumentationssystem wurde dann auch in den Grabungen von Adolf Hoffmann (von Philip Kenrick und später mit zahlreichen eigenen Veränderungen von Michaela Konrad) und von Ute Wagner-Lux und Karl Vriezen verwendet.

Literatur

Siehe Beitrag Hoffmann und:
C. BÜHRIG / B. DE HAEN, *Archäologische Forschung und Tourismus in Gadara/Umm Qais, Antike Welt* 6 (1999) 533–545.
S. KERNER / L. MAXWELL, *Die Keramik, AA* (1990) 239 ff.

Zu antiken Wassersystemen:
R. TÖLLE-KASTENBEIN, *Antike Wasserkultur* (1990);
FRONTINUS-GESELLSCHAFT, *Die Wasserversorgung antiker Städte*, Bd. 2: *Die Geschichte der Wasserversorgung* (1987) Bd. 3: *Mensch und Wasser, Mitteleuropa, Thermen, Bau/Materialien/Hygiene*.

Die Dekapolis-Städte nach dem Ende des Römischen Reiches
Alan G. Walmsley

Literatur

Zur islamischen Eroberung:
W. KAEGI, *Byzantium and the Early Islamic Conquests* (1992).
F. M. DONNER, *The Early Islamic Conquests* (1981).

Ausgewählte archäologische Untersuchungen:
H. I. MACADAM, *Settlements and Settlement Patterns in Northern and Central Transjordania, ca. 550–ca. 750*, in: G. R. D. KING / A. CAMERON (Hrsg.), *The Byzantine and Early Islamic Near East II. Land Use and Settlement Patterns* (1994) 49–93.
R. SCHICK, *The Christian Communities of Palestine from Byzantine to Islamic Rule* (1995).
H. KENNEDY, *Past & Present* 106 (1985) 3–27.
A. G. WALMSLEY, *Byzantine Palestine and Arabia: urban prosperity in late antiquity*, in: N. J. CHRISTIE / S. T. LOSEBY (Hrsg.), *Towns in Transition: urban evolution in late antiquity and the early middle ages* (1996) 126–158.

A. NORTHEDGE, *Studies on Roman and Islamic 'Amman* (1992).
Y. TSAFIR / G. FOERSTER, *From Scythopolis to Baysân – changing concepts of Urbanism*, in: G. R. D. KING / A. CAMERON (Hrsg.) a. O. 95–115.
M. PICCIRILLO und E. ALLIATA, *Umm al-Rasas – Mayfa`ah I. Gli Scavi del Complesso di Santo Stefano* (1994).

Zur Erdbebendatierung:
K. W. RUSSELL, *The Earthquake Chronology of Palestine and Northwest Arabia from the 2nd through the mid-8th Century A.D.*, BASOR 260, 37–59.
I. KARCZ / A. ELAD (in Hebrew), *Tarbiz 61* (1992) 67–83.

Neueste Untersuchungen zu Münzen:
M. L. BATES, *The Arab-Byzantine Bronze Coinage of Syria: An Innovation by 'Abd al-Malik, A Colloquium in Memory of George Carpenter Miles (1904–1975)* (1976) 16–27.
DERS., *Revue Suisse de Numismatique* 65 (1986) 231–62.

Die Dekapolis-Städte – Der Versuch einer Zusammenfassung
Susanne Kerner

Anmerkungen

[1] F. MILLAR, *The Roman Near East* (31 BC-337 AD) (1993).
[2] R. WENNING, *ZDPV* 110 (1994).
[3] P. FREEMANN, Roman Jordan, in: B. MACDONALD / R. ADAMS / P. BIENKOWSKI (Hrsg.), *The Archaeology of Jordan* (2001).
[4] Die Frage der sog. Kathedrale in Jerasch, die eventuell auf einem älteren Dionysos-Tempel steht, ist wohl noch nicht endgültig geklärt (siehe auch Hinweise in Abila).
[5] Dieses bis in die Gegenwart gängige Verfahren hat dazu geführt, daß sich mehr gut erhaltene Basaltkapitelle aus Gadara in Ammaner Gärten finden lassen als in Gadara selbst.
[6] So macht es natürlich einen großen Unterschied, ob ein Ort wie Jerasch von mehreren internationalen Teams untersucht wird, oder ob Bait Ras nur mit den begrenzten Mitteln einer jordanischen Universität ausgegraben werden kann.
[7] Das Wassersystem Kapitolias ist anders angelegt und würde außerdem später datieren.
[8] Vortrag I. Kehrberg, April 2002.
[9] In einigen Orten könnten weitere Untersuchungen eventuell auch größere mamlukische Siedlungsreste ergeben, so wie sich in Pella eine abbasidische Gründung neben dem eigentlichen Siedlungshügel fand.

Bildnachweis

Abb. 1: Schwandner / Rheidt, Stadt und Umland.
Abb. 2: nach C.H. Kraeling.
Abb. 3–7, 10, 11, 13, 15, 16–29: Französische, archäologische Mission in Jerash.
Abb. 8, 9: S. Merle D'Aubigne.
Abb. 12, 14: T. Morin.
Abb. 30–48: Italienische Mission in Jerash.
Abb. 49, 53, 55, 57, 60, 61: S. Kerner.
Abb. 50–52, 54, 56, 58, 59: C. Lenzen.
Abb. 62–64, 66–69, 71, 72–82: Covenant Seminary Ausgrabung in Abila.
Abb. 65, 70: S. Kerner.
Abb. 83–103: Pella Excavation Archive.
Abb. 104–126: Ausgrabung der Hebräischen Universität Tel Aviv.
Abb. 128–130, 133, 140, 143–145: M. Najjar.
Abb. 131: nach Hadidi (1978).
Abb. 132: Archiv.
Abb. 134: nach Northedge (1992).
Abb. 127, 135, 139, 142: S. Kerner.
Abb. 136, 138: nach Kanellopoulos (1994).
Abb. 137: P. Bikai.
Abb. 141: Myers in Kanellopoulos (1994) mit freundlicher Genehmigung von ACOR und E. Meyers.
Abb. 146, 147, 169, 170, 172, 173, 187: A. Hoffmann.
Abb. 148, 150, 151, 155, 157, 158, 162–164, 166, 167, 176, 184, 188: R. Wieczorek.
Abb. 149: Gadara Gesamtplan gemessen und gezeichnet im Auftrag des DEI und des DAI von Chr. Hartl-Reiter, D. Schäffler (FH Karlsruhe) mit Ergänzungen von C. Bührig, J. Knitter und M. Metzner.
Abb.152, 159, 165, 186: auf der Grundlage von Abb. 149 ergänzt von C. Bührig und J. Meister.
Abb. 153: J. Meister.
Abb. 154: Th. Bunk, Ph. Eder, I. Wispler.
Abb. 156: J. Meister, N. Riedel.
Abb. 160: A. Riedel.
Abb. 161, 179, 180, 182: C. Bührig.
Abb. 168, 177: S. Kerner.
Abb. 171: nach Angaben des Verfassers gezeichnet von W. J. Brunner und L. Lüders nach Vorlage von C. Dettinger und N. Freudenhammer.
Abb. 174: M. Jung.
Abb. 175, 178, 183, 185: P. Grunwald.
Abb. 181: L. Lüders.
Abb. 189, 190, 192, 194, 203–206, 209: S. Kerner.
Abb. 191: Archiv.
Abb. 193, 201, 202: Geodätische Aufnahme der FH Karlsruhe im Auftrag des DEI und DAI.
Abb. 195: Aufnahme C. Hartl-Reiter und D. Schäffler, Zeichnung S. Shreydah.
Abb. 196–199, 207, 208, 210: I. Ruben.
Abb. 200: H. Krebs, D. Michaelis.
Abb. 211: Zeichnung S. Bachem und S. Shreydah.
Abb. 212–223, 225–227: Pella Excavation Archive und A. Walmsley.
Abb. 224: nach Northedge (1992).

Adressen der Autoren

PROF. DR. GIDEON FOERSTER
PROF. DR. YORAM TSAFRIR
The Institute of Archaeology
The Hebrew University of Jerusalem
Mount Scopus
IL-91905 Jerusalem

PROF. DR. DAVID F. GRAF
University of Miami
Department of History
P.O. Box 248107
615 Ashe Building
USA-Coral Gables, Florida

Prof. Adolf Hoffmann
Deutsches Archäologisches Institut
Abteilung Istanbul
Gümüssuyu/Ayazpasa Camii Sok. 48
TR-80090 Istanbul

DR. SUSANNE KERNER
Institut für Vorderasiatische Altertumskunde
Freie Universität Berlin
Hüttenweg 7
D-14195 Berlin

DR. CHERIE LENZEN
18047 Stewart Ave.
USA-Homewood, IL 60430-1621

PROF. DR. W. HAROLD MARE
Covenant Theological Seminary
12330 Conway Road
USA-St. Louis, Missouri

DR. MOHAMMED NAJJAR
Department of Antiquities of Jordan
P.O. Box 88
JOR-Amman

DR. ROBERTO PARAPETTI
Centro Richerche Archeologiche e Scavi di Torino
Via Vicenza 7
I-00184 Roma

DR. JACQUES SEIGNE
30 rue de la Varenne
F-37320 Cormery

DR. PAMELA WATSON
P.O. Box 1532
AUS-Armidale, NSW 2350

PROF. DR. ALAN WALMSLEY
CNI
Universität Kopenhagen
Snorregade 17–19
DK-2300 Kopenhagen S

Margarete van Ess, Thomas Weber (Hrsg.)

Baalbek

Im Bann römischer Monumentalarchitektur

Zaberns Bildbände zur Archäologie

VIII, 151 Seiten mit 72 Farb- und 151 Schwarzweißabbildungen; Format 21,5 x 30 cm; geb. mit Schutzumschlag
ISBN 3-8053-2495-2

€ 39,90 (D) / sFr 69,–
(unverb. Preisempf.)

«Das informative und reich mit alten Grabungsfotos, Farbfotos und Strichzeichnungen ausgestattete Buch verführt zu einer Reise in die libanesische Stadt, deren Bauten zu den besterhaltenen römischer Zeit gehören.»

Archäologie in Deutschland

«Wohl kaum eine Ruinenstätte versetzt den Besucher so in Erstaunen wie Baalbek, im heutigen Libanon gelegen. Eindrucksvoll zeugen die steinernen Relikte vom römischen Jupiter-Heiligtum und von dem politischen Anspruch, der sich hinter der Monumentalarchitektur verbirgt … Der Band skizziert umfassend und reich bebildert die Geschichte des Heiligtums von der Vorgeschichte bis in die islamische Zeit … Insgesamt ein Band zum Schwelgen – und zur rechten Einstimmung auf eine Reise in den Orient.»

Hellweger Anzeiger

«Am 11. November 1898 besuchte Kaiser Wilhelm II. als letzte Station seiner Orientreise Baalbek. Tief beeindruckt von dem imposanten Heiligtum, gab er den Auftrag zu archäologischen Ausgrabungen, die unter der Leitung von Robert Koldewey bis 1904 dauerten und später von Franzosen und Libanesen fortgesetzt wurden. Den Tempeln von Baalbek ist ein von Margarete van Ess und Thomas Weber herausgegebener Bildband gewidmet, der das Heiligtum mit seinen unterschiedlichen Gesichtern und Kultfunktionen während der hellenistischen, römischen, byzantinischen und islamischen Zeit vorstellt. Erfreulicherweise findet auch die Rezeption des Bauensembles in diesem schön bebilderten Band ihren Platz, dokumentiert etwa durch Tagebuchaufzeichnungen oder Fotos der Orientreisenden.»

DAMALS

Herausgeber

Dr. Margarete van Ess
Zweite Direktorin der Orient-Abteilung des Deutschen Archäologischen Instituts

PD Dr. Thomas Weber
Sonderforschungsbereich Kulturelle und sprachliche Kontakte im historischen Raum Nordostafrika/Westasien

Autoren

Stefanie Bahe M.A.,
Dipl.-Ing. Brigitte Fischer,
PD Dr. Klaus Stephan Freyberger,
Prof. Dr. Heinz Gaube,
Mathilde Gelin,
Dr. Almut von Gladiss,
Suzy Hakimian D.E.A.,
Prof. Dr. Ulrich Hübner,
Dr. Volker Kästner,
Dr. Helke Kammerer-Grothaus,
Hans Christian Lankes (†),
Dipl. Design. Petra Müller,
Dr. Annegret Nippa,
Prof. Dr. Friedrich Ragette,
Hinrich Reinstrom,
Toufik Rifai M.A.,
Prof. Dr. Hélène Sader,
Annie Tohmé D.E.A.,
Dr. Stephan Westphalen

200 JAHRE VERLAG PHILIPP VON ZABERN MAINZ AM RHEIN 1802–2002

Vertrieb: P.O.B. 190930
D-80609 München
Tel.: 089/12 15 16 - 61/-26
Fax: 089/12 15 16 16
vertrieb@zabern-verlag.ccn.de

www.zabern.de